品牌原力：

定位攻左脑，原力攻右脑

于华 著

南方日报出版社
NANFANG DAILY PRESS
中国·广州

图书在版编目（CIP）数据

品牌原力：定位攻左脑，原力攻右脑 / 于华著. --广州：南方日报出版社，2021.5
ISBN 978-7-5491-2348-3

Ⅰ.①品… Ⅱ.①于… Ⅲ.①品牌营销 Ⅳ.①F713.3

中国版本图书馆 CIP 数据核字（2021）第 062217 号

PINPAI YUANLI:DINGWEI GONG ZUONAO,YUANLI GONG YOUNAO

品牌原力：定位攻左脑，原力攻右脑

著　　者：于华
出版发行：南方日报出版社
地　　址：广州市广州大道中 289 号
出 版 人：周山丹
责任编辑：刘志一　郭海珊
装帧设计：邓晓童
责任校对：魏智宏
责任技编：王　兰
经　　销：全国新华书店
印　　刷：佛山市迎高彩印有限公司
开　　本：787mm×1092mm　1/16
印　　张：15.75
字　　数：222 千字
版　　次：2021 年 5 月第 1 版
印　　次：2021 年 5 月第 1 次印刷
定　　价：58.00 元

投稿热线：（020）87360640　　读者热线：（020）87363865
发现印装质量问题，影响阅读，请与承印厂联系调换。

序一 『谁敢惹我俩？』

曹轲

左冲右突、左支右绌，这就是当下左右为难的品牌、左右摇摆的营销：一边是定位、USP（独特的销售主张）等左脑派品牌理论依靠理性、功能性的诉求把消费者的左脑深耕得已经有点“内卷化”倾向，也就是缺乏创新的低水平复杂化；另一边却是消费者的右脑长期处于空白、待开发的蓝海状态。这虽是中国品牌营销界的悲哀，却也是理论和实践再度创新的良机。

自改革开放以来，各种品牌理论西学东渐，中国市场先后经历了CIS（企业形象识别系统）理论、USP 理论、品牌形象理论和定位理论各领风骚的阶段。平心而论，每一种理论在风行之初都有不错的市场效果，但在市场竞争越来越激烈的今天，相对品牌建设的方法而言，已经到了要么需要“讲适配”，要么需要“分高下”的阶段。因为商场就是战场，逼得品牌建设者们必须追求“最优解”，完全不同于文学、哲学、艺术等领域还可以在百花齐放中自鸣得意。

品牌理论的“讲适配”相对简单，正如于华这本新著的书名所指，理性诉求可选择定位派理论，感性诉求则可选择原型派理论。但站在品牌理论需要“分高下”的角度，就没那么容易了。定位派理论简单粗暴，成就的品牌数量众多；原型派理论高深莫测，成就的品牌虽少，却是“成一个，牛一个”，比如苹果、星巴克、万宝路……也让再分高下变得颇为困难。

于华另辟蹊径，将定位理论和原力理论融合起来，用强强联合的方法与单个品牌工具争高下，而不是纠结在定位派和原型派之间彼此争高下，由此独创了“定位+原力”的“新心法”“新算法”和“新牌局”——品牌的新格局。这不禁让人想起了王朔的小说中那个有名的段子：A牛人站在街市大喊：“谁敢惹我？”B牛人站出来说：“我敢惹你！”只见A牛人一把搭着B牛人的肩膀，毫无违和感地接着大喊：“谁敢惹我俩？”在这本品牌牛书中，于华把A牛人这个打法叫作“双剑合璧”。

所谓双剑合璧，就是用定位理论和原力理论同时“进攻”消费者的左右脑，这是于华在研究被左脑派和右脑派共同列为经典案例的百事可乐、星巴克等著名品牌时发现的秘密。虽然于华认为这个打法“可能是暂时独步天下的品牌武功”，但探究验证的过程仍然值得品味和期待。如果品牌理论也讲究“江山代有才人出”，品牌营销界新老牛人不妨都来看看于华这本书，是否能开启原型派品牌理论在中国独领风骚的时代。左右互搏之际，必有神通显现。

（作者为新闻学博士，曾任南方报业传媒集团副总编辑，现为暨南大学新闻与传播学院教授、文本实验室主任）

序二

在营销5.0时代，品牌需要塑造人格

曹虎

我们正生活在一个技术和人文大融合的时代，菲利普·科特勒先生称之为“营销5.0时代”。品牌人性化是这个时代的核心特征。当下，人们发朋友圈都讲究“人设”的时代，“拿着端着”“不说人话”的品牌仍然比比皆是。究其原因，一方面，“市场总是比市场营销变化快”导致企业的营销理念未能同步迅速变化的市场；另一方面，国内缺少教品牌放下架子、塑造鲜活“人格”的系统方法和实战教程。

于华先生这本《品牌原力：定位攻左脑，原力攻右脑》及时填补了这个空白，他在融合西方著名的文化战略理论和品牌12原型理论的基础上，“微创新”了品牌原力理论。虽然他在书中以禅宗初祖菩提达摩提出的“皮、肉、骨、髓”作比喻，将自己放在了最低层次的“皮”，但从这本书的创新力度和对中国品牌的实战意义来说，他的这个比喻是谦逊的。

第一，文化战略理论和品牌12原型理论确有实战价值，但前者的操作流程太过复杂，其效果因受诸多因素影响而缺乏确定性；后者则略显草率，使原型这一强大的品牌利器难以被行业主流接受。于华先生这本书对这两个理论进行了深入浅出的解读，还以更高的视角对这两个理论的特点进行了评价。

第二，于华先生不是简单地对两个理论奉行“拿来主义”，而是在洞悉两者的特性之后，集两家之所长，提出了“混血原型”这个创新模型，尝试解决文化战略理论不能标准化产出的问题，并致力于解决品牌12原型理论难以用于实战的问题。从这个角度看，于华先生对原型派理论在中国的落地有启蒙和推动之功。

品牌原力理论是于华先生一个严肃而有价值的尝试，他希望为中国品牌业界提供一个“塑造品牌人格”的系统方法论和操作教程。我祝愿在于华先生的努力下，中国的品牌都能“活”起来，顺应这个越来越人性化的营销时代。

（作者为科特勒咨询集团全球合伙人、中国区总裁，博士）

序二

品牌理论的边界意识

杨德锋

这两年，随着完美日记、钟薛高、元气森林等一大批业绩优良的新国货品牌快速崛起，无数中国企业家快要被电商“强平台，弱品牌”的霸道基因浇灭的品牌梦想，又在心中燃起。然而，当他们蜂拥进入新消费领域时，却发现自己手里少了一件“称手”的品牌建设工具，因为中国品牌营销人无比熟悉的定位理论，正在一大波“无效”“过时”的口诛笔伐中自顾不暇。

于华和他的这本《品牌原力：定位攻左脑，原力攻右脑》及时地解决了这个问题，本着“不吹不黑”“实战为上”的宗旨，于华以他高度的边界意识，给各种品牌理论甚至品牌本身都划定了科学的效能范围。沿着他划定的这些边界，自然而然就是一套打造品牌的实战指南。

首先，他借着化解“定位是否有效”的争论，巧妙地用“品牌的安全价值和易测性成反比”“品牌的精神价值和性价比成反比”这两条品牌价值定律，厘清了哪些企业才需要建设品牌的重大问题。用他的话说，这是事关企业是否可以节省一半企业资源的大事。其次，他又用他自创的“于华消费心理模型”，为一直以来争论不休的品牌延伸问题划定了行动边界，这既能避免盲目进行品牌延伸时的风险，又能保护应该进行品牌延伸时的品牌资产。

至于定位派、原型派等品牌工具的边界，更是他这本书的重点内容。难能可贵的是，于华一边用科学的推理和详实的案例否定“定位无效”的结论，一边又指出定位可能存在的盲区，这显然可以为围绕定位的各种争论划上一个句号。至于原型派品牌理论的边界，从这本书的书名就可以看出来，适合进攻人的右脑，这就使中国消费者右脑这一品牌影响力鲜有触达的蓝海地带，终于有了科学而有力的开发工具。尤其他自创的定位+原力双剑合璧打法，相信会成为中国新国货品牌开疆拓土的利器。

（作者为暨南大学管理学院市场学系主任、教授、博士生导师，清华大学经济管理学院博士后，《营销科学学报》编委）

序四 测量品牌强度的意义

邓保国

2020年9月16日，由我主持的“粤港澳大湾区农业品牌创新研究院”筹建工作正式启动，也许是冥冥之中有天意，那也是于华这本《品牌原力：定位攻左脑，原力攻右脑》开始动笔的时间。两个不同领域的人，用不同的方式开始了品牌研究的新历程。

“产品的易测性与品牌的安全价值成反比”“产品的性价比与品牌的精神价值成反比”，这是于华独创的“品牌价值定律”，它也是《品牌原力：定位攻左脑，原力攻右脑》一书的重点内容之一。根据品牌价值定律，可以推导出刚性品牌、中性品牌、弹性品牌和自然品牌四种不同的品牌类型，它测量的是一个企业对品牌建设需求的强度，这对企业的品牌建设具有重要的指导意义。

在品牌建设的实践中，因不清楚自己的品牌属于哪种类型而导致的问题屡见不鲜。正如于华在书中所举的例子，错把弹性品牌当作刚性品牌，导致问题可能比“我知道一半的广告浪费了，却不知道浪费在哪里了”更严重，还有可能导致一半的企业资源浪费。因为，在那些并不需要将品牌作为竞争手段的企业中，本可完全省去建设品牌的费用；在品牌建设实践中，刚好反过来的例子也很多，它导致的是企业漠视品牌的作用，从而引发诸多经营危机。

不像快消品几乎都需要搞品牌那样理所当然，我所研究的农产品对品牌建设的需求差异甚大，于华这本书正好可以给广大的农业品牌提供参考和指导。在国家正欲大力振兴农村产业之际，希望于华能更进一步深化品牌原力理论，为农业品牌研究注入新活力，为农业品牌发展政策提供新思路，为农业品牌化建设赋予新动能，为农业品牌创建者提供新方案，为乡村振兴战略装上新引擎。

（作者为粤港澳大湾区农业品牌创新研究院执行院长，仲恺农业工程学院管理学院院长，教育部首批万名优秀创新创业导师）

前言

作为品牌操盘手，如果你只会定位理论……

让我猜猜，能拿起这本书的，你不是一个广告策划，就是一个品牌经理，当然，你还可能是营销总监、首席战略官、品牌操盘手或者品牌企业主……不管你是什么身份，就品牌实战而言，虽然不敢百分百肯定，但我猜你十有八九只会那个叫“定位”的理论。为什么这样说呢？这是中国品牌营销界的常态。

对于一辈子只会“定位”这么一个品牌理论的人来说，他的职位越高，风险就越大。因为定位有自己的盲区，即使是那些顶尖的定位高手，也没几个人能看到这个盲区，更不用说解决了。比如，在中国，就品牌理论的实操效果而论，王老吉算是定位派的巅峰之作了，但是，王老吉和加多宝的战争开始后，你会发现，“中国定位第一人”邓德隆在加多宝身上已难以重现王老吉的往日辉煌。同样是邓德隆操刀，为什么加多宝现在的业绩反而不如王老吉呢？

如果真懂定位，你就知道，这并不是半桶水的营销专家所谓的“定位无效”“定位过时”导致的，而是定位理论遭遇了自己的盲区。不仅加多宝，堪称“定位教科书”级别的品牌代表沃尔沃，也一直陷在定位盲区里出不来。其他诸如白酒、汽车、服装、运动鞋等品类，如果试图在这些领域用定位去搞品牌，除了极个别特殊情况，绝大多数要么事倍功半，要么折戟沉沙。

如果你正在操盘某个品牌项目、负责某个品牌管理、接受某个品牌咨询，或者着手一个品牌策划……而你刚好只会定位理论，可以想象，后果就不是我们常说的“广告费浪费了一半，却不知道浪费在哪里”那么简单了，还可能导致“一半企业资源的浪费”，而广告费仅是其中的小部分。

定位盲区是什么？用什么解决这个盲区？虽然这是我肯定会回答的问题，但是，本书更重要的使命在于：教会你一个能与定位互补甚至在实战效果上超越它的新理论、新工具，从而结束你职业生涯一直“把所有鸡蛋放进一个篮子”的高风险历史。

这个理论是什么呢？它有很多个侧面，你可以叫它右脑派，因为它主要通过影响人的右脑来打造品牌，而定位只能影响人的左脑，这就是我说它可以和定位互补的原因；也可以叫它原型派，因为它的底层逻辑是著名心理学大师荣格的原型理论。当然，我给它起的正式名称是“品牌原力理论”，你应该想到了，这个名称来自《星球大战》的著名台词：“愿原力与你同在。”

说起《星球大战》，行内人都知道，在好莱坞，像《阿凡达》《阿甘正传》《哈利·波特》《狮子王》《蝙蝠侠》《蜘蛛侠》《超人》《魔戒》《霍比特人》《黑客帝国》……只要是你说得出名字的高票房影片，几乎都和《星球大战》一样，背后有固定的剧情“套路”，而这个套路与本书的品牌原力理论都是同一个师父——分析心理学的开山祖师卡尔·古斯塔夫·荣格，都基于荣格原型的强大动能，唤醒了“人类共同的精神遗传”原力，所以才让不管是好莱坞热卖的电影，还是耐克、万宝路、星巴克等超级成功的品牌，具有所向披靡的魔力。如果荣格在天堂能看到这本书，并且他老人家愿意为本书写推荐序，我猜应该是这样的：

看了于华的书稿，很是感慨，没想到营销界居然把我的原型理论用来搞品牌了。不过，这也为原型理论开了一个大大的脑洞，算是一个创举。请于华代我感谢品牌12原型理论、文化战略理论、文化密码理论等品牌“原型派”的各位创始人，因为他们的努力，才有我原型理论今天在品牌营销界的大放异彩。

于华对原型派各种理论的分析、整理和融合是有意义的，这的确可以起到优势互补、相得益彰的效果，相信他在此基础上升级的“品牌原力理论”会有很强的实战价值。我相信，原型这个全人类共同的精神遗传一定会“加持”他的品牌原力理论，使它具备“定位攻左脑，原力攻右脑”的实力。

另外，于华关于“混血原型”的想法也很有建设性。我发现，原型派们在挖掘品牌的文化密码时的确会遭遇“解码难”的问题，用混血原型来限定原型难以捉摸的一面，从而实现挖掘原型文化密码的标准化，倒也不失为一个有效的办法。希望于华能在这方面继续努力，如果能用混血原型探索出品牌塑造的新路子，这对我原型派在品牌实战方面的价值，可就功莫大焉了。

虽然这本书卖得并不贵，但我深知让你获得“超值体验”后的口碑回报，所以并不打算只教你一个品牌原力理论就了事。事实上，我要传授给你的是一套打造“原型品牌”的科学教程，按照性质的不同，我把用定位方法打造的品牌叫“品类品牌”。大致来说，这套打造原型品牌的教程有四个步骤：

第一步，透视品牌边界；第二步，唤醒品牌原力；第三步，构建品牌配称；第四步，模拟品牌实战。

第一步是透视品牌边界，主要任务就是帮你破除迷信，避免品牌操盘手一直坐在那个叫“品牌”的井里观天。我并不会像其他门派那样神话化这个品牌理论的作用，反而要给出郑重提示，你的企业可能并不需要搞品牌。通过这部分学习，你可以掌握品牌的作用边界、价值边界、位阶，以及通过易测性和性价比来判断企业对品牌建设需求的强度，以便进行合理的资源配置。能否避免那一半企业资源被浪费，就看你对品牌边界透视功夫运用的好坏了。

第二步是唤醒品牌原力，融文化战略理论和品牌12原型理论的思想精华，并在此基础上升级品牌原力理论，也是本书最重要的内容。很多人都知道的，文化战略理论是一些营销圈内大佬秘而不宣的“御用”武器。这一步将帮你实现两大目标：第一个目标是让你了解各种品牌理论、品牌工具的性能，上什么样的战场就应该佩什么样的剑。不了解定位之剑和原力之剑的优劣，怎可奢谈职业竞争力？第二个也是更重要的目标是让你学会剑法，掌握定位与原力的互补运用。原力怎样与定位形成互补呢？套用叶茂中在《冲突》一书中的句式就是：定位攻左脑，原力攻右脑。只有同时掌握定位和原力，才可以毫不脸红地告诉别人：我是真的懂品牌。

第三步是构建品牌配称，通过学习，你将会掌握“品牌五力模型”这个由我自创的品牌配称工具，它会帮助你从更高的层面俯视品牌建设的全貌：战略是方向，产品是基础，场景是标配，工具是杠杆，营销是动力……

第四步是对品牌原力理论的实战模拟。第三、四步都高度重视实战的落地。我不但会用真实的品牌案例为你一步步演示定位和原力模拟落地的过程，还会传授定位与原力这两种剑法“双剑合璧，威力升级”的高级打法，这是你在其他地方都看不到更学不到的内容。我在前面已经借荣格发表过对原力理论的看法，那么如果“定位之父”特劳特先生也愿意为本书写一篇推荐序的话，他会怎么看待定位和原力的“合璧”行为呢？我猜应该是这样的：

> 于华绝对算是定位派的诤友，在这本书的开篇，他就在营销界对我定位派的口诛笔伐中，力证定位理论对当今的品牌建设仍然有效。但是，后面他又以“定位派回答不了的问题”指出我派的盲区，其中还针对加多宝这个让定位派引以为豪的品牌目前遭遇的困境，给出了原型派的解决之道。凡此种种，可以看出他是一个就事论事、心直口快之人。细想我定位派的发展历程，在别人看来也是到处“踢馆”，但是很少有人真正体悟到我希望品牌建设少走弯路、企业经营顺风顺水的苦心。
>
> 我认同于华“不同的市场环境和品牌类型，就有不同的打法，相应地应该选择不同的品牌理论”这个说法。不过，对他这本书，我最欣赏的地方在于他提出了让定位派和原型派“双剑合璧，威力升级”

的思想，这是一个非常有价值的尝试，是对“定位攻左脑，原力攻右脑”这个打法的再次升级。期待有更多的品牌将这个打法用于实战，并获得成功。

我毕竟是在残酷而真实的市场中摸爬滚打过的人，哪敢用一己的门户之见去打击一个新思想的成长呢？反倒是乐见新战法、新理论涌现。我深知，理论界的故步自封会导致企业界损失惨重。因此，我支持于华把“双剑合璧”这个颇有创见的打法继续下去，多研究、多思考、多实战、多验证、多总结，看看能否集各派之所长，让品牌建设这事变得更容易。

好了，接下来，让我们一起开始原型品牌的打造之旅吧！

目录

Contents

第一篇

原型品牌打造教程

第1步：透视品牌边界

——95%的品牌操盘手并不真的懂品牌

原型品牌打造教程	第 1 步	第 2 步	第 3 步	第 4 步
	透视品牌边界	唤醒品牌原力	构建品牌配称	模拟品牌实战

“品牌操盘手居然不懂品牌？占比还高达95%！”看到这标题，估计你要么是因为好奇，要么是因为反对，要么是想看看说这话的狂人长什么样……才准备往下看的。说起来呢，这标题的确有点哗众取宠，不过你要是能平心静气地，把本教程的“透视品牌边界”看完，相信你就会改变看法。

“没有边界的能力就不是真正的能力。”这句话是被外界盛传为巴菲特的继承人、著名美籍华裔投资家李录先生说的。什么是“没有边界的能力”？当你认为阴阳五行可以解释天地万物时，阴阳五行就失去了能力的边界；当你认为用半部《论语》就可以安天下时，《论语》就失去了能力的边界；当你认为品牌建设重要到必须是“一把手工程”时，品牌就失去了能力的边界；当你认为定位是搞品牌的唯一方法时，定位就失去了能力的边界……无一例外地，失去了能力边界的东西，同时也就丧失了真正的能力。这时的它们轻则让你在同行中沦为笑柄，重则让你在商战中惨遭失败。

因此，我特别把对品牌边界的透视放到了原型品牌打造教程的第1步。因为我们的品牌操盘手在这方面犯的历史错误实在太多了，如果不先把这些错误厘清，你无论怎么努力都会徒劳无功。

你掌握了品牌边界透视的方法后，从此你看品牌的视角就会与别人不同。你会清楚什么样的企业才需要品牌，你有能力把品牌部门安放在企业的正确位置中，你会懂得针对不同的品牌类型选择不同的建设工具……还有，你对市面上各种品牌理论、品牌书籍、品牌纷争都将有比较好的判断力，对那些关于品牌似是而非的问题再也不会人云亦云。这时候，你再去看你的同行，无论下级、同级、上级，还是咨询公司、策划公司，都能通过一两个问题，就判断出他对品牌是真懂还是假懂。

第一章 品牌作用透视：你的企业也许并不需要搞品牌

近几年来，关于定位理论是否仍然有效的争论似乎就没有断过，作为一本教你品牌实战的书，是完全没有必要卷入这种江湖恩怨、是是非非中的，但由于这些争论涉及一个关于品牌的大秘密，已经超越定位这场争论本身的意义，所以还是让我们怀着娱乐和八卦的心情，沿着那些关于定位的陈年旧事，开启我们的品牌边界透视之旅吧。

第一节　定位纷争背后隐藏的大秘密

在开始透视之前，我们先简单回顾一下近年来针对“定位有效性”的质疑，由于提出质疑的大多是业界大咖，因此下面的排名不分先后：

金错刀：知名博主、《爆品战略》作者

激起2015年那场定位大论战的就是金错刀先生，看看他那篇针对定位的“檄文”标题“互联网时代最大的一颗毒草就是定位”就知道他的立场了。

周鸿祎：360公司董事长

2011年的某天，周鸿祎发了条微博，第一句话就是：“为什么定位理论在企鹅身上会失效？”他这里说的“企鹅”是指腾讯旗下的QQ。其实周鸿祎一直是定位的支持者和实践者，他发这篇微博的目的，是想弄清楚为什么所向披靡的定位理论到腾讯身上就不管用了。

龚文祥：电商界、微商界知名大V

2014年，龚文祥开始在新浪微博质疑定位的作用，并且举出腾讯的例子作为证明：“你看看腾讯这个品牌是游戏、娱乐、新闻、即时通信什么都做，明显违反了定位的原则嘛，为什么不但没有‘死’，反倒活成了‘巨无霸’呢”？过了一段时间他又发微博说：“史玉柱、叶茂中、朱玉童、王志纲，还有所谓特劳特等，他们的营销时代已经过去，他们霸占了中国营销30年，该退出历史舞台了。”

李光斗：中央电视台品牌顾问

2017年，在定位之父特劳特离世的第4天，李光斗“不失时机”地对定位提出了质疑：“理论往往赶不上实践的脚步，特劳特先生似乎忽略了一个更重要的变化，即消费心智的变化。”他以柯达、鄂尔多斯集团、娃哈哈、百度等一大堆品牌为例，证明“定位理论更是遇到了极大的挑战”。

事实上，对定位是否仍然有效的质疑还有很多，就不一一列举了。看看这些质疑，会有什么问题吗？相信熟悉逻辑学“三段论推理”的人已经看出来，这些质疑背后都隐藏一个质疑者自己可能都没有意识到的大前提：所有企业都需要搞品牌。

这些质疑者完整的质疑逻辑应该是这样的：

（1）所有企业都需要搞品牌。

（2）定位号称搞品牌很管用，并且定位的原则是坚决反对品牌延伸的。

（3）但定位在很多案例上，比如在腾讯身上就失效了，因为腾讯就违反了定位的原则，搞品牌延伸，而且什么都搞，越搞越大。

问题的关键是：真的所有企业都需要搞品牌吗？

第二节　从C端“购买诱因”判断企业是否需要搞品牌

我在前言中说，比“广告费浪费了一半，却不知道浪费在哪里”更可怕的是由于不懂品牌透视的基本原理，很多企业甚至还有可能在不知不觉间浪费了一半的企业资源，广告费仅是其中的小不点。这是危言耸听还是真有可能？要回答这个问题，我们需要把视线从企业和品牌身上移开，通过“购买诱因”这个词，到C端消费者身上去找答案。

所谓“购买诱因”，简单说就是“促使消费者购买的原因”。在真实的市场环境中，并不是所有“品牌”都能成为购买诱因的。我这里特别把“品牌”两字用引号引起来，是因为有些所谓的品牌只是一个商标或者名字，并不是我们通常意义上的品牌，这类品牌一般不会成为消费者的购买诱因。换个角度看，可以把我们日常接触的产品或者服务粗略地分为两大类：

在一类产品中，品牌是消费者重要的购买诱因。比如，在洗发水这个类型的产品中，海飞丝这个品牌就是消费者购买“去屑”洗发水的重要原因。

而在另一类产品中呢，品牌就不是购买诱因。比如，上面引起龚文祥质疑的腾讯。用户使用腾讯的产品，并不是因为看中了腾讯、QQ或者微信这三个品牌，而是出于其他原因。

站在消费者购买诱因的角度，只需两步就能让龚文祥的疑问水落石出，还定位一个“清白”。

第一步：如果你是一名消费者，你是出于什么原因选择用腾讯的QQ或者微信的？请把这些原因列出来。

第二步：对列出的原因排序，看看前三名里面有没有一个叫“腾讯品牌”的东西在影响你使用它的产品。

我想，多数人用腾讯的产品，肯定不是为了它的品牌，而是因为它上面有我们几乎全部的人际关系。即使要说腾讯IM（即时通信）之外的音乐、游戏、新闻门户等产品，我想大多也是因为“顺手”才用上的，因为它们就嵌在你经常用的IM产品上。这是互联网领域典型的“高频打低频”战术，和品牌几乎一点关系都没有。

如果消费者使用IM产品主要考虑品牌的话，早些年微软旗下的MSN对中国那些早期的互联网用户来说，品牌吸引力似乎还更强些。但结果是，架不住自己的关系多数在腾讯——以前是QQ，现在是微信，消费者还不是乖乖地放弃MSN而改用腾讯吗？

出于这个原因，你在IM行业再怎么搞品牌都没用。从品牌“建设能力”这个角度来看，马云有没有能力把全国最早影响力的前1000个明星都动员起来给阿里旗下的“来往”（微信的竞品）做广告、打品牌呢？肯定有——如果全国1000个明星突然在所有媒体上鼓励你弃微信、用“来往”，那将是多么壮观的品牌建设盛况啊！就算平均给每个明星5000万元的代言费和配套的媒体投放费，也才需要耗费500亿元。给马云一个超越微信的机会，马云会舍不得花这500亿元吗？相信马云掏得起，也舍得花。但是在IM这种产品上，马云能搞定的这个叫品牌的东西，它不是左右消费者选择的购买诱因；而关系网这个能左右消费者选择的购买诱因，却被QQ、微信牢牢地网住了。

显然，在IM领域，品牌不是消费者选择产品时的购买诱因，企业也就不可能依靠品牌赢得竞争，所以腾讯是完全没有必要搞品牌的。既然不需要搞品牌，那定位这个专门用来搞品牌的理论自然是“皮之不存毛将焉附”，在腾讯身上必须无效才符合逻辑。

希望龚文祥、金错刀、李光斗这几位先生看到这番解释后，能消除对定位的误会，让它能为正在快速崛起的新国货品牌、新消费品牌多贡献力量。下一节，我还要从B端，也就是企业的角度来推导有些企业并不需要搞品牌的逻辑。毕竟这是涉及能否避免浪费一半企业资源的大事，多花些精力还是值得的，希望读者多点耐心。

第三节　从B端“战略环节”判断企业是否需要搞品牌

前面我们从消费者的角度厘清了并不是所有企业都需要搞品牌的逻辑，现在我们再从企业的角度来分析一下，这不仅对我们了解品牌的作用有意义，还对我们跳到品牌“位阶”之上去了解企业的战略有帮助。这里，我需要引入由“竞争战略之父”迈克尔·波特提出的“战略环节”概念，它能帮助你很好地理解“企业可以通过哪些途径获得成功”。

对那些没有通读过波特“竞争三部曲”的人来说，很难明白战略环节这个概念的具体指向。所以我就用大家都熟悉的“核心竞争力”来辅助你理解，虽然它们并不完全是一回事，但是在我要讨论的品牌语境中，这两个概念的意思是差不多的。

为了论证“企业是否需要搞品牌”的问题，需要引入战略环节这个概念，但是为了说明战略环节这个概念，还必须搞清楚波特的“三大根本战略”，以及在企业内部如何展开这些战略。所以，这个逻辑链条有点长，希望你有点耐心。话说回来，搞品牌的人是必须懂得战略基本原理的，打个不准确的比方，对企业而言，品牌是花招，战略是内功。因此，我们绕个大弯子讨论一下战略原理也不算浪费时间，反而是在帮你打好品牌战略的理论基础。

一、“竞争战略之父”的三大根本战略工具

1985年，“竞争战略之父”迈克尔·波特在他的名著《竞争战略》中提出了著名的三种“一般性竞争战略”，即总成本领先战略、差异化战略和目标聚焦战略。

真正的大师写文章都相对比较平实，不像我这样喜欢哗众取宠，但这也有一个缺点，就是容易让人忽略重点。比如这个所谓的一般性竞争战略，其实就是基础战略、根本战略的意思，我觉得还是叫它“三大根本战略”更容易让你明白它们对企业的意义。不过，由于战略不是本书讨论的重点，所以对于波特老爷子这个超级重要的战略思想，我只拣和我们要讨论的品牌主题相关的和你聊聊。

第一，总成本领先战略。可以简单理解为将价格战上升到企业战略高度，长年累月只以这个方法去和对手竞争。比如占据世界500强首位多年的沃尔玛，以及刚进中国市场的好市多（Costco），都是奉行这个战略而成功的著名企业。

第二，差异化战略。差异化战略对中国的企业来说比较好理解，可以这么说，所有适合以定位理论作为企业战略指导的，走的都是差异化战略路线。也就是说，所有需要打造品牌的企业，奉行的都是差异化战略思想。我可没瞎说，因为在西方学术界划分的十大战略流派中，波特被奉为“定位派”代表，并且，这里的定位和特劳特的定位在思想逻辑上是大致一样的，只不过一个侧重战略层面，一个侧重品牌层面。不过这里要强调一下：波特说的差异化可不只有打造品牌这一条路，它还可以通过“技术研发、产品设计、顾客服务、商业网络及其他方面的独特性”去实现。读到这里，你发现什么了吗？其实，从波特对差异化战略的定义，已经可以回答“企业是否必须搞品牌”的问题了。

第三，目标聚焦战略。可以简单理解为市场细分，是指主攻某个特殊用

户群、某一区域市场，或者某一垂直行业的战略方法。目标聚焦的基本思想是：因专一而专业，从而在某一狭窄市场领域内超越那些“花心”的对手。

二、战略是如何在企业内部展开的

介绍完波特老爷子超级重要的三大根本战略，现在我就以“总成本领先”这个战略为例，让你看看战略是如何在企业内部展开的。

按照语言学家的观点，中文注重抽象表意，所以写出的诗词具有朦胧美，这是其他语言所不能比拟的，但它的缺点是不能像英语那样精确定义。比如对波特这个“总成本领先”的战略思想，很多中国读者喜欢望文生义地将其理解为价格战，因此误导了很多人。

波特说的“总成本领先”，是指将价格战上升到企业战略高度，而不仅是偶尔玩玩。对采取“总成本领先”战略的企业而言，价格战的重要性和某些企业必须搞品牌是一样的。波特认为，企业的竞争其实是“价值链”的竞争，价值链上的不同环节都会参与到竞争中，任何一个环节出现问题都将影响整个价值链。因此，如果你要采取“总成本领先”的战略，就必须让企业价值链上的各个环节都形成对“低价”这个战略目标的支持。

比如，多次位列世界500强榜首的沃尔玛，它的老板可以说是富可敌国，但据传他出差从来都是坐经济舱。因为沃尔玛就是一家采取“总成本领先”战略的企业，差旅费这样的“财务管理”正是沃尔玛价值链中重要的一环，所以他就需要控制差旅成本这个价值链节点，来支持“低价”这个战略目标。

上面我引出了“价值链”这个词，必须理解它的含义，才能正确理解价值链这个链条中的特别成员——战略环节（核心竞争力），而战略环节才是我弯弯绕绕了大半天，把波特老爷子也拉出来站台的主要原因。在切入战略环节的正题之前，我们必须先了解什么是价值链。

三、价值链上的战略环节

“价值链”也是波特在《竞争战略》一书中提出的概念，通过这个概念，波特还提出了著名的“价值链分析法”。根据这个分析法，波特把创造企业价值和竞争优势的活动分成两类，分别是主外的“基本活动”和主内的“辅助活动”。

我们先来看看主外的基本活动，它包括生产、销售、物流、售后服务等。那主内的辅助活动是些什么呢？你绝对不陌生，这些活动涉及人事、财务、计划、研究与开发、采购等。

基本和辅助这一外一内两类活动就构成了企业的价值链。其实，还可以用更简单的方法来理解“价值链”这个概念，企业价值链就像你所在企业的部门，每个部门对应的都是一个价值链。当然，我只是为了你好理解才这样说的，有时它们可能并不是一一对应关系。

重点来了：

波特认为，并不是企业价值链上的每个环节都在创造价值，实际上，只有某些特定的环节才能真正创造价值，那些真正创造价值的经营活动，波特把它称为价值链上的战略环节，也就是核心竞争力。

波特进一步认为，企业的竞争优势，实际上就是企业价值链上这些战略环节的优势。战略环节都有哪些呢？波特认为，在不同的企业中，战略环节可以是产品开发、工艺设计，也可以是市场营销、信息技术，甚至可以是人力资源、物流配送等等。当然，某些时候，它也可以是你熟悉的品牌。

你看，波特对战略环节的说明，和我上面用公司的部门来比喻，在原理是完全一样的。在你的公司内部，也并不是所有部门都能创造同等价值的吧？总是有些部门更重要，有些部门不那么重要。那些更重要的部门发挥的作用，就如同企业价值链上的战略环节（核心竞争力），是它们在决定企业的生死和成败。下面，我们就通过战略环节来检测一下，看看“品牌”这个很多人念兹在兹的东西能定企业的生死吗？它真的是每个企业都需要的吗？

四、通过战略环节判断企业是否需要搞品牌

通过上面一系列复杂的论证，我在努力理清这个逻辑：

第一，企业有三大根本性的战略方法。

第二，每一种战略方法的执行，都依赖企业价值链节点（类似公司部门）的支持。

第三，价值链的各个节点作用有大有小，作用大的节点就是战略环节。

有了上面的逻辑，再来看企业有没有必要搞品牌就很简单了，通过C端消费者诱因判断企业是否需要搞品牌，用了两步；通过战略环节来判断要稍微复杂一点，用三步得出结论：

第一步，梳理出你所在企业的价值链。

第二步，找出这些价值链中特别重要的环节，也就是战略环节，或者核心竞争力。

第三步，看看战略环节里面是否有品牌，如果有，这个企业就需要搞品牌；如果没有，这个企业就不需要搞品牌。

下面我就以房地产企业为例，用上面的判断方法实操一下：

如果你是一家房地产公司老板，想知道自己应不应该花大钱搞品牌建设，那么你首先需要列出你公司的价值链，它可能包括外观设计、户型设计、园林设计、建筑施工、装修装饰，以及销售、拿地、筹资、人力资源管理等等。当然，别忘了把有些人眼中无比重要的品牌建设也放进去。至此，一家地产公司比较重要的价值链（差不多就是各个部门）就被列出来了。

现在，我们再看看哪些价值链可以当作战略环节来考虑。很多人已经不再喜欢的“李超人”的话，对你正确找出地产公司的战略环节应该有帮助。曾经有人问李嘉诚：“是哪些因素在影响房产升值？”李嘉诚回答说：“第一是地段，第二是地段，第三还是地段。”他这番话后来被某些地产公司直接用来作广告文案，我在《南方都市报》就看见过。

由此可见，拿地是地产公司的战略环节，这是无疑的，不过影响拿地的应该还有钱，毕竟没有钱就没有办法买地。所以，完全有理由把拿地能力和筹资能力作为地产公司的战略环节（核心竞争力）。至于那些看起来好像更重要的设计、施工甚至销售等，地产企业一般都是外包给第三方公司的。而有些人认为无比重要的品牌建设呢？肯定是要排到设计、施工之后的了。

这个论证好像已经很完美，不过毕竟事关你的企业方向性选择的大问题，为了谨慎起见，我们再用前面说过的消费者购买诱因来交叉验证一下：

当你买房的时候，你首先考虑的因素是什么？肯定还是地段吧？其次呢？周边配套难道不应该排在品牌之前吗？甚至户型、园林等也都有可能排在品牌之前吧？因此，地产类企业是几乎不怎么需要搞品牌的。

如果这时候，龚文祥、金错刀、李光斗跑出来说定位根本没有用，否则为什么王思聪家的万达就什么都搞还很成功呢？相信你已经可以胸有成竹地反驳他们了。

第四节　品牌有时只是成功的结果，而非成功的原因

有些企业并不需要搞品牌！虽然这个结论简单，我的论证也还算严密，但要让那些对“品牌至上论”思想根深蒂固的人改变想法，还是很有难度的。曾经就有人拿海底捞的例子反驳我：“根据你说的战略环节（核心竞争力）判断法，海底捞就不需要搞品牌啊，但是人家的品牌为什么反而很成功呢？”看起来，这是一个很有力的反驳，因此这一节我就把分析企业成败需要正确“归因”这个道理说清楚。

有“海底捞搞品牌很成功”这个错误认识，是由于不能对企业的成败正确归因。很多人读过《海底捞你学不会》这本书，或者去海底捞亲自体验过它的服务，也许这是一个服务型企业本来应该达到的标准，但它实在比中国餐饮企业的现实标准高出太多了，这样的服务不形成口碑的话，传播都难吧？因此，从消费者能体验到的层面来讲，也就是从前面所讲的购买诱因角度来讲，海底捞的成功是极致服务的结果，而不是打造品牌的结果。

如果要从“企业成功原因”这个更为宏观的层面来归因，那就复杂了。海底捞的案例已经被太多人分析过，足可以让听的人耳朵起茧子，但为了说清楚问题，在这里我不得不拾人牙慧，也跟风谈一下。首先，张勇选择了火锅这个标准化程度最高的中餐形式做连锁，解决了口味这个厨师在大规模复制中可能遇到的“非标”难题；其次，海底捞优秀的组织文化和激励措施，解决了庞大的服务员、店长队伍的来源问题；再次，如果成功也包括上市，那么支付宝、微信这两个在线支付工具就将餐饮业原本的“隐性收入”显性

化了，让财务规范化成为可能……说了这么多，都好像还没有看到品牌建设的影子。

当然，我必须说明的是，如果你想要在成功企业身上学东西，就必须把它分为两个大的阶段来分析：一个是它成功前，看看它做了什么才导致它成功的；另一个是它成功后，这时候它对新消费者的影响，可能和成功前的购买诱因是不一样的。而对我们建设品牌甚至管理企业有借鉴意义的，不是要看这个企业成功后的行为，而是要看它在成功之前做对了什么。

比如，在后面第二篇“定位攻左脑，原力攻右脑”部分，我会谈到一个非常有意思的案例——星巴克。在美国本土，星巴克是触发了消费者“集体无意识”中的“原型”而成功的著名案例，但是这两个品牌到了中国后，购买诱因则接近“轻奢品”的路数。现在海底捞也差不多到了星巴克的阶段，它过去之所以成功，肯定是因为极致的服务；而在它声名鹊起之后影响新消费者的原因，更有可能是品牌本身。

回到我们正在谈的归因话题，总结一下：海底捞的品牌，是它极致服务和其他正确战略动作的自然结果，而不是通过四处做广告、搞品牌得来的。换句话说：品牌是海底捞成功的结果，而不是它成功的原因。如果有人不明白这个道理，还以为通过大力宣传“服务好的品牌形象”就可以像海底捞一样成功，并以此去经营企业，那后果肯定不堪设想。

一本教人搞品牌的书，却在开头花了大量篇幅来论证有些企业根本不需要搞品牌，这看起来很不正常。不过我认为，如果一个病人本来就没有病，医生就应该告诉这个病人不需要打针，不需要吃药，不需要吃保健品，也不需要花冤枉钱……这更应该是一个品牌“医生”的职责。

实战擂台

1．如果让你只出一道题来判断一个人懂不懂品牌，你会出什么题？

2．定位理论认为，品牌是竞争的基本单位，这个说法对吗？

3．用这章我教的透视方法，和你的同事或者朋友讨论一下相关的品牌议题。

（欢迎到微信公众号“两栖派品牌实战研究院”与我切磋）。

第二章 品牌价值透视：搞不搞品牌，根据强度来

品牌建设重不重要？针对不同的产品，答案是不一样的，虽然我针对B2B（企业对企业）说品牌建设“一点都不重要”，但并不等于所有企业都这样，这就涉及品牌建设需求强度测定的问题。测定品牌强度对企业意义重大，它就像医生测定药量一样，对企业在品牌方面的投入力度具有很强的指导意义。同时，不同的强度就有不同的品牌类型，而不同类型的品牌需要不同的建设方案。因此，品牌强度测定是我们在建设品牌时对症下药的前提。

第一节　品牌价值定律

在像菲利普·科特勒《营销管理》那样的市场营销教科书里，通常会对客户价值进行分析。比如，一般的教科书会告诉你客户价值的公式是这样的：客户价值=（产品价值+服务价值+品牌价值）-（货币成本+时间成本+精力成本）。

一、品牌价值简化公式

说起来，这种数学式的精密分析对教授们的学术研究有意义，但是对你在市场一线搞实战帮助不大。因此，我特别综合了各种教科书的思想，以品牌为中心对其进行了简化，并且对品牌价值进行了分拆，毕竟品牌价值才是我们要重点考虑的。简化和分拆后的公式如下：

◇ 客户价值=产品价值+品牌价值

◇ 品牌价值=安全价值+精神价值

（一）简化公式的准确性

我想你已经发现了，在这个简化的公式中，我去掉了常规教科书中“成本”和“服务价值”两项内容，现在我们来看看去掉它们后是否影响教科书公式的准确性。

（1）成本。因为本书的研究对象是所有品牌，由于任何品牌都会遇上营销教科书公式中所说的成本，因此我把它当作数学上的同类项合并了。众所周知，合并同类项不影响运算结果的正确性。

（2）服务价值。通常来说，在市场营销学范畴内，人们习惯把产品和服务看成一个整体，因为要么服务是产品本身，会计师事务所、酒店都是这种情形；要么服务与产品是一体化的，比如你买了海尔空调，便享受安装、维修等免费服务。所以，去掉服务价值这项，也不影响运算结果的正确性。

简化后的“客户价值”公式就剩“产品价值”和“品牌价值”了，其中，产品为消费者提供物理价值，品牌为消费者提供抽象价值。不过，在多数情况下，只要能被称为“品牌”的产品，其物理价值和抽象价值都是不可分割的。品牌的价值需要通过产品这个载体去实现，而产品的价值则需要品牌这个形象去彰显。

（二）公式含义

现在我要开始重点分析品牌价值，并拆解“品牌价值=安全价值+精神价值”这个公式。不过，这个公式的落脚点是产品，如果没有产品，所谓的安全价值和精神价值就都没有存在基础。我们先来简单看看这个公式的含义：

第一，消费者在选择一个品牌的时候，除去产品提供的基础价值外，还会考虑品牌的安全价值和精神价值。

第二，当消费者看不懂产品的时候，品牌的安全价值就会发挥作用，有品牌的产品就会让消费者放心，此时的品牌就会成为消费者购买的决策依据。

第三，当一个产品的售价高出成本的比例超过常规比例时，品牌的精神价值就会发挥作用。这时候消费者的购买理由通常既不是产品也不是安全，而是为了攀比、面子、荣誉、形象、享受等，几乎所有奢侈品都是这种情形。

二、品牌价值定律

当然，对多数品牌来说，安全价值和精神价值会同时发挥作用。为了量化它们对消费者的影响，我独创了一个“品牌价值定律”，用来测量品牌的安全价值和精神价值在消费者心中的强弱：

◇ **品牌的安全价值与产品的易测性成反比**

◇ **品牌的精神价值与产品的性价比成反比**

这里又出现新名词了，在分析这个定律之前，我先基于品牌语境来解释一下“易测性”和“性价比”这两个名词。做任何定义前，都应该先统一语境，否则容易出现各说各话的情况。

（1）易测性。易测性就是消费者判断一个产品的品质、性能的难易程度。一看就懂的东西，易测性就高，比如房子、服装；怎么也看不懂的东西，易测性就低，比如红酒、药品。判断易测性有两个需要注意的地方：第一，判断的对象是产品，而不是品牌；第二，判断本身不重要，判断的难易程度才重要。

（2）性价比。性价比就是产品的品质和价格之间的比值，这也是针对产品来说的。同等品质条件下，价格越高的产品性价比越低，价格越低的产品性价比越高。这里也需要注意，单纯看价格的绝对值大小是无法判断性价比的，必须把产品和价格结合在一起才能形成判断。比如，同样是1万元，一辆奔驰如果卖1万元，那性价比就很高；而一瓶矿泉水如果也卖1万元，那就是“抢劫”。

第二节　易测性和性价比如何决定品牌价值

知道了品牌的价值公式，也学习了由此派生出来的品牌价值定律，现在就需要它们发挥作用来帮助判断企业对品牌建设的需求强度了。这节内容的推理性比较强，我尽量口语化写作，也需要你集中精力，否则难以看懂逻辑。

一、价值定律1：易测性决定品牌的安全价值

◇ 价值公式：品牌价值=安全价值+精神价值

◇ 价值定律：品牌的安全价值与产品的易测性成反比

◇ 快速理解：越看不懂的产品，消费者越依赖品牌进行决策

这个定律的基本含义是：消费者越容易看懂某类产品的品质、性能等，这类产品的易测性就越高。相反地，某类产品的品牌安全价值越低，它的企业就越不需要搞品牌。

其实这也很好理解，因为消费者自己都能看懂的东西，他们一般凭借自己的经验和能力就可以判断产品的品质和性能，就不需要依靠品牌进行决策了。这时候，品牌相对于消费者来说，安全价值就很低。比如，我们很容易看出一件衣服的品质如何，因此针对某个服装品牌而言，它的安全价值就低，这会相应地影响它的品牌价值，因为“品牌价值=安全价值+精神价值”。容易一下看懂的产品很多，比如房子、餐馆，所以你看房子和餐馆一般都不搞品牌。说起餐馆，你可能又会想到海底捞，趁机复习一下前面的内容：品牌是海底捞成功的结果，而不是成功的原因。

反之亦然，消费者越是看不懂某类产品的品质、性能等，即易测性低，这类品牌的安全价值就越高，它的企业就越需要搞品牌。因为，消费者对看不懂的东西不敢轻易购买，此时他们的决策就会依赖品牌进行：越是大牌，消费者就越觉得放心。其实，你代入一下，想想自己平时买饮料时的情景就明白了，你敢在一个小杂货店买一瓶完全陌生的饮料喝吗？肯定不敢啊。不仅是饮料，对于酒类、药品、化妆品等那些对人体影响很大但很难判断品质的产品，我们都会在购买时怀有疑虑，就是这一瞬的疑虑，会在物质极度丰富、产品高度同质化的今天左右消费者的选择，这才是我们耗费巨资也要打造品牌的意义所在。

这里将安全价值和精神价值分拆开，主要是为了方便你理解。实际上，安全价值和精神价值经常同时影响品牌价值，你需要分清书本案例和市场实际的差异。看到这里，你可能会反驳我说：“我看LV的包，怎么看都能看懂，至少在和其他包进行对比的时候，我肯定能看懂，为什么它的品牌价值那么高呢？”这就需要引入第二条品牌价值定律了。

二、价值定律2：性价比决定品牌的精神价值

◇ 价值公式：品牌价值=安全价值+精神价值

◇ 价值定律：品牌的精神价值与产品的性价比成反比

◇ 快速理解：相对于产品的成本来说，定价越高的东西，消费者就越依赖品牌进行购买决策

这个定律相对好理解，简单地说，你想把一个产品价格卖得高，高过市场上同类产品的价格，相应地，这个产品所属品牌的精神价值就会很高。那些比市场同类产品高出来的价格，就是品牌溢价，这样的产品就需要搞品牌。

比如，你刚才反驳我的LV包，一个成本500元甚至更低的包，人家可以卖到几万元甚至几十万元。从产品的角度看，性价比太低了，如果你不搞品牌，让消费者在面子、虚荣、享受、攀比等精神方面获得补偿，那你卖给谁啊？

在分析品牌精神价值的时候，我们往往以为只有总价高的产品才会有精神价值，其实不然，只要性价比足够低，总价低的产品同样可以创造很高的精神价值。比如，一瓶10元的依云（evian）矿泉水，无论它的渠道成本、包装成本多高，针对水这个东西而言，卖10元的价格，性价比都是很低的。因此买这个品牌的消费者，看重的通常是产品以外的东西，这种企业通常也需要搞品牌。

不过这里顺便说一句，产品的销售动力可以分别来自品牌产生的拉力和渠道产生的推力，我这里仅讨论品牌的拉力。但是像依云这样的品牌，仅仅通过高端卖场这样的渠道推力来搞销售也未尝不可。

那么从性价比的角度来说，什么样的产品不需要搞品牌呢？嗯，只要你愿意到脏乱差的批发市场去看看，就会看到那里的产品全都不需要搞品牌。其实拿这把尺子也可以分析B2B业务，由于B2B企业的产品要么需要二次或多次转售，要么企业型采购特别追求高性价比，品牌没有所谓的精神价值，因此也就没有必要搞品牌。

到这里，我就把通过易测性和性价比来分析品牌建设必要性的工作完成了。由于这涉及品牌真正的作用边界，影响的是企业需不需要搞品牌、能否

省下我吹牛说的“一半企业资源”的大事，所以我把其中的要点总结一下：

第一，企业决定不了产品的易测性，但是可以决定产品的性价比。比如一瓶牛奶，消费者担心它的安全问题，这不是企业能决定的，而是由产品属性决定的，但是要把这瓶牛奶卖5元还是50元，它的性价比是由企业决定的。

第二，这个世界上有很多吊诡的事，企业决定不了的东西，反倒可以帮企业赚大钱；而企业可以决定的东西，舞台却并不是很大。不信你随便看看衣食住行等行业，因企业决定不了的易测性产生的安全价值而成功的企业，比依靠性价比产生的精神价值而成功的企业多出很多倍。

第三，对消费者来说，性价比高是好事，但是对企业来说就不然了，因为只有性价比低的品牌，企业才能获得相对于成本价的溢价，这个溢价就是我们常说的品牌溢价。不过，品牌溢价通常是安全价值和精神价值共同作用的结果。

品牌溢价超过同类产品不太多的属于普通品牌，比如iPhone，普通品牌才是企业可以大展拳脚的地方；品牌溢价超过同类产品很离谱的，一般都是奢侈品，比如LV。奢侈品可供企业和品牌操盘手发挥的空间都不大，过去如此，未来更会如此。

第三节　刚性品牌、中性品牌、弹性品牌，你的企业属于哪一类

根据安全价值和精神价值的高低，我们就可以对品牌进行分类了，它们分别是刚性品牌、中性品牌、弹性品牌和自然品牌。下面，先看一下我对这些品牌的简单定义，后面我还会详细说明它们产生的原理。

刚性品牌

消费者越是不好判断品质的，企业对品牌建设的必要性强度就越高。如饮料、酒类、化妆品、药品，仅靠外形完全不能识别其品质，必须借助品牌来帮助消费者决策，我把这类品牌叫作刚性品牌。当然，还有由企业主动出手，调高价格，因此性价比低、导致精神价值高的品牌也是刚性品牌。

中性品牌

产品易测性居中，消费者看得不清不楚的，企业品牌建设的强度就属于中等。比如汽车、手机、家电等，消费者能通过外形了解部分品质，或者外形本身就是品质的一部分，但是对产品进行内部识别也需要一定专业知识，我把这类品牌叫作中性品牌。

弹性品牌

消费者越是一下子就能看清情况的，企业对品牌建设的必要性强度就越低。比如房子、女装、餐馆，消费者几乎凭自己的经验就能判断，不需要依赖专业机构来检测，我把这类品牌叫作弹性品牌。

需要特别注意的是，这个分类虽然是通过检测品牌的易测性和性价比这两个对消费者的影响因素而得到的，但这个概念本身是站在企业是否需要建设品牌的角度提出的。所谓的刚性品牌，是指企业必须搞的品牌，不搞，企业就很难成功；所谓的弹性品牌，就是企业搞不搞品牌无所谓，因为这类企业可能是通过其他因素成功的；而中性品牌，则介于刚性品牌和弹性品牌之间。

只有通过品牌强度的测定，我们才能清晰地看到品牌的作用边界：并不是所有企业都需要耗费巨资搞品牌的，搞不搞品牌、用什么力度搞品牌是由品牌的类型决定的，也就是由品牌的作用决定的。

一、刚性品牌企业：品牌必须搞，而且要搞好

在理解了易测性影响品牌的安全价值、性价比影响品牌的精神价值的原理后，你就会大致知道，有三种可能的因素会催生刚性品牌：

（一）安全价值和精神价值共同催生的刚性品牌

通常来说，安全价值和精神价值“双高”的刚性品牌是我们最常见到的，这类品牌的基本逻辑：一方面，消费者不太容易看得懂产品，品牌就具有了安全价值的溢价；另一方面，产品价格相对同类产品高出很多，又会产生由性价比导致的精神价值溢价。只要是这类产品，就是标准的刚性品牌，这时候，品牌是影响消费者购买决策的重大诱因，企业必须花大力气打造品

牌。再次说明一下，倚重渠道推力来销售产品的不在此列。

还记得吗？我前面说过，产品的易测性一般不由企业决定，但是企业可以很好地利用易测性来挖掘品牌的安全价值；而产品的性价比则是企业可以主动出击来决定的，不过这种品牌并不多。从这个角度看，红酒就是为数不多的“双高”品牌。

根据品牌价值定律，红酒的安全价值与它的易测性成反比。那么红酒的易测性是高还是低呢？虽然很多人都吹嘘自己能盲品红酒，但无数的案例都在打他们的脸。这里我来说一个有点好笑的案例：

美国有一家机构，想考察品酒专家对红酒的分辨能力，一开始就采用盲品的方法，专家们自然是品不出来了。但这个机构还嫌专家不够丢人，又恶作剧似的发明了一种测试方法：把同一种红酒分上午、下午和晚上分别送给专家们去盲品，结果这些专家竟然对同一种红酒也分辨不出来。

以后如果有人向你吹嘘他品酒功夫有多厉害，你可以拿这个例子怼他一下。从这个例子可以看出，消费者在购买红酒这类不太容易看懂的产品时，品牌产生了很高的安全价值，越是买大牌，他们就越是放心。

那么，红酒这类产品是如何通过精神价值催生刚性品牌的呢？你还要看看品牌价值定律：品牌的精神价值与产品的性价比成反比。这个不难理解，比如拉菲这个品牌，即使是它所谓的“副牌”也能卖到几千元一瓶，但它真正的酒水成本才有多少呢？单纯看产品和价格之间的关系，这显然是一个性价比极低的产品，但它的品牌精神价值反而非常高，因为精神价值与性价比成反比。通过品牌价值定律，还可以让你明白一件事：为什么精神价值越高的品牌就必须越懂得“编故事”？因为你得给消费者一个理由。

除了红酒，白酒、钻石、部分化妆品都属于安全价值和精神价值“双高”的品牌，因此也是标准的刚性品牌，企业需要不断进行品牌建设，才能持久地获得消费者的青睐。

（二）仅由安全价值催生的刚性品牌

从某种角度看，所有具有安全价值的品牌也一定同时具有精神价值，因为即使消费者单纯看重某个品牌的安全价值，也会因为这个品牌的产品与那些没有搞品牌建设的产品相比，会有一定的品牌溢价，进而催生一定的精神价值。但是，一旦要照顾定义的精确性，搞品牌实战就会失去意义，所以我们必须简化模型，仅讨论某个价值占比相对较高的情形，这里的安全价值如此，稍后要讨论的精神价值也如此。

不追求定义的绝对精确，仅仅看倾向和趋势的时候，你就会发现安全价值单高，也就是仅由安全价值催生的品牌是最多的。这既是企业大展拳脚的地方，也是品牌操盘手最容易建功立业的舞台。

药品是仅由安全价值催生刚性品牌的典型，几乎不会有人为了追求独特的精神享受而买品牌药，更多的情形是：因为不敢相信不知名品牌的安全性（包括疗效），所以选择品牌药产品。当然，仍然要把医院这样的渠道除外，因为处方药就是不用打品牌的，它完全是医生这个独特的“渠道”推给消费者的。其实，用品牌价值定律也能解释这个问题，因为相对医生而言，处方药的易测性也是很高的，医生毕竟是专业人士，这个原理和B2B行业的采购商类似。

从某种意义上说，这类产品的品牌价值是消费者被自己吓出来的，因为以他们的能力无法对这些产品进行品质判断，只能依赖品牌实行购买决策。仅由安全价值催生的刚性品牌有很多，比如食品、药品、保健品、化妆品等。

（二）仅由精神价值催生的刚性品牌

单纯由精神价值催生的刚性品牌多数都是奢侈品，你对这些品牌的产品也许能看懂，也就是它的安全价值可能不高，但由于它们的性价比很低，导致了精神价值高。这类产品的品牌也是刚性品牌，因为企业如果不打造品牌，就不会提高消费者在品牌上的精神享受，它的精神价值不高，消费者就不会买单。

不像易测性，不能由企业左右，性价比是可以由企业主动出击、任意调节的。不过，由于市场竞争越来越激烈，如果品牌缺乏独特性，价格也不是说调高就可以调高的。比如服装、皮具、红酒、手表等西方的奢侈品，要么是国家级艺术文化在“背书”，要么产地具有特殊的气候和土壤，要么传承了仅仅属于自己的品牌故事……所以才能获得超高的品牌溢价。

同理，为什么茅台和五粮液原来都是高端白酒序列，现在距离却越拉越大？因为属于茅台的国家记忆是任何其他白酒品牌都比不了的。因此，如果没有特殊的信任状，仅由精神价值催生的刚性品牌，其实并不值得企业花太多心思去追求。

无论是安全价值和精神价值“双高”的刚性品牌，还是某一价值“单高”的刚性品牌，都必须进行大力度的品牌建设。刚性品牌的代表性类别有药品、白酒、红酒、化妆品，以及各种瓶装水、饮料、奢侈品、食品等。在打造刚性品牌时，要强化品类意识，突出功能或文化优势，刚性品牌适合用定位或原力工具进行品牌塑造。

二、中性品牌企业：需要搞品牌，但需与其他战略环节并重

掌握了分析刚性品牌的方式，再来分析中性品牌就容易了。总体而言，那些安全价值和精神价值都属于中等的，就是中性品牌。换句话说，一类产品的品质比较好测定，消费者能看懂一部分，而性价比相对也适中的品类，其所属的品牌就是中性品牌。下面我还是站在消费者的立场，以生活中的例子来说明什么叫中性品牌。

如果你要买一辆汽车，从外观上看，你可能喜欢宝马，在高档次的宝马和低档次的吉利之间，你可以区分出产品做工的精致程度。如果说拿宝马和吉利来比不太恰当，那我们来看看同一档次的情况，即使从宝马、奔驰和奥迪这三个同档次的品牌来看，你也可能喜欢某个款式，也就是外观，而不喜欢另外的款式。毕竟款式不但区别很明显，而且对汽车这类产品而言，它本身就是产品价值的一部分，对消费者的影响很大，这不同于买一瓶水，水的外观对购买决策的影响不是很大。

此时，假定奔驰、宝马、奥迪的内部性能是完全一样的，并且这个秘密已经被你知道，那么你肯定会“以貌取车”，根据外观就决定购买哪个牌子了。然而，这些产品的内部性能有复杂的一面，导致非专业的消费者根本不太可能了解隐藏在一部汽车外表下的内部情况。虽然在专家眼中，同档次的车在技术性能方面其实是差不多的，但是由于企业的宣传方向不同，有的强调自然吸气，有的强调四轮驱动，有的强调高速起步，而消费者的喜好也是

千差万别，一种性能总能对应一种需求，因此导致在购买汽车这类产品上，消费者的心理活动比买水那样的刚性品牌复杂很多，它体现在如下方面：

对汽车外观等消费者能自行判断的部分，是由他们自己决定的，也就是说，汽车外观的易测性比较高，对消费者的安全价值也就相应地比较低；但是对于汽车性能这样他们判断不了的部分，还是要依赖品牌来帮助他们做决定。如此一来，品牌在汽车这类产品中，购买诱因比饮料那样的刚性品牌就会弱一些，当然，它比下面我将要介绍的弹性品牌还是强很多，所以我把它叫作中性品牌。

从企业的角度来讲，品牌与企业价值链中其他战略环节，比如技术创新、产品研发等诸多环节中的某个或多个环节同等重要，除非你在品牌建设方面有独特优势，否则不可仅仅因为觉得品牌更重要，就把品牌的重要性置于其他战略环节之上。中性品牌的代表性类别有手机、电脑、汽车、家电、鞋类、男装、运动服装、箱包、连锁酒店等。

在打造中性品牌的时候，我们都需要注意什么呢？在这类产品的技术突破期，适合走卖点路线，可以用定位理论来塑造品牌；在这类产品的技术的停滞期，适合走形象路线，可以用品牌原力理论来塑造品牌；而鞋类、运动服装、箱包、内衣等品类，款式相对固定，而通常又没有所谓的技术升级，所以适合用品牌原力理论来塑造品牌形象，内外、Ubras这两个内衣品牌都是例子。

三、弹性品牌企业：搞不搞品牌无所谓

说完中性品牌，顺理成章地就来到弹性品牌这里了。弹性品牌就是那些品质容易被消费者完全看懂，也就是易测性较高而性价比处于中等的品牌。这里要注意的是，如果性价比过高，像批发市场的产品一样，就不是弹性品牌，而是自然品牌了。

按照惯例，我们还是通过生活实例来了解弹性品牌的“弹性”是如何形成的。假如今天有朋友约你去吃火锅，在选择火锅店的时候你首先会想到什么？别告诉我“一定是”巴奴或者海底捞，这两家虽然一个产品好，一个服

务好，但应该还做不到成为你“一定是”的决策依据。因为，对餐馆这个有点奇特的品类来说，有时我们很看重位置，隔了一条街就不想多走几步；有时跑上十几公里就为了吃它的味道；还有时候它的环境、服务都能左右我们的选择；当然，有时候我们也会因为品牌而选一家店，比如我这个常住广州的人，第一次吃海底捞就是在苏州，跑遍全城就是冲着它的品牌去的。

你看，多复杂！位置、味道、服务、环境、品牌，究竟是哪个因素在左右你的决定呢？可能很难一下子说清。其实，对餐馆这类服务，一方面是它的易测性非常高，你很容易进行品质判断，不太依赖品牌帮你做决定，所以品牌的价值就大大就下降了；另一方面，品牌又不是核心的购买诱因，位置、环境、味道等都可以排到品牌前面。

从吃火锅的例子中，你会发现，在我们选择某个产品或者服务的理由中，品牌的排序比在手机、汽车那样的中性品牌中的排序要靠后一些。相应地，既然消费者的首选因素不是品牌，企业对品牌建设的需求就很弹性，所以我给它取名为弹性品牌。

弹性品牌的代表性类别有餐馆、房子、女装、各类电商平台、商场、互联网等。显然，属于弹性品牌的企业没有必要把太多精力放在品牌建设上，应该着力于优先做好销售，然后围绕销售来建品牌，也就是要“围绕销售搞品牌”，而不是“围绕品牌做销售”。

四、自然品牌企业：品牌不用搞，也许还更好

所谓自然品牌，就是不需要进行品牌建设的努力，自然就可以形成品牌效应的品牌，几乎所有B2B企业都是自然品牌，或者说根本不算是品牌。对自然品牌来说，定位理论所强调的“竞争的基本单位是品牌”就真的失效了。

易测性高、性价比也高，这是自然品牌的最大特征。在易测性方面，相当多的自然品牌用户都具有很强的专业判断力。比如，一个工厂要采购某项设备，一定对设备的性能了如指掌，因此自然品牌的安全价值高不起来；而在性价比方面，自然品牌的产品要么需要二次或多次转售，要么企业型采购特别追求高性价比，它们的客户主要寻求“客户价值=品牌价值+产品价值”

中的“产品价值”，品牌也就失去了精神价值。

安全价值没有，精神价值也没有，自然品牌相应也就不可能有品牌价值。自然品牌如果成了品牌，那绝对不是因为建设品牌的结果，而是企业在品牌以外的其他战略环节（核心竞争力）的优势促成的，品牌效应是自然形成的，所以我把它叫作自然品牌。

所有B2B都是自然品牌，面对一个自然品牌企业，如果按照某些品牌咨询公司的建议去搞品牌建设，很可能会导致灾难性后果。因为这会拉高自然品牌的产品成本，而自然品牌的用户是高度重视性价比的，品牌建设反而会导致企业的竞争劣势。

如果企业的确有品牌偏好，或者像富士康这样经常有“新闻”的企业，自然品牌可以用“CIS+公关”这个组合来塑造品牌。当然，如果能用品牌原力理论来指导，给自己的企业找出一个“原型”，用于对外统一形象，对内统一价值观，也是不错的选择。

实战擂台

1．分析一下茅台的品牌价值，它主要是由易测性催生的，还是性价比催生的？

2．你能举出单靠精神价值支撑的品牌案例吗？最好是中国的。

3．分析一下你所在公司的品牌是安全价值高，还是精神价值高？

（欢迎到微信公众号“两栖派品牌实战研究院”与我切磋）

第三章 品牌位阶透视：品牌应该是一把手工程吗

在中国乃至全世界，各行各业都有一个通病，那就是都喜欢美化自己所在的行业，一开始的人可能还有点分寸，知道自己几斤几两，但是经过不断以讹传讹，后面的人就慢慢自信心爆棚，开始无限膨胀了。战略界、品牌界、营销界、广告界……莫不如此。这一章，我们就让品牌对着战略这面镜子照照，让它明白自己的地位、阶层和作用，也顺便认识一下它的上级、同级和下级。

第一节　品牌部门与其他部门的关系

什么叫“位阶”？就是位置和阶层。品牌位阶，顾名思义，就是品牌的位置和阶层。在一个企业中，品牌建设的任务通常是由品牌部门来完成的，所以从组织的角度来看，品牌位阶就是品牌部门的位置和阶层。我们前面学习的品牌作用透视，讲的是品牌在企业中的有和无、轻和重，着眼点是品牌的作用大小；而本章所说的品牌位阶，侧重品牌部门和其他部门的关系，着眼点是协作和配称。

当知道品牌有位阶之后，我们还需要更进一步看看品牌部门具体处在哪个位阶，对之后的相关决策才有指导意义。通过波特关于企业价值链的论述，你已经知道，企业的价值创造是由不同部门协作完成的，在一个“标准”的中性品牌企业中，这些部门大致有战略部、研发部、生产部、营销部、销售部、品牌部、广告部、设计部等。我这里所谓的标准企业，是说通常都这样，不代表各种企业的实际情况。

为了弄清品牌部门的位阶，我先把一个企业的组织关系梳理一下，在此我分别用“A”“B”“C”非常简化的三级来代表一个企业主要的组织级别：A级部门代表最高级，相当于总裁级；B级部门为中间级，相当于总监级；C级部门为基层部门，相当于经理级。需要特别说明的是，实际的企业组织架构根据商业模式和文化的不同，是非常复杂和多样的，这里仅仅为了便于理解而将其简化为三级架构。

以战略视角来给品牌部门确定位置和阶层，首先要看看品牌在企业价值链中的位置。简单地说，品牌在企业的作用越大，品牌部门的位阶就越高；反之亦然。在一个标准的中性品牌企业中，A级部门应该是战略部，负责企业的方向性问题和全局性事务，战略部是品牌的上级部门；B级部门包括技术部、产品部、营销部、销售部、财务部和人力资源部等，品牌部也是其中之一，这些部门都是品牌的同级部门；C级部门，对品牌而言，可能包括广告部、设计部等，是品牌的下级部门。

实际上，很多企业都不是标准的企业，所以根据品牌建设的重要程度不同，在实际工作中应该对品牌部门的位阶进行相应的升级和降级。当然，这个升和降应该在战略的指导下进行。

第二节　品牌部门位阶的升降

品牌的位阶要如何升降呢？具体来说，在刚性品牌企业，由于品牌是企业最重要的资产，因此应该对品牌部门升级，比如将品牌部门直接升级为战略部门，以此统领全公司的发展。当然，还有一种方法可以实现品牌部门的战略升级，那就是对品牌部门的负责人进行“高配”，由级别更高的CEO或者总裁直接担任或者兼任。比如，在娃哈哈、宝洁这样的刚性品牌企业，品牌在企业价值链中的作用几乎是第一位的，品牌部门就是企业的战略级部门，这时候的品牌建设，才真正应该被当作“一把手工程”来对待。

而在手机、汽车这样的中性品牌企业，品牌与技术研发、产品设计同等重要，就不适合对品牌位阶升级，保持与技术研发、生产、销售同级为宜，体现出各部门协同发展、相互配称的含义。

阿芙的创始人孟醒（网名雕爷）对品牌的技术发展有个绝妙的观点，他把品牌分为“有限改进型”品牌和“无限改进型”品牌两类。所谓有限改进型品牌，就是那些技术不需要怎么升级和变动的产品所属的品牌，比如饮料、酒类、药品等；所谓无限改进型品牌，就是需要不断进行技术升级的产品所属的品牌，比如汽车、手机、服装等。其实，还可以把雕爷这个分类进一步细化，在有限改进型和无限改进型中分出“走走停停型”品牌。比如，可口可乐这样的饮料就是有限改进型品牌，产品最好不要变，变了的话，消费者还会像它推出新可乐一样闹事；像服装、鞋子这样的品牌就是无限改进型品牌，每一季都需要换新的；而汽车、手机、家电则属于走走停停型品牌，技术需要不断改进，但也有明显的停滞期。

雕爷这个分类对品牌位阶的升降有很强的指导作用，因为对那些技术发展走走停停型的品牌而言，品牌和技术对消费者的影响是交替进行的，当技术升级的时候，主要是产品的功能和特性在影响消费者的购买决策；当技术停滞的时候，主要是品牌在影响消费者的购买决策。显然，在技术突破期，就可以适当提高技术部门的位阶；如果本类产品已经到了技术发展的瓶颈期、销售主要靠品牌推动的时候，也可以适当提高品牌部门的位阶。

那么在餐饮、房地产这样的弹性品牌企业中，应该如何安置品牌的位阶呢？一般来说，弹性品牌企业通常会将品牌部门进行降级处理，让品牌部门隶属于营销部、广告部或者公关部等；而在B2B等自然品牌企业里，品牌是可有可无的部门，通常不会专设，而更有可能由平面设计师、文案或者现在的新媒体编辑兼任。

在非刚性品牌企业，也就是弹性和中性品牌企业中，也有企业将品牌作为战略环节（核心竞争力）来对待，如果刚好企业在品牌建设方面有独特的资源、关系或者特别的心法，倒也不必死守教条。比如小米，在智能手机处于技术爆发期的时候，苹果、三星等都以不断推出新技术来作为企业的发展动力，但是小米在营销和品牌方面找到了自己的独特优势，同样取得了很好的成绩。

第三节　利用品牌位阶原理找份好工作

你懂得了品牌位阶的原理以后，不但能帮企业，也能帮自己。比如，它能帮你正确选择一家企业，正确选择一个岗位。通常而言，在一个企业中，分别有三种不同性质的岗位，我把它们分别叫作骨干岗位、通用岗位和边缘岗位，不过，根据企业性质的不同，这些岗位的重要性定义也会随之而变。

一、骨干岗位

先来说说骨干岗位。举个例子，在百度这样的企业中，技术、销售都是骨干岗位，鉴于百度财大气粗地以高薪挖了网红自媒体“李叫兽”主管营销，估计营销在百度公司也是骨干岗位。在懂得品牌位阶原理后，再结合百度的战略环节来分析，你会发现这其实根本没有必要，百度在营销上的努力改变不了它的困境。又比如淘宝，它的骨干岗位有运营、技术等，品牌在淘宝属于边缘岗位，权重应该还没有公关大，毕竟“马爸爸”实在太红，稍微一点小事就容易被放大，需要公关时时“灭火”。而在宝洁、农夫山泉这类企业中，品牌相关的岗位就绝对是骨干岗位了。

二、通用岗位

每个公司都不可或缺的岗位，我就把它叫通用岗位，行政、人力资源、财务都属于通用岗位。当然，看问题切忌教条化，比如财务，虽然一般情况下属于通用岗位，但在会计师事务所、风险投资公司、上市公司里面，财务可是香喷喷的骨干岗位；又比如人力资源，如果在一家猎头公司里面，它又属于骨干岗位了。

三、边缘岗位

最后来说说边缘岗位。以腾讯为例，广告在腾讯肯定属于边缘岗位了，这里的广告不是指卖广告的部门，腾讯的“广点通”卖广告可是大业务，我是指在腾讯公司设计广告、创意广告的岗位是边缘岗位；而在你熟悉的4A公司中，这可是骨干中的骨干；又比如在富士康这样的企业中，生产和人力资源是骨干岗位，品牌必须是边缘岗位，鉴于以前富士康经常有人跳楼，我猜它的品牌部——如果有的话，可能会隶属于公关部，毕竟功能更接近一点。

说完岗位的事，再讲个神话故事为本章收尾。你应该对安泰俄斯的故事不陌生，这个希腊神话中的巨人力大无穷，传说只要他和大地保持接触，就没人能战胜他。另一个巨人赫拉克勒斯发现了安泰俄斯的秘密，在后来的战斗中，赫拉克勒斯将安泰俄斯举到空中，让他无法从大地获取力量，最终将他杀死。

如果用这个故事来形容品牌位阶，显然大地就是刚性品牌和中性品牌企业，而安泰俄斯就是品牌。如果一个企业不以品牌为战略环节，就如同安泰俄斯离开了大地，品牌的所有功用都会受到限制。各位靠品牌吃饭的人，看出来了吧？不同的企业，对你能否施展才华是有绝对影响的，如果你身怀绝技，却选择了B2B企业，那你就只能感叹怀才不遇了；如果你苦练了“1万小时”，已经练就了品牌神功，就一定要找品牌是骨干岗位的企业才能实现你的抱负，至少也应该找中性品牌企业。

实战擂台

1. 叶茂中在他的新书《冲突》中说，品牌应该作为每个企业的一把手工程，这个说法对吗？用这章教的品牌位阶透视方法分析一下。

2. 分析一下你所在的岗位在你公司属于通用岗位、骨干岗位还是边缘岗位。

3. 小米手机遭遇华为手机的竞争，它的产品部和品牌部，你觉得哪个更应该提升位阶？

（欢迎到微信公众号“两栖派品牌实战研究院”与我切磋）

第四章 品牌延伸透视：是补药还是毒药

在与定位相关的争论中，至少有一半争论是品牌延伸引起的，原教旨主义的定位派是绝对反对品牌延伸的，但在很多企业看来，我辛辛苦苦打磨了很多年的品牌，现在好不容易有点知名度了，却告诉我在新产品上不能用老品牌，真是“崽卖爷田心不疼”。显然，不该延伸而延伸，可能会导致品牌快速死亡；但应该延伸而不延伸，又会使品牌资产白白流失。为此，我特别创建了“于华消费心理模型”，有了它，品牌延伸这事从此就变得有章可循、有据可依了。

第一节　消费者行为模式研究

只要搞品牌，就不能离开消费者，所以消费者研究一直是营销界的热门课题。关于这方面的成果，我选取了你最熟悉的AIDMA模型，它应该是最经典的消费者行为研究模型了。不过，由于环境的变迁，这个模型有一定的缺陷，所以我以品牌建设为中心，对它进行了有针对性的调整，并在此基础上提出了自己的模型，也就是“于华消费心理模型”。

一、路易斯的品牌漏斗模型：AIDMA

早在1898年，美国广告学家艾里亚斯·路易斯就已经提出被称为“AIDA”的消费者行动模型，他把消费者的购物过程分为注意（Attention）、兴趣（Interest）、欲望（Desire）和行动（Action）四个阶段，奠定了分析消费者购物行为的理论基础。

1924年，美国营销专家威廉·W. 汤森首次将漏斗模型与AIDA模型联系起来。一年后，另一个美国人Edward·K. Strong在AIDA的Action（购买行为）之前，又加进了“Memory”这个要素，它就变成你现在熟悉的AIDMA模型了，所以这个模型又常常被称为销售漏斗、营销漏斗或者品牌漏斗。

“AIDMA”分别是“注意”“兴趣”“欲望”“记忆”“行动”的英文首字母大写，它的过程大致是下面这样的：

◇ Attention——引起注意：吸引用户注意

◇ Interest——激发兴趣：引起用户对产品的兴趣

◇ Desire——唤起欲望：渴望拥有

◇ Memory——留下记忆：对品牌形成记忆

◇ Action——购买行动：购买

作为一个诞生于媒体和渠道形式都非常单一的年代的理论，AIDMA模型让营销界首次有了分析消费者行动的参考。但在当今媒体和渠道形式都非常复杂，且有时在二者融为一体的情况下，这个模型对我们的指导意义已经不大。比如，在实际市场环境中，引起注意、激发兴趣和唤起欲望的这三个环节很多时候可能一次性就完成了，诞生于私域流量领域的社群品牌就经常面对这样的情形。

二、“于华消费心理模型”的提出

其实除了路易斯的AIDMA模型外，营销界流行的还有麦肯锡的CDJ模型和日本电通的AISAS模型。在实际的市场环境中，这些模型对品牌实战的指导意义都不太大，一是它们都假定了消费者购物一定是因为意识层面的作用，忽略了荣格集体无意识（原型）也有可能是消费者重要的行动原因；二是这些模型都把消费者的行为当成一个线性的过程。而事实上，在媒体、渠道、场景以及消费方式都超级复杂的今天，消费者的购物行动已经很难用一个标准的过程来描述。

因此，我创建了一个适用于当今市场的消费者模型，我把它叫作“于华消费心理模型”。仅从名称就可以看出来，我的模型更强调心理过程，而不是行为，所以我把它叫消费“心理模型”，有别于AIDMA的消费者“行动模型”。同时，我把消费心理路径分成品类品牌模式（定位派理论打造）和原型品牌模式（原型派理论打造）两种，分别如下：

◇ **品类品牌：先分类→找特点→求证明→留印象→调记忆**

◇ **原型品牌：先喜欢→再分类→找特点→留印象→调记忆**

以定位派打造的品类品牌为例，在“于华消费心理模型”中，消费者的心理购买逻辑是这样的：

先分类：弄清某个产品或者品牌是什么类型的产品。

找特点：这个产品和其他产品有什么不同吗？也就是定位要找的差异化。

求证明：品牌宣称的特点，是真的吗？信任状是什么？

留印象：体验过产品，觉得不错，会在心中留下一套关于品牌的印象。

调记忆：下次购买的时候，激活心中存留的记忆，品牌塑造成功。

“于华消费心理模型”与AIDMA模型有什么不同呢？这主要在于两个方面：

一方面，“于华消费心理模型”重心理层面。AIDMA模型重行动层面，它把消费者的行动具象化了，容易导致理论和实际情况背离；而“于华消费心理模型”是在心理层面进行的，不受销售场景和顾客行为的约束，可以做到“随时进行，随时结束，瞬间完成”，既抓住了消费者的心理变化过程，又可避免实际情况与理论不符的问题。

另一方面，“于华消费心理模型”增加了对原型品牌的购买心理研究，这既可以解释消费者购买原型品牌时的心理行为，也可以用来解释礼物这个特殊的“购买”行为，填补了AIDMA模型及其他理论模型在这方面的空白。

三、消费者行为同时受意识（品类品牌）与集体无意识（原型品牌）影响

每个消费者都是活生生的人，他们的购物不仅会受到显性意识的影响，还可能无声无息地受到集体无意识的影响。关于集体无意识如何影响消费者

的决策，是本书“定位攻左脑，原力攻右脑”部分的重点内容，这里仅简单说结论。

当品牌带有某种原型或者亚文化的符号，并且与消费者心中相同的原型或亚文化契合时，就会产生“鬼使神差”般的驱动效果，使消费者在一堆竞品当中“莫名其妙”地选择某个品牌。虽然在一些人看起来，这是毫无科学道理的玄学，但实际上，这方面的研究已经非常系统而且卓有成效，不但指导了包括星巴克、万宝路、百事可乐等一批著名“原型品牌”的成长，甚至介入了老布什竞选美国总统时的顾问工作，这是本书重点推出品牌原力这个与定位同等重要的品牌理论的原因。

那么，消费者在购买原型品牌时的心理过程是如何的呢？因为原型品牌激活了消费者原型潜藏的巨大能量，所以他们一般是先认同某个品牌，然后才去分辨这个品牌是什么品类，并且为了避免“认知不协调”，会事后诸葛亮似的找到该品牌相应的一个优点来对自己的行为自圆其说。

这和你收到朋友送的一个礼物，打开一看是一部你不认识的新品牌手机，可你用过以后觉得它不错，最后喜欢上了这个品牌的心理活动过程，不是完全一样的吗？当原型影响消费者的购物行为时，这其实是另一种形式的“定位”，因为这同样是在消费者头脑里植入认知，只是通过原型植入的认知更加隐秘而有力。

四、消费者“接纳”品牌的心理过程

为了适应当今复杂的市场环境，我把路易斯的AIDMA模型做了调整，推出了“于华消费心理模型”，现在我就来对这个过程进行详细说明，看看品牌是如何在各个阶段对消费者施加影响的。也只有弄懂了这个过程，才有可能预测品牌延伸将在哪些环节对消费者的认知造成影响，这是实施品牌延伸的基本功。

（一）先分类

消费者接触品牌时，首先开始的就是分类阶段，一个品牌代表的是什么产品，在分类阶段一定要清晰明了。如果不能让消费者一下子就看明白品牌代表的产品是什么，那必然会增加他们的理解成本，出于人类节省能量的本能，消费者就极有可能放弃这个品牌。

即便是通过原型派理论塑造的原型品牌，也需要遵循这个原则，必须有明确的分类提示，只不过原型品牌和收到礼物的情况比较类似，消费者是先接受了品牌，然后才去分辨这个品牌的分类，也就是知道它是什么产品。

通过这个阶段的消费心理分析，我们可以看出，里斯和特劳特在《定位》中提出的“品类分化”概念太有价值了，这值得所有抹黑“定位”的半桶水专家们在心里默默为两位大师道个歉。

（二）找特点

消费者弄清了品牌是什么产品之后，他们就会展开心理活动，开始分析这个产品有哪些特点，如果这个产品所展示的特点正好是他喜欢的，品牌就存在被销售的可能。其实，这里的特点也就是品牌的卖点，可以对应到路易斯AIDMA模型中的“欲望”阶段。

在原型品牌影响消费者的过程中，找特点这个环节是消费者“事后诸葛亮”的结果，也就是原型已经“无缘无故”地影响了消费者决策，但是消费者厌恶“认知不协调”，为了给自己找一个理由，这时候他们通常会找到品牌的一个物理特点来自圆其说。比如，耐克就是通过原型而大获成功的案例，消费者因为“英雄原型”的动力选择耐克后，自己并不知道真正的原因，所以纷纷把耐克的“气垫技术”作为自己购买的理由，实际上，耐克在没有按照原型派的方法建设品牌时，它的气垫技术已经推出了10年，但并没有多少消费者感兴趣。

（三）求证明

求证明是消费者对品牌进行评估和验证的环节，经过前两步的心理“较量”后，虽然这个产品是消费者需要的，但此时的产品在消费者的心中还不是品牌，他还需要评估这个产品代表的信息如功能、档次、价值、形象等是安全的吗？“我可不能被骗，我需要你证明。”这时候只要产品能拿出让消费者放心的信任状，消费者就有可能成功进入购买环节。

需要说明的是，这里说的“信任状”是一个广延的概念，并不一定要号称“省优、部优、国优”之类才算。比如，产品的销售渠道如果设在高档酒店或者商场，这些优质渠道本身就是信任状。又比如，产品如果是通过社群来销售的，社群的“强关系”也可以赋予品牌信任状，这就是为什么社群品牌屡屡违反定位理论所强调的心智规律，什么都卖，但什么都可以卖出去的原因之一。至于我将在“模拟品牌实战”部分要介绍的“逻辑信任状”，仅仅通过推理也可以达到信任状的功用。

在求证明这个阶段，通过原力塑造的原型品牌与通过定位塑造的品类品牌稍有不同。原型品牌中的原型已经“内存”了“全人类共同的精神遗传”，还有比这个更有效的信任状吗？因此，即使你的品牌没有信任状，只要采用了“原型派”理论来搞品牌，也同样能获得成功。

（四）留印象

无论消费者是在购买的过程中放弃了品牌，还是在体验之后觉得不错，由于在消费者接触品牌的各个接触点上，品牌的“整合形象系统”都会对他进行各种可能的影响，消费者就会在头脑中对品牌不自觉地进行“总结”，并留下印象。所以，一个产品是否有健全的品牌形象整合系统，是判断一个产品是否算品牌的重要依据之一。通常来说，品牌整合形象系统包含了VI（视觉识别）系统、slogan（口号）、广告、包装等在内的一整套品牌元素集合。

在这个方面，原型品牌比品类品牌的要求更高，如果不能在这个形象整合系统中表达原型，那么原型的象征力就无法影响消费者。失去了原型影响力的品牌，比定位所塑造的品类品牌对消费者的影响力会低很多，它表现出来的可能就是那些被定位派批评为“没效果”的形象派品牌。

（五）调记忆

近几年，有一本叫《思考，快与慢》的书很畅销，它的作者是2002年诺贝尔经济学奖者丹尼尔·卡尼曼。在书中，卡尼曼把人类的思考模式拆分成“快思考”和“慢思考”两个系统。他认为，快思考是依赖直觉的、无意识的思考系统，卡尼曼把它叫作“系统1”；而慢思考是需要主动控制的、有意识进行的思考系统，卡尼曼把它叫作“系统2”。

在人类几百万年的进化过程中，我们的祖先常常处于资源匮乏状态，为了节省能量，逐步形成了凭直觉思考的基因。在进行日常决策时，虽然我们的两个系统都会发挥作用，但由于系统2更耗能量，所以常常处于休眠状态，这就使能耗更少、凭直觉思考的系统1常常占据决策的主导地位。你看，这不就是品牌比非品牌具有更高价值的底层逻辑吗？消费者通过品牌来进行购物决策，不需要在眼花缭乱的信息中去痛苦地分辨，符合了人类避免消耗更多能量的基本需求。

消费者选择一个产品，使用之后体验不错，就会给这个产品贴上一个“喜欢”的标签，留下喜欢的印象，以后他再看到这个产品的时候，主管人类快思考的系统1就会发挥威力直接调取记忆，而不再像初次接触那样需要一个审核过程，毕竟人体需要节省能量。至此，从消费者的心理过程来讲，这时候的产品才算成功地在消费者心智中植入了品牌。

第二节　“于华消费心理模型”是品牌延伸的标尺

上一节我们学习了“于华消费心理模型”，又通过这个模型认识了消费者接纳品牌的心理过程，现在就能够通过这个模型来判断某个品牌是否可以延伸了。既然定位派担心的是品牌延伸会影响消费者的认知，那只要把“是否会影响消费心理模型各个过程的认知”作为品牌延伸的标尺就可以了：影响的就不要延伸，不影响的就可以延伸。你看，一旦有标准，就可以避免很多无谓的纷争。

一、先分类：看看延伸是否影响消费者对产品分类

消费者在选择某个具体品牌的时候，他的本意是需要一个该品牌类别所对应的产品。在定位实践中，一些强势品类的确需要专一，比如汽车、手机就属于强势品类，最好让消费者认知单一。但对于一些弱势品类就不一定了，由于这些品类的产品具有碎片化特性，却又都属于某一个相同的功能集合，比如锅碗瓢盆，如果每个碎片化的产品都试图去传递单一的品牌符号，则反而容易加重消费者的认知负担。这时候消费者其实更倾向于这样来记

忆：哦，这些是厨房用品。

因此，我们在面对强势品类做品牌延伸时，就要十分谨慎。当然这还涉及企业的战略意图。比如，某个强势品类已经是明日黄花了，做新品类的时候还想蹭一下老品牌的知名度，这种情况当然没问题；如果面对的是弱势品类，如上面我说到的锅碗瓢盆，适度的延伸显然有益无害。

二、找特点：看看延伸是否降低消费者对产品的欲望

找特点的过程其实就是找产品卖点的过程，产品卖点可以直接刺激消费者的欲望。消费者确定了某个品牌所属的分类之后，接下来就会寻找产品的特点，在这个过程中，消费者会产生与产品相关的联想，如果引起的联想对新旧品牌都有益，那就可以延伸。比如，许家印的恒大在搞地产的同时又买了足球队，就会让消费者产生“企业实力强大”的联想，这时候当然就可以做品牌延伸。至于恒大冰泉就属于另一种情况，别急，我会在后面分析。

如果延伸的结果只对新旧品牌的一个有益，那就看你需要主推哪个了。比如，杜蕾斯曾经推出火腿肠品牌，它作为一个搞笑鬼原型，哦，对这个原型有点陌生没关系，我会在“定位攻左脑，原力攻右脑”那部分细讲。回到杜蕾斯身上来，搞笑、搞怪能强化杜蕾斯这个搞笑鬼原型的戏谑形象，算是一个加分项，但是这样的延伸对火腿肠的联想是如何的呢？只要你吃火腿肠就能想起……哦，不能再说了，此时如果你还敢吃，只能说明你“品味不凡”了。

如果延伸对新老品牌都没有好处，那还延伸什么呢？比如泸州老窖推出的同名香水品牌就属于这种情况。假定它的香水很成功，已经达到泸州老窖这个白酒品牌的受众知晓度，那么喝酒的消费者就会时不时有种错觉：我喝的不会是香水吧？香水这玩意你敢往嘴里倒吗？而对那些喷泸州老窖牌香水的消费者来说，每次喷香水都有一种用酒精杀毒的感觉，这在新冠疫情期间的确是有美好联想的，但总不能指望疫情一辈子不结束吧？

三、求证明：看看延伸是否影响消费者对品牌的信任

如果延伸影响消费者对产品的信任，那就一定要谨慎再谨慎，这方面细微的差别往往很难识别，就需要你把观察品牌的颗粒度放到最小，才会发现其中的不同。比如海尔电脑，一个家电品牌突然要卖给我们电脑，在人们通常的印象中，计算机的科技程度是要大大高于家电的，所以海尔推出电脑品牌的时候，很多人第一感觉就是不相信它的科技实力。

很多时候，做品牌延伸输就输在这个“第一感觉”上。如果从理性分析、从企业实力分析，张瑞敏可能觉得很冤：联想这个“组装货”能有什么技术含量呢？为什么海尔就不能推出电脑？虽然以海尔的企业实力来说，推出电脑肯定不是问题，但对消费者来说，他们那一直“开机”的系统1在第一时间就判了海尔电脑“死刑”，而卡尼曼所说的具有理性思考能力的系统2呢？对不起，为了节省能量，它多数时候都处于“待机”状态中。

品牌延伸对消费者信任的形成有好也有坏，上面说完坏的，现在来说一个好的。你说，在消费者心中，药和牙膏哪个的技术含量高一些？肯定是药，对吧？云南白药牙膏就是因为你有这个想法而获得巨大成功的。

云南白药属于中华传统老字号，一般来说，药这个概念高于保健、化妆、消毒、食品等概念，所以当你去国家食品药品监督管理总局申请“药字号”的时候，难度可比申请“健字号”“妆字号”“消字号”“食字号”大多了。由云南白药来推牙膏品牌，很多消费者都不会担心牙膏的清新味被药味代替，毕竟美国人发明牙膏的时候，清新剂也是后面才加上去的；反而，很多消费者感觉到的是，云南白药牙膏的“药”，对他们的牙齿保护“升级”了。

四、留印象：影响消费者将品牌元素整合为“品牌形象系统”的不能延伸

最后我们来看看“先分类→找特点→求证明→留印象→调记忆”五阶段中“留印象”的阶段。我前面说过，无论消费者在“求证明”的过程中放弃了品牌，还是在体验之后觉得不错，因为包含Logo（标志）、slogan、广告

等在内的一整套“品牌形象系统”已经对消费者进行了各种可能的影响，所以消费者在头脑中对品牌不知不觉地进行总结，并且留下印象。

这时候的品牌就像一个封装好的符号系统，消费者识别的时候需要强力攻破这个封装的话，品牌就不适合延伸。比如，消费者已经认为海尔是家电，你非要让他攻破“海尔是家电”这个封装好的符号系统，而改为“海尔是电脑”，那消耗的能量太大了，此时的延伸就是不明智的。

还有另外一种情况，如果品牌是散兵游勇式的碎片化产品，消费者要把每个产品都记住就很难，这时候消费者反而倾向打开封装，把其他产品也装进来形成一个大系统，这时候的品牌就适合延伸。比如我前面说过的锅碗瓢盆等厨房用品就是这种情况。还有华与华公司的华杉介绍过公牛插座案例，插座就是一个碎片化的产品，以公牛为品牌，将灯泡、电线之类的小产品全部收纳起来，延伸成“公牛全屋电器”，这时候老品牌对新产品就具有很强的统合能力，这就是非常好的延伸。

第三节　哪些品牌可以延伸

有了判断延伸是否合理的尺子，在面对具体的延伸情况时，要形成正确的判断就很容易了。这一节，我们就用这把尺子，来找出可以进行品牌延伸的主要品类。

一、新旧产品都是弹性品牌的可以延伸

前面我说了要给大家讲恒大冰泉，现在兑现来了。恒大足球队、恒大地产是弹性品牌，它们之间的延伸会让消费者产生“这个企业实力很强大”的联想，属于正面联想，当然就可以延伸；而同样是恒大，虽然它的地产是弹性品牌，但它的冰泉是标准的刚性品牌，需要独立而专一的品类和品牌认知，因此就不适合延伸。

二、B端产品往C端产品可以延伸

如果B2B企业有不错的知名度，在推出基于C端的品牌时，就可以延伸。比如华为，在做手机之前做的一直是对企业级的服务，不但企业形象好，而且以前没有做过C端产品，所以它推出手机的时候以华为作为品牌，不但没有问题，而且可以获得低成本、快启动等好处，那为什么不延伸呢？

三、对品牌进行“范围升级”的可以延伸

品牌延伸后，对原有品牌形成了范围升级的就可以延伸，当然这个范围要合理：一是同一范围内的产品应该属于同一个功能集合，二是这个结合内不要有强势品类。这样的延伸一定是因为产品具有碎片化特征，比如我前面介绍过的厨房用品、公牛全屋电器等都是这种情形。碎片型弱势品类在做品牌延伸时不但不会影响消费者认知，反而还有可能减轻消费者的认知负担。

四、高级往低级可以延伸

比如云南白药的“治疗”就比牙膏的“保健”高级，所以延伸不但没有问题，反而还会“升级”牙膏的功用。不过需要提醒的是，在进行具体的品牌实操时一定不能教条化，假如药类产品才是云南白药公司的“明星产品”，而牙膏是“瘦狗产品”，那就是低级打高级了，这种情况就一定不能延伸，否则会带来灾难。

五、非专家产品可以延伸

定位的目的就是让消费者感觉自己专业，所以才让格力这样的专家品牌获得了超额回报，但是还有一些产品，其专业性对消费者而言没有那么重要，这样它们的延伸就是可以的，比如锅碗瓢盆。你可能反对我说“锅”是很专业的，我认输得了，把锅换成切菜板、筷子总可以了吧？这种延伸就没

有影响。你看，这里就和范围升级形成交叉验证了。

六、社群品牌可以延伸

社群品牌把用户聚集在一个狭小的小圈子里，用户教育和互动都很容易，培养消费者“先分类→找特点→求证明→留印象→调记忆”的购物决策过程可以一把搞定。这时候它就像7-11、屈臣氏那样，其实已经演变成一个渠道品牌了，所以它的延伸就没有问题。当然，如果社群品牌不甘于在自己的圈子里过小日子，想冲破圈层做大做强，那么延伸就有可能成为自己前进路上的障碍，这时候就需要根据延伸原则来进行限制。

第四节　哪些品牌不能延伸

看完可以进行品牌延伸的情形，我们再来看看不能进行延伸的情况。有个对照，可以让你更加清晰延伸合理性的边界。

一、品牌代表品类的不要延伸

当一个品牌代表了某个品类的时候，那么它一定是这个领域的强势品牌，这时候企业需要做的是尽可能把这个品类做大，而不是冒险去搞品牌延伸。如果有人非要说我不怕风险，我就是想去搏一下延伸的收益，可不可以呢？如果你的品牌已经代表了品类，这时候搞延伸就相当于告诉消费者，这个品牌其实可以代表很多东西，那么最后的结果极有可能是新品类没有代表成而老品类又弄丢了，也就是鸡飞蛋打的意思。

还有人会问，如果感觉自己所在的品类不容易做大，那么能不能延伸呢？这个问题很简单，如果你所在的品类的确无利可图，就要看这个品牌的调性是否和新品类吻合了。比如，做胶卷的想延伸做数码相机就没有问题，但是做卫浴产品的想延伸去做食品品牌，就肯定调性不合了。

二、档次之间不可延伸

在同类产品的不同档次之间延伸，几乎可以说是大忌。试想一下，如果你经常请重要客户喝茅台，显示出对客户的尊崇，那么如果哪天发现茅台酒厂居然推出50元一瓶的“经济装”了，你会不会很受伤？不过这样做的不是茅台，而是五粮液。

大约十五年前，有所谓“茅五剑”之说，大家公认五粮液和茅台属于同一个档次，剑南春则低半级，但它们都属于高档白酒阵营。可惜的是，五粮液优秀的资本运作能力最终伤害了它，它旗下一大堆像五粮春、五粮醇、五粮神、五湖液、金六福、尖庄这样的子品牌，虽然没有直接用五粮液的牌子，但架不住家家都是“五粮液出品”，对五粮液的高端形象透支严重。看见五粮液这边红红火火，其实茅台那时候也是很眼红的，虽然茅台是国有企业，但也是有经营压力的，多亏资本运作不力才因祸得福，凭着深厚的文化和历史积淀把五粮液甩开了一大截。

从高档往低档延伸不行，那反过来，从低档往高档延伸行不行呢？这对低档产品倒是没有伤害，不过如果你的目的是卖高档产品，那也没戏，消费者不会认同的。当然，如果你是为了提升低档产品的形象才推出高档产品，那就是在利用价格的“锚定效应”了，这时候做品牌延伸就不但没问题，反而会加分。

三、导致原型混乱的不能延伸

在后面学习品牌原力理论时，我会介绍著名心理学家荣格创建的原型概念，后来美国的著名广告人玛格丽特·马克和原型专家卡罗·S. 皮尔森，基于荣格的研究推出了著名的品牌12原型理论。在这个理论中，马克和皮尔森认为，每个品牌都可以对应到其中的某个原型。同时，他们还认为，产品的品类也能与某个原型相对应。

因此，在做品牌延伸的时候，如果延伸到了与原有原型具有冲突的品类原型，就是不恰当的。比如，我前面提到过的杜蕾斯火腿肠，从安全套的品类来讲，具有“情人”的原型，但火腿肠更多具有“照顾者”的原型，这两个原型虽然不至于产生冲突，但也基本没有吻合度。

实战擂台

1．在“于华消费心理模型”中，你认为哪个阶段对品牌塑造作用影响最大？

2．邓德隆说雷军的小米的延伸是错误的，你是怎么看的？试着分析一下。

3．你见过哪些成功和失败的延伸案例？

（欢迎到微信公众号“两栖派品牌实战研究院”与我切磋）

第二篇

原型品牌打造教程
第2步：唤醒品牌原力

——定位攻左脑，原力攻右脑

原型品牌打造教程	第 1 步	第 2 步	第 3 步	第 4 步
	透视品牌边界	唤醒品牌原力	构建品牌配称	模拟品牌实战

手里拿着锤子，看什么是钉子，这是美国著名的投资家巴菲特“背后的男人”查理·芒格对“坐井观天”这个中国成语的美式解释。一个品牌操盘手要怎样才能避免“手里拿着定位这个锤子，看什么品牌都是钉子”的低级错误呢？

在“逻辑思维”的某期节目里，罗振宇介绍了一种学习方法，叫作“二元学习法”。这种学习方法的精髓是：如果你没有太多时间和精力，但又想快速建立对一个新领域的感觉，那就找到这个领域的两位代表性人物，而且是针锋相对的代表人物。比如在古典音乐领域，看到莫扎特，就该去找贝多芬；在唐诗领域，看到李白，就该去找杜甫；在经济学领域，看到凯恩斯，就该去找哈耶克。那么问题来了，在品牌实战领域，如果你看到定位，应该去找什么呢？答案是：原力。

原力和定位，就是品牌实战领域的两座高峰。总体而言，定位适合品牌的理性诉求，原力适合品牌的感性诉求，套用叶茂中的句式来说就是：定位适合进攻人的左脑，原力适合进攻人的右脑。显然，一个优秀的品牌操盘手只有同时掌握定位和原力这两门理论，才具备让品牌全方位影响人类左右脑的能力，也才谈得上真正具备品牌实战能力，真正具备职业竞争力。

美国著名作家菲茨杰拉德在那本让他一战成名的《了不起的盖茨比》书中说：“一个人同时保有两种截然相反的观念，还能正常行事，这是第一流智慧的标志。”于华说，一个品牌营销人同时掌握两种特性相反的品牌理论，还能融会贯通，这是第一流品牌实战家的标志。

第五章 定位派回答不了的问题

你知道改变了苹果，也改变了乔布斯命运的广告是什么吗？对，我问的就是那条被全球广告界誉为苹果“史上最成功”的广告。没错，是“Think Different”。这条由“乔帮主”亲自撰写广告词的广告，有人把它翻译为“不同凡响”，也有人根据广告内容把它叫作“致疯狂的人”。当然，它的官方名字叫“1984”。

然而，以定位理论的标准来看，这是一条明显不合格的广告：没有提特性，没有提第一，没有提地位，甚至连品类名称都没有提。里斯、特劳特等定位派大师曾无数次提醒我们：当前世界唯一有用的品牌建设工具，除了定位，还是定位！

不过，他们难以解释苹果这条违反了定位原则的广告为什么也会有如此威力。当然，可能有人会说这条制作于1997年的苹果广告有点老，因为那时候的市场竞争还不激烈，那我们再来看看之后的iPhone系列广告词：

初代iPhone：苹果重新定义了手机，这仅仅是个开始

iPhone 3：这就是你一直等待的iPhone

iPhone 4：再一次，改变一切

iPhone 5：有史以来改变最大的iPhone

iPhone 6：岂止于大

iPhone SE ：一小部的一大步

iPhone 7：This is 7

iPhone 8：新一代iPhone

iPhone X：Hello，未来

iPhone XS：大屏幕上见

iPhone11：Pro，如其名

iPhone12：升维大提速

iPhone12 Pro：自我再飞跃

在我这本书的读者中，懂定位的肯定不少，你也以定位的标准来评价一下这些iPhone广告吧。显然，它们都不合格！对吧？当然，你也可能会引用在“品牌价值透视”部分我对手机和电脑的归类，认为手机和电脑这些中性品牌可以不依靠品牌成功。但是，我可没有说中性品牌可以不依靠广告成功，苹果的这些广告同时也没有提中性品牌应该“依靠”的功能和特性。

其实，上面的广告绝大部分可以被归入品牌形象理论所属的类型，它的创建者是包括奥格威在内的很多宗师级的人物。在定位派开疆拓土的过程中，形象派常常被作为反面教材出现在各类书籍和文章中。比如在《2小时品牌素养》《不同于奥美的观点》等书中就列举了很多形象派塑造品牌失败的案例。在《不同于奥美的观点》一书中，在提出2个形象派反面案例的同时，还顺带了4个国外成功的品牌案例，方便我们对照欣赏：

失败案例：TCL《马语者》

TCL集团推出了一个耗资巨大的形象广告片《马语者》，大家或许还有点儿印象，画面是一匹马在飞奔，广告词是“成就天地间”。这个广告我们曾在一篇文章中详细分析过，文章的题目叫《为中央电视台十大广告打分》。以我们的分析，TCL这个形象广告，80%的广告费是浪费掉了，只得了20分。

失败案例：奥妮洗发水《秀发瀑布》

1998年的洗发水市场，有一个奥妮品牌从宝洁、联合利华、花王等洋品牌封锁中突围而出，引人注目。它的“皂角洗发浸膏”广告，就是围绕一个秀发延展成瀑布的画面展开的，表现优美、大气，给人极清新流畅的感觉。（就是不愿意捅破窗户纸，说出明确的定位和卖点）

成功案例：4个成功的国外品牌广告

万宝路靠“牛仔”画面成功，飞利浦“让我们做得更好”声犹在耳，耐克一个表现肯定的“勾”风靡全球，哈雷摩托凭一个“竖起中指”的粗野手势声名远播……国内企业对国际合作伙伴提出的广告方案，也就姑且听之了。

我列举上面六个失败或成功的例子，不是为了说明定位派的观点有问题，事实上，在这个语境中，定位派是正确的。我想让定位派回答的是：在上面六个广告中，貌似走的都是形象派的路子，广告展示的也都是品牌的形象，如果不进行事前提示，即使是专业的策划人，有多少人能分辨出哪个广告是成功的，哪个广告又是失败的呢？

如果不是同时掌握定位派和原型派理论，我想绝大多数人都不可能区分出这些广告之间的差异。这也正是奥格威的遗憾，他其实已经摸到了原型派理论的门径，却没有拿到打开它的钥匙。

几乎每一本讲定位的书，都要回忆一下品牌理论的变迁历程：最早是瑞夫斯的USP产品时代，后来是奥格威的品牌形象时代，现在早就是里斯和特劳特的定位时代了。

然而，不仅上面iPhone的广告是标准的形象广告，每当我们打开电视时也经常被定位严厉批评的形象广告“霸屏”。经过定位派的不懈努力，我想无论在美国还是在中国，不懂定位基本原理的品牌策划已经很少了吧？为什么那些耗费巨资的形象广告仍然在前赴后继地犯“低级”错误呢？我想，这其中一定还存在定位派不知道的，或者即使知道了也不愿意说的东西。而它，就是原力——品牌的原动力。

实战擂台

1．我举例说iPhone违反定位原则，却仍然成功，你觉得用这个案例来反驳定位合理吗？如果觉得定位很“冤”，那我可能错怪定位的地方在哪里？

2．如果要举出一个完全违反了定位原则却获得很大成功的国内案例，你能举出来吗？它是什么品牌？

3．分别找出一个你知道的用奥格威品牌形象理论塑造的失败和成功案例，说说它们的不同点在哪里。

（欢迎到微信公众号“两栖派品牌实战研究院”与我切磋）

第六章 什么是品牌原力

“你的潜意识指引着你的人生，而你称其为命运。”弗洛伊德精神分析学派“王储”、分析心理学派开山祖师、瑞士著名心理学家卡尔·古斯塔夫·荣格试图通过这句话告诉我们：左右我们命运的，是一些看不见的力量。这些力量能左右人的命运，当然也能通过人这个载体来左右品牌的命运。品牌原力就是这样的力量，它能量巨大却难以驾驭；它一直左右着我们，却不被我们察觉……

第一节 品牌原力理论是诸多大师智慧的结晶

如果你对“品牌原力”这个理论名称感到陌生，这是正常的，因为这是我根据电影《星球大战》取的名字，我在本书前言中已经介绍过了，就是那句“愿原力与你同在”的经典台词。要细论起来，品牌原力理论与《星球大战》还算师出同门，不过这个说来话长，还请容我慢慢道来。

一、品牌原力是什么

原力就是品牌的原动力，它利用人类几百万年来形成的集体潜意识，唤醒潜藏在我们心底的“原型”力量，通过影响人的右脑，来达到塑造品牌的目的。品牌原力理论是我在综合了原型和集体无意识理论、文化战略理论、品牌12原型理论等诸多大师级理论后提出的概念。可与定位互补，以定位攻左脑，以原力攻右脑，从而把人的右脑这个品牌营销界尚未开发的“蓝海地带”也开发出来。

二、品牌原力的理论渊源是什么

◇ 底层逻辑：弗洛伊德和荣格师徒的潜意识、原型与集体无意识理论

◇ 理论框架：道格拉斯·霍尔特和道格拉斯·卡梅隆的文化战略理论

◇ 核心内容：玛格丽特·马克和卡罗·S. 皮尔森的品牌12原型理论

三、品牌原力各派宗师的作用

话说中国禅宗初祖达摩祖师到达少林寺后，一边面壁苦修，一边弘扬正法，不觉风雨九年。在准备返回天竺之前，一日，他召集弟子门人说：“我准备回家了，你们都来说一说修行禅法的心得吧。”

弟子道副说：“不执着于文字，也不离开文字。”
达摩祖师说：“你得我皮。”
弟子尼总持说：“就如庆喜见到阿閦佛国，一见更不相见。”
达摩祖师说：“你得我肉。”
弟子道育说：“我所见到的，是无一法可得。”
达摩祖师说：“你得我骨。”
最后，慧可礼拜大师，依位而立，无一言。
达摩祖师说：“你得我髓！”

品牌原力这个理论系统是各位大师智慧的结晶，这里也借用一下达摩祖师的比喻，让你看清品牌原力的理论源流，以便更好地理解它：

弗洛伊德和荣格师徒的思想是品牌原力理论的“髓”，是品牌原力理论的底层逻辑。

霍尔特的思想是品牌原力理论的“骨”，他的文化战略理论是品牌原力理论的主框架。

马克的思想是品牌原力理论的“肉”，她的品牌12原型理论是品牌

原力理论的核心内容。

于华的思想是品牌原力理论的“皮”。我的存在，完全是为了把达摩祖师的故事凑个整数。

第二节 品牌原力理论的“髓”：弗洛伊德和荣格师徒的思想

哈佛大学研究生院名誉教授杰拉尔德·扎特曼在《顾客是如何思考的》一书中说：“我们95%的购买决策，都是在潜意识中进行的。”如果用海上的冰山来做比喻，那么我们能感知到的意识，就是冰山露出水面的部分；而影响我们95%购买决策的潜意识，则是这座冰山水下的部分。常识告诉我们，一座冰山，它的水下部分可比水上部分要大很多。

粗看起来，潜意识好像很厉害，但在荣格看来，要论对人们意识的影响，他老师弗洛伊德所说的潜意识顶多算是毛毛雨，因为支撑潜意识这座冰山的还有海床，海床才是最大的。在荣格的理论体系中，这个比冰山还大的海床，就是“集体潜意识”，又叫“集体无意识”。荣格认为，集体无意识是人类共同的精神遗传，它时刻左右着我们，却不被人觉察。下面，就让我们带着崇敬的心情，来领略两位对品牌原力理论有着深刻影响的心理学界泰山北斗级大宗师的风采吧。

一、弗洛伊德：潜意识（个体无意识）

◇ 尾部圆形丰满的小车在男性消费者中更受欢迎。

◇ 当来到某个一直向往的地方，环顾四周，突然发现这里你好像曾经来过。

◇ 有人一到水里就害怕，即使努力克服也不管用，他自己也不知道为什么。

以上这些现象你能解释吗？如果不能解释也很正常，因为这是你抓不住、摸不着的潜意识在发挥作用。世界级的潜能大师博恩崔西说“潜意识的力量是意识的几万倍”，而这个神秘力量的发现者，就是著名的心理学家、精神分析学的创始人西格蒙德·弗洛伊德。

（一）人格结构

弗洛伊德的精神分析学建立了心理学史上第一个系统的人格理论，包括人格结构和人格发展两个方面，你熟悉的潜意识就是人格结构的重要内容。按他的看法，人格是一个整体，在这个整体内包含着彼此关联、相互作用的部分。早期，弗洛伊德把人格分为意识、前意识和潜意识三个层次。弗洛伊德认为，人的心理包括意识和无意识，无意识又可以划分为前意识和潜意识。

1. 意识

意识是我们能够清醒觉知的思想、情绪之类的东西，只要你没走神，意识就是你随时可以观察得到、感觉得到的心理现象，它是我们心理结构的外表，直接与外部世界接触，负责调节进入意识的各种印象。比如，你能识别出的时间、地点、人物的能力均属于意识调节的范围。

同时，意识又负责压制我们心理中那些天生就带有却有点“见不得光”的东西，诸如兽性、本能、欲望等。比如，很少有人敢在大街上裸奔，上街总是要穿衣服的，这时候就是意识在对我们进行提醒、警告，它在发挥约束我们的功能；而那个想裸奔的想法，则因为社会规范不允许，被强压到我们的无意识中去了。

冰山似乎是弗洛伊德和荣格师徒俩都喜欢用的比喻。在弗洛伊德看来，意识只是人的精神结构中很小、很微弱的部分，就像冰山露出水面的一小块那么微不足道。而冰山下面的庞大部分，才是潜意识的领地。

2. 前意识

接着，我们还是来关心一下那个想裸奔的人，假如这个人最终还是因为害羞而在上街之前穿上了衣服，那么上面我说了，他这个裸奔的念头是被自己的意识压制住了。那它被压制到哪里去了呢？它是被“遣送”到无意识那里去了。按照弗洛伊德的理论，无意识又分为前意识和潜意识两个部分，那么，这个被压制的裸奔念头，就可能会被两个地方收留：一个是潜意识，另一个就是很多人不太熟悉的前意识。

前意识和潜意识虽然只有一字之差，又同属于无意识范畴，但它们之间还是有区别的。前意识就像一个中转仓，如果这个想裸奔的人羞耻感弱而表现欲太强，那么，他那个裸奔的念头就会暂时待在前意识这个中转仓里，当受到外界刺激的时候，它分分钟都可能回到我们能感知到的意识层面；如果这个人羞耻感很强，估计这个裸奔的念头就会被永远打入潜意识的冷宫，不能在意识清醒的时候被激活，而要让他自己左右不了的潜意识来帮助他激活，比如喝醉酒之后。

从上面裸奔的比喻可以确定两点：第一，前意识是可以被随时召回的，它是我们能回忆起来的经验；第二，前意识是潜意识和意识之间的中介环节，担负着“稽察者”的任务，它不准潜意识的本能和欲望随便跑到意识之中。

你看，前意识在这边和意识有关系，在那边又和潜意识有瓜葛，真是左右逢源。它的存在，使我们内心深埋的潜意识转化成能被感知的意识成为可能。当然你也要看到，前意识的作用更多体现在拦路虎的一面，也就是阻止潜意识进入意识。绝大部分潜意识中那些充满本能的欲望和冲动都被前意识控制着，只有在这只拦路虎打盹的时候，某些经过伪装的潜意识才有可能绕过它，从而悄悄地进入意识中。

3. 潜意识

你是不是觉得，你日常工作中做出的很多选择都有充分的理由，都是你深思熟虑的结果？如果这样想，你可就错了。其实，在你每个选择和行为的背后，都有一股难以察觉的力量在影响着你，这个力量就是潜意识。

比如，国外现在正流行“潜意识音乐”研究：有人在测试者睡着之后，在他旁边播放这名测试者从来没有听过的歌，连续播放一段时间后，测试者竟然发现自己会唱那首歌了。这说明，我们平常接收到的绝大多数信息都是我们并未感觉到的潜意识帮我们处理的。如果你觉得国外的事离我们太远，那我们来看一个中国的事例，它来自新东方CEO俞敏洪的微博：

> @俞敏洪：昨天晚上和部队的几位朋友喝酒，结果大醉，到了失忆状态。司机告诉我，喝酒结束后开车经过一个小池塘，听到一片蛙鸣，

我就下车趴在池塘边上，青蛙叫一声我学一声，结果学了一个小时，才爬起来坐回车里。结果我完全不知道自己和青蛙对话了一个小时。

其实，这两个都是典型的意识休息了而潜意识出来发挥作用的案例。那什么是潜意识呢？就是那些明明发生在你心里，你却不知道的东西，是指潜藏在我们意识底下的一股神秘力量。可以这么说，我们具备潜意识，却忘了使用的能力，这种能力其实也就是我们平常所说的“潜力”。潜力深藏在我们的深层意识中，这个深层意识就是我们的潜意识。

弗洛伊德认为，潜意识是个人的原始冲动和各种本能，以及各种本能所产生的欲望。潜意识被风俗、道德、法律等社会规范压抑到了意识之下，因此它是难以被觉察的深层心理空间。我们日常生活中的遗忘、口误、笔误，几乎每天晚上都要做的梦，以及上面那个案例中俞敏洪醉酒后完全失去控制的行为等，都是潜意识的流露。

（二）潜意识的形成

弗洛伊德说：“潜意识虽然不为人们所觉察，却支配着人的一生。”在弗洛伊德看来，潜意识的内容就是那些我们羞于“拿上台面”的东西。它可能来自我们的动物本能，也可能来自幼年期被压抑的欲望和动机。大致来说，潜意识的形成有三种原因：

第一，因为平时和意识缺少联系，就被意识遗忘了。

第二，可能是根本不重要的东西，即使被感官觉察到，也会被意识忽略，因此变成潜意识的内容。

第三，本来是意识中的内容，但由于它不符合我们的风俗、道德、法律等社会规范，而被强制压抑进入无意识的内容。

但是，不管什么原因，在弗洛伊德的理论里，潜意识内容总是来自个人的经验，它是一种后天性的存在。因此，当一个人很健康的时候，他的潜意识内容就少，无须太多自我力量去控制这些潜意识；反之，当一个人潜意识里的内容过多的时候，就会以症状的形式表现出来。

二、荣格：集体无意识

了解完弗洛伊德的潜意识理论，就应该进入他的“钦点”接班人荣格的原型和集体无意识世界了。为了便于理解，在前面的很多内容中，我是按照中国人的语言习惯将潜意识等同于无意识来表述的，这其实很不严谨，因为无意识还包含前意识。在下面的内容中，按照精神分析学的规范化定义，我就要将潜意识全部回归为无意识了，它对应的分别是意识（个人意识）、无意识（个体无意识）、集体无意识和文化无意识。

（一）从好莱坞高票房电影共同的套路说起

为了降低一些读者对原型和集体无意识这种艰深理论的恐惧，我先从大家都喜欢的电影聊起。《阿凡达》《阿甘正传》《星球大战》《哈利·波特》《狮子王》《蝙蝠侠》《蜘蛛侠》《超人》《魔戒》《霍比特人》《黑客帝国》……这些电影为什么都如此成功？有些人可能并不知道，在它们背后都有共同的套路。

这些套路都有共同的师父——著名神话学大师约瑟夫·坎贝尔，它们依循的也都是约瑟夫·坎贝尔的代表作《千面英雄》。到了20世纪80年代中期，一本仅有7页的小册子征服了整个好莱坞，几乎所有制片人都要求自己的编剧必须按照小册子里的原则创作。这本小册子为何如此厉害？因为它是《千面英雄》这本书的使用指南。我可没开玩笑，它的书名真的就叫《〈千面英雄〉使用指南》，作者是克里斯多佛·沃格勒，他就是在听坎贝尔主持的“千面英雄”学术研讨会后获得灵感而写成这本书的，当时他还是南加利福尼亚大学电影学院的一个学生。最终，沃格勒将这个小册子发展成一套著名的编剧教程《作家之旅：源自神话的写作要义》，以此为基础设计的编剧课成为美国高校电影系的核心课程之一。

坎贝尔被人们戏称为荣格的“脑残粉”，他正是依据荣格的原型和集体无意识理论，创作了《千面英雄》这本被《时代周刊》誉为“20世纪最重要的100本书之一”的经典名著。而万宝路、可口可乐、苹果等都是利用或者契合了“每一个故事都有”的原型才获得了超常的成功。对品牌建设来说，荣格和他发现的原型就是这样有效！当然，“原型是荣格发现”这个说法不太严谨，因为“原型”这个词或者观念在他之前就已经被多个大师提及，你知道就好了。

（二）背叛师门

荣格是弗洛伊德的弟子，很受他老师器重，弗洛伊德甚至“钦点”荣格为自己的继承人，并任命他为第一届国际精神分析学会的主席。据说，他俩第一次见面的时候，竟然连续交谈了13个小时，可谓一见如故。

一开始，荣格是非常支持他老师的精神分析理论的，但后来，他背叛了师门。这是因为，他在医疗实践中发现，很多病人身上反映出的无意识心理内容，没有办法从这些人的个人经历和后天经验中找到解释。随着相似案例的增多，荣格断定，无意识不仅来自个人经验，还有着先天的基础。

为此，他创立了自己的分析心理学派，并在弗洛伊德精神分析理论的基础上大胆突破，提出了心灵结构层次理论，将人的精神世界分为意识、个体无意识和集体无意识三个层次。集体无意识的内容包括本能和原型，其中的原型是本书品牌原力理论的底层逻辑。

（三）什么是集体无意识

按弗洛伊德的理解，无意识主要来自个人早期生活，特别是童年生活中受到压抑的心理内容。但荣格不同意他老师的这种看法：一方面，他认为无意识或多或少带有个人特性，因此称其为个体无意识更恰当；另一方面，他认为个体无意识更深的层面并不来源于个人经验，并非从后天中获得，而是先天就存在的。他认为应该把这两个层面分开来看待，因此，他将这个更深的层面叫作集体无意识。

按照荣格的划分，我们的无意识就有个体和非个体（超个体）两个层面了。荣格认为，个体无意识只到达婴儿最早记忆的程度，是由冲动、愿望、模糊的知觉以及经验组成的；而超出个体的部分，则包括婴儿出生以前的全部时间，也就是包括我们人类祖先所有的遗传和记忆，它的内容能在世界上所有地方、所有人心中找到，带有极强的普遍性，所以荣格把它叫作集体无意识。

荣格之所以用“集体”这个词来给他的新理论命名，是因为他认为这个层面的内容不是个别、个体的，而是集体、全人类的。在荣格看来，集体无意识具备所有地方、所有人都很相似的内容和行为方式，它是普遍存在于我们每个人身上的共同心理基础，它是无意识的深层结构，是先天、普遍一致的。

由此，荣格将人的精神世界分为意识、个体无意识和集体无意识三个层次。还记得前面我说过的弗洛伊德对人格结构的分法吗？他将人格分成意识、前意识和潜意识三个层次。两相对照一下，你的理解会更深刻。弗洛伊德用冰山来比喻意识和潜意识；荣格则用海岛来比喻他的集体无意识：

（1）意识：小岛露出水面的部分。

（2）个体无意识：海平面之下，随着潮汐起起落落，一会儿能看见、一会儿不能看见的部分。

（3）集体无意识：小岛底层从不露出海平面，甚至和广大海床连为一体的部分。

（四）什么是原型

这个世界上真有荣格所说的集体无意识吗？按照他的定义，集体无意识是全人类共同的精神遗传，那为什么我们平时一点都感觉不到呢？显然，荣格早就知道你会有这个疑问，为此，他选择用本能和原型（原始意象）来证明集体无意识这个玄而又玄的东西的存在。由于本能和我们要讨论的品牌建设关系不大，所以我先简单介绍一下，然后详细介绍品牌影响人类右脑所需要的原型。

第一，本能和原型都是集体无意识的内容。从属性来看，本能是集体无意识生理层面的内容，而原型则是心理层面的内容。第二，本能和原型都一样，不是个体形成的，而是自远古以来由人类集体沉淀的，比如，我们一看见蛇就害怕、一遇到危险就本能地躲避、看到甜品就想吃……这些都是人类在远古就沉淀下来的集体本能，而不是个体后天习得的。从某种角度上说，本能是人的行为模式，原型是人的心理模式，它们是集体无意识内容的一体两面。

现在，我们再来说说原型为什么可以证明集体无意识的存在。开始介绍荣格的证明之前，先来看看他老师弗洛伊德证明个体无意识的方法，毕竟这师徒俩虽然分道扬镳了，但荣格的集体无意识是在弗洛伊德个体无意识的基础上发展起来的。弗洛伊德算是一个实证派，他的个体无意识是基于自己多年的医疗实践来的，并且得到了学术界的普遍认同。

作为一名优秀的心理医生，荣格自然也少不了通过实践来证明自己理论的正确性。事实上，他正是通过对诸多病例的观察和总结，才发现了集体无意识的存在。对此，荣格曾说：“虽然对神秘主义的非难经常以我的概念为靶子，但是我必须再次强调，集体无意识的概念既不是思辨性的，也不是哲学性的，而是经验性的。”在他看来，原型中的“阿尼玛”这个概念并不比“节肢动物”等概念更玄乎。

不仅这样，在实证的基础上，荣格还另辟蹊径，从考古学、人类学和神话学领域出发，发现了集体无意识的蛛丝马迹。荣格注意到，某些表现在古代神话、部落传说和原始艺术中的意象，反复地出现在不同的国家、地区和民族中。关键的是，从结构学上看，这些神话意象往往是高度相似的。

比如，用泥巴造人这个意象，西方有上帝七日创世，按照自己的形象捏泥造人的故事；我们则有女娲补天，抟土造人的故事，这是你再熟悉不过的；而在古希腊神话中，则是普罗米修斯用河水调泥造人。再比如，世界各个地方都有“鬼”的传说，无论是大人还是儿童都很怕鬼，并且关于“鬼”的样子，各个地方也都大同小异……

在荣格看来，世界范围内的这些“不约而同”并不是凭空而来的，也绝不是什么巧合，而是人类共同的精神遗传，原本就深埋在我们的意识深处，一直就是我们的集体无意识沉淀，也就是他所说的原型。荣格一生识别和描述过众多原型，包括出生原型、再生原型、死亡原型、智慧原型、英雄原型、大地母亲原型。除此之外，荣格还发现许多自然物原型，比如树林原型、太阳原型、月亮原型、动物原型。既然有自然物，应该也少不了人造物，如圆圈原型、武器原型、星形原型等。人造物原型是“符号派”的理论基础，比如华杉在其代表作《超级符号就是超级创意》一书中就有提及。

荣格说，伟大艺术的奥秘在于从无意识中复活原始意象，他理论中的原型可以是人、事、物，也可以是一个故事、一个形象、一个过程，或者是一种精神、一个观念。在荣格的词典里，原型被定义为人类心理中原始的结构性元素，原型包含动能、能量和情感，普遍地存在于每个人的内心深处。所以，原型就是集体无意识的内容，原型就是集体无意识的功能单位。荣格认为，人类各种神话、传说，以及相关的文学、艺术都是原型在我们物理世界的投影。

荣格多次强调，他的研究结论是建立在感性经验之上的，绝不像某些人认为的那样是一种纯粹的玄学思辨。荣格理论的研究者普遍支持荣格的说法，他们认为荣格研究方法所尊重的精神现象、承认的心理现象，在重要性和真实性上丝毫不亚于物理现象。

说完原型的基本原理，我们再回到《千面英雄》上来，对于它的研究为什么会成为好莱坞的显学呢？这是因为《千面英雄》中的神话原型能够引发我们的本能共鸣，是我们心智底层设计的方式。荣格说："人生中有多少典型情境，就有多少原型，这些经验由于不断重复而被深深地镂刻在我们的心理结构之中。"显然，在文学作品、影视作品中，我们之所以能够"认出"它们，是因为我们内心深处的某些"开关"天生就被设定了。

如果将原型用于品牌营销，它将爆发出惊人的力量。事实上，只要将意义和品牌联结在一起，就已经进入了原型的世界；只要引用一个能让我们的本能自动识别并激活原型的关联意象，品牌的意义就能够迅速地传达出去。因为荣格认为，原型能道出每个人的声音，能拨动我们身上从未奏响过的心弦，能释放我们从未想到的力量。

第三节　品牌原力理论的"骨"：霍尔特的文化战略理论

在我冠名的原力品牌理论中，道格拉斯·霍尔特和道格拉斯·卡梅隆两位大师的文化战略理论，以及玛格丽特·马克和卡罗·S. 皮尔森博士的品牌12原型理论完成了从形象派到原型派的跨越，这是对奥格威品牌形象理论的升级。其中，文化战略理论为品牌原力理论的建立提供了系统的理论框架，而品牌12原型理论则是品牌原力理论的核心内容。

一、关于文化战略理论

品牌原力理论的核心思想来自文化战略理论，它的主要创建者是道格拉斯·霍尔特，这位新锐的品牌大师兼有学术背景和实战能力，居两者之间，更偏向实战。他曾是哈佛商学院和牛津大学营销学教授，还担任过著名国际大牌欧莱雅的营销总监。2010年，霍尔特创立了文化战略集团，并担任总裁。

霍尔特和卡梅隆两位大师有本合写的专著，系统介绍了他们的文化战略理论，这本专著案例翔实、见解独到，值得每个品牌操盘手一生收藏、反复精读。专著的中文版名字叫《文化战略：以创新的意识形态构建独特的文化品牌》，为了表述方便，后面我就把它简称为《文化战略》。商务印书馆已于2013年将此书出版，由严子悦主编、汪凯翻译。

目前，这本书在豆瓣的评分高达9.0分，几乎是豆瓣书评的顶级分数，而《定位》各个版本的豆瓣最高评分是8.2分。我在这里列出这两个品牌理论代表作豆瓣评分的目的不是要分出高下，而是希望借这些事实，让文化创新、品牌原力这些新的品牌理论、新的品牌工具能获得应有的重视。

二、霍尔特：蓝海战略没有用，定位派和形象派也没有用

霍尔特文化战略的核心思想在于用文化的方法来创新，从而获得竞争优势。在霍尔特看来，一切非文化的方式或者非创新的方式，都是无效的竞争方式，容易让企业陷入死局。因此，在了解他的文化创新思想之前，我们有必要先来看看，霍尔特认为不够创新的方式都是哪些。

（一）技术创新导致红海

对于通过技术创新获得竞争优势的路子，霍尔特把它叫作“最佳捕鼠器造就的红海”，他认为走技术创新这条路的企业太多了，最后只会导致红海。因此他对普拉哈拉德提出的核心竞争力、金伟灿提出的蓝海战略和克莱顿·克里斯坦森提出的颠覆性创新理论都不看好。

对于霍尔特的这个观点，我在“品牌边界透视”那部分已经分析过，这是不清楚品牌和战略的边界导致的。毕竟没有哪个大师能穷尽所有商业

规律，所以对他的某些观点特别是涉及战略范畴的观点，我们要批判性地吸收。

（二）传统营销导致红海

除了不看好通过技术革新获得竞争优势，霍尔特还认为，通过传统的“注意力营销”方式也会导致红海。他眼中的注意力营销有两种：一种大致是通过USP理论和定位理论去竞争，霍尔特把它叫作“左脑功能派陷阱”；另一种就是通过品牌形象理论去竞争，霍尔特把它叫作“右脑形象派陷阱”。

实际上，霍尔特对克洛泰尔·拉帕耶和玛格丽特·马克等人所持的原型派方法也不认同，尽管拉帕耶曾经凭着原型派理论担任老布什总统的竞选智囊。远在大洋彼岸的霍尔特还不知道，我在这里已经把他和原型派都归入右脑派、视为一家人了，他知道了不知作何感想？

总体来说，霍尔特认为，无论左脑派还是右脑派，都是注意力营销派，不仅限制了创新，还开创出一片红海。那什么样的方法才是正确的呢？下面，我们来看看他给出的解决方案。

三、霍尔特的文化战略解决方案

在霍尔特看来，某个市场也许从功能派的视角看是一片红海，但从文化战略的视角看是一片充满生机的蓝海。因为很多竞争者都把目光聚焦于产品层面的惨烈竞争，而完全忽视了品牌的文化层面。

（一）文化战略理论的概貌

为了让你对文化战略这个艰深晦涩的品牌理论快速上道，在进行详细解析之前，我们先来看看它的全貌。大致来说，它的核心内容在于三个方面：

1. 创造蓝海

霍尔特要创造的蓝海是通过避开主流文化，也就是他所说的“文化正统”去实现的。他认为，无论技术革新，还是功能派、形象派诉求，都属于文化正统。所谓文化正统，就是大家都在用的主流方法，而霍尔特提倡用非主流的方法，也就是亚文化的方法来打造品牌。

2. 利用冲突

所谓利用冲突，就是在社会的主流观念趋势将尽、非主流的亚文化观念正在冒头的时候，新旧的社会观念之间会产生冲突。乘着新观念抬头的趋势，通过创新的文化表述，去激发消费者甚至是全社会对品牌的认同。

这个所谓的亚文化观念，被霍尔特称作“意识形态机遇”，我后面一律将其称为“社会观念冲突机遇”。霍尔特文化战略最精华的部分，没有之一，就是这个社会观念冲突机遇。如果你要拜他为师，而他只愿意教你一招，那你就学这个。

3. 文化密码

仅仅发现社会观念冲突机遇还不够，还必须挖掘正确的文化密码去进行文化表述，这里你可以将其简单理解为广告创意。比如同样是牛仔的形象，在帮助万宝路进行文化创新的时候，著名的李奥·贝纳在“偏离方向八年、走了四次弯路”后，才拿到了“文身里的复古”“专注于劳动”这个正确的文化密码，让万宝路大获成功。

上面三个核心内容，有时候是一回事，有时候是两回事。比如，有时候你找到的社会观念冲突机遇本身就是文化密码，在他给出的案例里，万宝路就是这样的；但有时候你找到了社会观念冲突机遇，还需要非常艰难地去寻找正确的文化密码，星巴克的案例就属于这种情形。

这导致霍尔特的招数很不好学，从这个角度看，虽然霍尔特强调他的文化战略理论是一套相对标准化的流程，但能否找到正确的文化密码，实际上也有较大的偶然因素。幸运的是，在我整合版的品牌原力理论系统中，通过融合马克的品牌12原型理论，创造地利用“混血原型”的方法化解了这个问题，使文化创新真正能做到标准化“生产”。

（二）文化战略的核心在于找到社会观念冲突机遇

现在开始，我就来对霍尔特的文化战略理论进行详细解码。既然是文化创新，从某种意义上说，它就是反主流的，因此真正的创新方案要到主流文化，也就是霍尔特说的文化正统的对立面去找，其实也就是到亚文化中去找。如果你理解亚文化有困难，将其替换为“非主流”，结果是一样的。

亚文化从哪里来呢？霍尔特认为，由于社会、技术、经济、文化等因素，社会变迁每天都在进行，这些社会变迁会导致一些人的观念与主流观念不一致，这就是霍尔特所说的社会断裂带。在后面的表述中，我把这统一叫作社会观念冲突，亚文化就存在于新旧社会观念的冲突之中。

举个例子，现在很多人都在挤大城市生活，但是由于房价太高这个经济原因，一部分人想“逃离北上广”。如果用霍尔特文化战略的术语来类比，那应该是这样的：

主流文化：生活在大城市。

社会变迁：房价太高。

社会观念冲突：人们开始向往“采菊东篱下”的生活。

亚文化：存在一拨亚文化人群——想逃离北上广的人。

结论：在主流文化中找到社会观念冲突，通过社会观念冲突识别亚文化，亚文化背后是一群对主流文化不满的人，霍尔特的文化创新就是针对这些人来进行的。

不得不说，霍尔特这样的西方大师们在理论创新方面绝对一流，在总结的时候却不是那么细心。在对文化战略理论的表述中，霍尔特有时说这是一种文化表述，有时说是一种文化创新，有时又都把它们叫作文化战略，还有时把这个过程叫作文化研究，并且这些概念在含义上经常随意延伸、相互嵌套。难怪我身边有人说，仅仅看《文化战略》这本书就花了半年时间，却还是迷迷糊糊、一头雾水，理不清理论的脉络。

在我的指导下，你就不要管他把这个过程叫什么了，总之识别出新旧社会观念冲突机遇，找出亚文化，文化创新就完成了一半。接下来就是如何操作、执行、表达这个创新了。所谓的挖掘社会观念冲突机遇，还可以更简单地类比为通过头脑风暴发现一个点子；所谓的文化创新、文化表述、文化密码，都可以视作将这个点子创意成广告的过程。

不论是潜意识、原型与集体无意识，还是文化战略和品牌12原型理论，本书涉及的理论都比较艰深，因此我会经常运用类比来帮助你理解，希望你一定要明白类比本身的作用，否则就会适得其反。“如人以手，指月示人”，关键要顺着手指看月亮，而不要本末倒置地挑手指的毛病。正如佛说：“知我说法，如筏喻者，法尚应舍，何况非法？”

（三）文化战略创新的步骤

发掘社会观念冲突机遇后，还要通过原始素材去寻找文化密码。所谓原始素材包括亚文化、媒体神话和品牌资产。看到这里你别晕，我前面说了霍尔特在总结的时候并没有特别清晰的逻辑，所以导致某些概念存在相互嵌套的情况。在这里，你只需要明白，包含文化密码的原始素材在社会上、媒体上、品牌上都能找到就行了。

找到这些素材后，就要对这些原始素材背后的文化密码进行解码。如果用霍尔特的说法，这时候可以是文化表述、文化创新、文化设计，或者叫运营文化战术、构建文化战略……其实最简单的方式是：把这个过程理解为广告创意，只是这个创意必须体现出对文化密码的解码能力，如果解码错误，那么整个文化创新就会失败。

这整个过程，霍尔特把它分成六步：

第一步，描述市场当前的文化正统——竞争对手常用的宣传方式。

第二步，寻找社会断裂带——通过社会变迁洞察观念的变化。

第三步，挖掘意识形态机遇——找到新、旧两种社会观念冲突中的亚文化机遇。

第四步，采集合适的原始素材——通过社会、媒体、品牌。

第五步，运营文化战术——有时候体现为广告创意，有时候是传播或营销策略，多数时候是挖掘社会观念冲突机遇本身，也就是第三步的工作。

第六步，构建文化战略——整合上面的内容，形成流程化方法。

现在，你已经基本了解文化战略创新的方法和流程，我们再来综合审视一下。大致来说，霍尔特给出这个创新流程的前三步，它的难点在于准确，也就是你挖掘社会观念冲突机遇也好，发现亚文化也好，必须切合当时的社会思潮，才有力量，才能唤醒潜藏在消费者原型深处的原力。

霍尔特这个创新系统的后三步，难度在于创意或者说广告表现。从整个理论系统来看，虽然前三步的重要性更高，但是真正的难点在后三步。因为在他给出的方法中，文化密码的筛选和解码都是非标准化的流程，能否正确解码很多时候取决于执行者的“灵机一动”。如果不能正确解码，通过文化战略塑造品牌就会成为“碰运气”，这就是奥格威形象派的痛点，说实话，这也是霍尔特文化战略理论的痛点。不过，你别担心，这么重要的事情，我肯定会给出有效的解决方案。

四、以霍尔特解霍尔特

由于中美文化的差异，在描述同一件事的时候，所使用的语言习惯往往也存在不同。在这本书中，我对霍尔特原来的用语进行了很多修改。为了让你能体悟大师原汁原味的思想，我特地以解释他的文化战略理论为主线，以《文化战略》中文版原文，将书中的主要名词串讲一遍。

（一）文化创新、文化战略、文化表述

霍尔特是希望用独特的文化表述进行文化创新，完成文化战略的构建，进而打造出“文化品牌”，这其实就是书名的由来。我们可以这么来看这三者的关系：文化战略是目的，文化创新是过程，文化表述是手段。在《文化战略》这本书中，它们经常被用来说明同一件事，如果你弄清这三者的关系，就能更好地理解作者的意图。

（二）意识形态

所谓意识形态就是各种观念的结合，中美对意识形态这个词的理解差异很大。在中国，意识形态往往具有政治的倾向，因此这是人们非常容易误解，但在霍尔特的理论系统中至关重要的一个词。在这里，我建议你用社会观念、文化观念、消费观念来替代性地理解它。

在霍尔特的理论系统中，被称为意识形态的有两种：一种是竞争对手在用的“文化正统”，也就是主流文化或者主流观念；另一种是由于技术、经济、时代、政治等变迁而引起的新的观念，这些新的观念一般都隐藏在主流观念背后，表现出来的就是亚文化。

在整个文化创新的过程中，虽然最难的是文化表述，但它不是最重要的。那最重要的是什么呢？就是找到这个新的意识形态，也就是亚文化，或者说，就是找到正确的、隐藏在主流观念背后的、因社会变迁导致的新观念。

（三）神话

神话就是能表达意识形态的故事，这些故事可能是创始人的，也可能是

品牌的，还有可能是消费者的，或者是大众媒体的。这里的神话也有可能本身不是故事，而是一种观念。在中国的文化语境中，你最熟悉的表达方式是“品牌故事”，在很多企业网站或者内刊都能直接看到这四个字，从很多方面讲，它们是同一回事。

（四）文化密码

不要一看到“密码”两个字就觉得高深，其实可以把它简单理解为“元素”，和品牌相关的元素都可以是文化密码。要正确理解霍尔特眼中文化密码的含义，我们最好从功能角度来理解，因为这是文化创新的时候必须用到的东西。既然讲功能，那就有大功能，也有小功能，两者分别对应宏观和微观。

从宏观的角度讲，文化密码可能涉及社会、时代、媒体等元素。比如吴京的硬汉形象就是元素，阴柔中性的演员形象也是元素，也就是文化密码，它们都是我们这个时代的文化密码。

从微观的角度讲，你公司员工的穿着、作息时间、称呼习惯、名片等都是密码，因为霍尔特这样的高手可以通过这些元素解码你品牌的文化。要进行正确的文化表述，就需要用到这些素材。

（五）文化表述

我前面说了，文化战略是目的，文化创新是过程，文化表述是手段。文化创新依赖于独特的文化表述，文化表述是霍尔特思想最难学习的部分，它会涉及意识形态、神话和文化密码。如果仅看它的流程属性，文化表述的过程，就是用神话和文化密码来表达意识形态的过程。

（六）运用文化战术

书中介绍了六个战术，有时是新的观念本身，有时是广告创意，有时是传播或者营销策略。其实只要你会观察新旧观念的冲突，会挖掘隐藏在冲突中的亚文化，这些战术你就会了大半。

（七）构建文化战略

即一个全过程：描绘市场的主流文化→识别社会变迁→发掘社会观念冲突机遇→采集合适的原始素材→运用文化战术→构建文化战略。

上面就是《文化战略》一书的主要概念，霍尔特在运用这些概念的时候存在相互嵌套的情况，所以加大了我们理解的难度。对这个问题的破解方法是：不要看他用什么词，而要看他真实的意图，通过他的意图去理解词义，而不是通过字面意思去理解意图，这样你很快就能理清脉络。

五、打开霍尔特的钥匙：冲突法

霍尔特文化战略理论最大的洞察在于：文化创新的机会是在社会变迁的过程中产生的，是在旧观念与新观念的冲突中产生的——我这样一解释，怎么有点叶茂中的味道了？哈哈。社会观念冲突的机遇潜藏在与主流文化对立的亚文化中，真正的文化密码要到亚文化中去找。所以在后文中，我把霍尔特这种方法叫作“冲突法”，在《文化战略》一书中，他用了十个案例来反复强调这一点。

要想掌握霍尔特的文化战略精髓，就必须高度关注社会变迁，他甚至拿发动机来做比喻，认为社会变迁就是文化创新的发动机，因为这些变迁一方面可以动摇主流文化，另一方面可以促使新的文化形成。随着社会变迁的进行，主流文化不再能充分传达消费者需要的文化元素，人们渴望那些能够代表自己表达新观念的品牌，这些品牌通过新的神话和文化密码（多数时候就是广告创意），使新观念更有趣。这时候，霍尔特动情地说：“曾经的主导品牌没有办法与消费者共鸣，而创新的品牌因其正确的文化表述开始起飞。”

在本书中，我在不同的地方多次以不同的方式解读霍尔特“在与主流文化冲突的地方去挖掘亚文化机遇”的方法，因为它太重要了。荣格的原型是什么？集体无意识是什么？其实也是一股埋藏在人们内心深处的洪荒之力，霍尔特就是想通过亚文化把这股力给引导出来，他在书中很多地方把这股力形容为“意识形态爆发点”，也就是社会观念爆发点。

从这个角度看，马克的品牌12原型理论和霍尔特的文化战略，它们的底层逻辑完全是一样的，这就是霍尔特虽然不认同原型理论，我却还强行将他们整合在一起，都划归为右脑派、原型派的原因。只有在“根”上它们是相同的，我才能用原力理论把两位大师最精华的思想整合起来，形成“混血原型”的精妙打法。

第四节　品牌原力理论的“肉”：马克和皮尔森的品牌12原型理论

我前面类比过，霍尔特的文化战略理论是品牌原力理论的“骨”，是理论框架；而玛格丽特·马克和卡罗·S. 皮尔森的品牌12原型理论则是品牌原力理论的“肉”，是核心内容。我们已经有了文化战略这个理论框架，现在就需要为这个框架填上12原型这个核心内容了。

都说“物以类聚，人以群分”，其实人也可以用“类”来进行划分，要不怎么叫人类呢？在心理学领域，无论是最早对人进行分类的人，还是分类方法影响力最大的人，都非荣格莫属。马克和皮尔森的品牌12原型理论，就是基于荣格对人和原型的分类方法而发展起来的。

一、品牌12原型理论简介

马克的搭档、品牌12原型理论的共同创建者卡罗·S. 皮尔森博士认为：“人在成长时的探索旅程是由内在的原型来指引的，每一种原型都代表一种人格。”在荣格原型理论的基础上，20世纪50年代的美国营销界出现了一波给品牌注入“人格”的潮流，这股潮流至今不衰。为了和定位派、形象派、卖点派相对应，我们就把它叫作“原型派”吧。其实在中国，因为受皮尔森的影响，有人把它叫作“品牌人格”。

需要提醒你注意的是，基于原型的品牌人格与营销界另外一派以“真诚”“称职”“刺激”“教养”“强壮”五大维度及由这五大维度派生出来的“务实”“诚实”“健康”等十八个层面特质构成的品牌人格不是一回事。那一派严格来讲，基于的是统计学而不是心理学，虽然他们也号称借鉴了荣格和阿德勒的思想。

原型派中影响比较大的有克洛泰尔·拉帕耶，就是前面我说给老布什做总统竞选智囊那个，据说因为看好原型派的威力，半数“财富100强”的企业都找他做过顾问。除了拉帕耶，还有杰瑞·查特曼、恩斯特·迪克特等，当然还有本书的主角、即将隆重登场的玛格丽特·马克和卡罗·S. 皮尔森。

马克和皮尔森两位大师也有本合写的专著，中文版叫《很久很久以前：以神话原型打造深植人心的品牌》。这本书已由汕头大学出版社于2003年出版，由许晋福、戴至中、袁世珮翻译。由于以后我还会多次提到此书，因此将其简称为《很久很久以前》，它的豆瓣评分也高达8.8分，虽然比霍尔特《文化战略》的9.0分略低，但仍比定位系列丛书的最高分8.2分要高出不少。

马克具有丰富的实战经验，她在世界著名的扬罗必凯广告公司任职长达16年，在加入扬罗必凯之前，她曾在奥美就职。皮尔森博士是研究荣格原型的专家，担任原型意象研究和应用中心（CASA）主任。

马克和皮尔森基于荣格的原型理论，在大量研究西方神话人物的基础上——他们也深受坎贝尔《千面英雄》的影响，结合了在国际4A广告公司扬罗必凯的品牌实战经验，总结出了适合塑造品牌的12种原型，在中国一些营销的小圈子里一直很火。2018年，网易云音乐借鉴了皮尔森的生命原型理论，推出了“你的荣格心理原型”小测试，快速爆红网络，至今不衰，让很多品牌营销人见证了荣格原型的威力。

二、可以对号入座的12原型

马克是品牌实战专家，皮尔森是原型和心理学专家，两个人合作搞品牌原型理论，是一件非常有创意的事。他们选出了形象正面、涵盖性格范围广、辨识度高的12个原型，结合心理学上流行的“动机理论”，把这些原型分成了四大类，分别如下：

◇ 独立类人格：纯真者、探险家、智者

◇ 征服类人格：英雄、叛逆者、魔法师

◇ 归属类人格：凡人、情人、搞笑鬼

◇ 稳定类人格：照顾者、创造者、统治者

针对这些原型，马克和皮尔森做了三件事来指引我们的品牌塑造工作：

第一，从心理学和营销学的角度，通过实际的品牌案例，剖析了这些原型的性格特征。比如，他们分析了百事可乐，认为它属于搞笑鬼原型，因为百事可乐一直针对市场领导品牌可口可乐进行“捣蛋式”营销，搞得一直以正宗自居的可口可乐哭笑不得，而百事可乐却成了年轻人的最爱。

第二，将市场上影响较大的品牌“对号入座”，让我们对原型和品牌之间的关联有了直观的印象。比如，华为是英雄原型，海底捞是照顾者原型，老干妈是凡人原型，罗振宇的“得到”App是智者原型，苹果是叛逆者原型，而成天发污段子的杜蕾斯是搞笑鬼原型……一下子就能激起人们对12原型理论的热情。

第三，总结出了通过12原型塑造品牌的要点，以及实施的系统流程。用他们的话说就是：打造出了一套品牌原型的“意义管理系统”，马克把它叫作塑造原型品牌的北极星，按照中国的叫法，就是指南针了。

事实上，在理论的系统建构上，文化战略理论的创建者霍尔特与品牌12原型理论的创建者马克都超越了奥格威，甚至超越了里斯和特劳特。因为，他俩都不是像奥格威、里斯和特劳特那样仅仅提出观点和罗列案例，而是构建了一套非常完备的流程系统。但在具体的流程上，两位大师稍有不同，霍尔特的文化创新流程是从宏观到微观，而马克则是从微观到宏观，前面你已经欣赏过霍尔特“由外而内”的风格了，下面我再带你体验一下马克“由内而外”的特点吧：

第一步，寻找品牌灵魂——相当于霍尔特的通过“品牌资产”挖掘文化密码。

第二步，挖掘品牌内涵——找到产品和原型之间的相同点、契合点。

第三步，寻求差异化——避开竞争对手在用的原型，与霍尔特要避开主流文化异曲同工。

第四步，了解顾客——开始转到外部，用筛选出来的备选原型与顾客“基因”配对。

第五步，管理品牌银行——进行品牌延伸之类的后期维护工作。

有了两位大师给出的系统的流程，通过原型打造品牌这事一下便变得有意思、有抓手、有方向、能感知。我估计，在未来几十年，对品牌原型的研究将会成为品牌营销界的显学。

三、理解品牌12原型理论的要点：反射法

霍尔特的冲突法认为，隐藏在新、旧两种社会观念冲突中的亚文化才有价值，品牌12原型理论是否也这样认为呢？马克说："那些着力去渲染小资、白领、中产、土豪们生活方式的广告都有这么一个假设——认为人们希望在广告中看到自己的形象投射，否则他们就不会对广告产生共鸣。"我们姑且把这种方法称作"投射法"，从某种角度上讲，它就是霍尔特所说的文化正统。

和霍尔特一样，马克也非常反对投射法对应的"生活方式营销"（lifestyle marketing），并且声明"原型营销的假设刚好相反"。她认为，未获满足的渴望才会唤醒人们去回应自己所欠缺的内心需求，而不是他们已经有的东西。在马克看来，目标市场上最主要、最明显的特色，并不是最好的方式，根据马克提倡的方法与投射法刚好相反这一特征，我把马克的方法叫作"反射法"。

看了冲突法和反射法这两个方法，你有什么感想呢？我的感想是，如果直接把反射法放到霍尔特的文化战略中，或者把霍尔特冲突法的内容放到马克的品牌12原型理论中来，根本就看不出来这是两个人的思想，他俩说的根本就是一回事嘛。

与霍尔特所说的"意识形态爆发点"类似，马克也认为："类似的隐性渴望经常隐藏在整个文化之中，是挖掘一个巨大需求的绝佳机会，当原型的力量在文化中不太明显的时候，这些隐藏的力量反而更有威力——就像黑洞般积极地寻找能填满的活跃力量。"对此，马克嘲讽那些不懂原型规律的策划人，说他们还不如江湖术士，"江湖术士通过直觉就能了解这一点，策划人员却热衷于去追求最新的潮流"，也就是霍尔特所反对的主流文化。

第五节　于华为品牌原力理论缝合了一张"皮"

在品牌原力这个理论系统上，我处在达摩祖师所说的"皮"的位置，这

里所说的皮，有抽象和具体两层含义。从抽象的层面来说，指的是皮的功力最差、作用最小，本来作为一个整合各派大师理论的人，我的工作也就是“剪刀加浆糊”而已，能有多大的价值呢？从具体的层面来看，通过我这张“皮”，把弗洛伊德和荣格师徒的“髓”、文化战略理论的“骨”，以及品牌12原型理论的“肉”连在了一起，让你对原型派理论理解更容易，使用更方便。

从这个角度看，我这张“皮”还是有点小苦劳的。下面，请允许我厚着脸皮把自己认为的三个苦劳唠叨一下。当然，玩笑归玩笑，打开品牌原力理论的钥匙，可藏在唠叨这三个苦劳的过程中呢。

一、起了一个名

在给品牌原力理论起名的时候，本想将原型理论几个祖师原有的理论名称直接用到新理论上，但貌似都会存在一点缺陷。比如荣格的原型，随着互联网的发展，互联网界习惯把产品开发流程中产品的构想模型（demo）也叫原型。搞互联网的可是近水楼台先得月，我和他们去争“原型”这个名字无异于以卵击石。显然，以原型作为我这套新理论的名字不是一个好决定。

如果以贡献大小来命名的话，便肯定应该以霍尔特和马克的理论来为新系统命名才对。但是，霍尔特的理论名称叫文化战略，想想看，在中国人看来，差不多一千个人眼里就有一千个“文化”的含义；而马克和皮尔森的理论名称叫12原型，与我不选荣格原型的理由是一样的。

著名的品牌战略家凯文·莱恩·凯勒曾经提出了品牌命名的六大原则，在他那本被誉为“品牌圣经”的《战略品牌管理》一书能找到。这六大原则分别是可记忆性、富有内涵性、可爱性、可转换性、适应性和可保护性。

根据品牌原力理论的渊源，结合凯勒的命名思想，我决定用电影《星球大战》中的著名台词“愿原力与你同在”中的“原力”来为这个理论命名，全称为“品牌原力理论”。在星球大战中，原力被形容为天赋的、至高无上的力量，这和荣格原型的内涵几乎一致，所以用原力来为诸多大师的智慧结晶命名，是非常贴切的。实际上，《星球大战》的导演卢卡斯曾公开声称自己师法坎贝尔，而坎贝尔则师法荣格，这就是我在本章开头说《星球大战》与原力理论师出同门的原因。

二、认了一门亲

一直以来，无论是定位派、USP卖点派和形象派之间的竞争，还是霍尔特文化派对原型派的批评，都缺一个人，以更高的视野来帮助我们看清这些理论流派各自的能力边界，找到它们之间的关联。看清它们的能力边界，能让我们避免陷阱；而找到它们之间的关联，就有让各派大师的思想发生化学反应、形成强强联合的可能。

这就是为什么霍尔特对原型派颇有微词，我却还要将他与马克的思想整合的原因，这对把荣格原型理论的威力发挥到极致具有重大意义。正如我在前面说过的，只有霍尔特和马克的理论在“根”上是相同的，我才能用品牌原力理论把两位大师最精华的思想整合起来，形成“混血原型”的精妙打法。

总体来说，整个品牌原力理论融合了三组大师的理论精华，其中弗洛伊德的潜意识和荣格的集体无意识（原型）本就同门同派，无须画蛇添足去论证他们的渊源；马克和皮尔森则是自认师承荣格，因为他们的12原型直接就是对荣格的人格面具和阴影、阿尼玛和阿尼姆斯、智慧老人、母亲和自性等基础原型的扩展，自然也是无须费笔墨论证的。

剩下的就只有霍尔特，在他看来，他的文化战略理论与荣格的原型不但没有关联，甚至他还对原型理论在品牌塑造方面的作用持怀疑态度。因此只要能证明文化战略理论中的意识形态（观念）、神话、亚文化其实就是荣格原型的方式和类型，那么我这非要给品牌原力理论“认亲戚”的工作就可以大功告成。

（一）文化战略理论与品牌12原型理论在底层逻辑上同源

在弗洛伊德的个体无意识和荣格的集体无意识之外，还有一个与它们同门同派的分支理论，叫作“文化无意识”，它的创始人是荣格根正苗红的第一代弟子——乔·汉德森。1960年，汉德森与荣格合著了《人及其象征》一书，汉德森负责的是“古代神话与当代人”那章。这也是一个了不起的人物，他是美国著名的分析心理学大师、美国旧金山荣格心理分析研究院的主要奠基者。顺便提一下，汉德森的夫人是进化论创始人达尔文的孙女。

“文化无意识”理论是汉德森在1962年瑞士分析心理学年会上提出来的，他认为，在弗洛伊德的个体无意识和荣格的集体无意识（原型）之间，存在着一个断裂带，他希望用自己创建的文化无意识理论把这个裂缝补上。在随后的几十年中，汉德森一直致力于这一理论的完善，这奠定了他在当今心理分析乃至整个心理学界、思想文化界的卓越地位。

汉德森认为，除了生活经验和遗传之外，个体无意识还有一部分来自我们的文化，他在研究荣格原型时发现，在个体无意识和集体无意识之间还存在着其他层级，其中之一就是文化无意识。汉德森说：“文化无意识既不是由个人的经历形成，也不是来自全人类的集体无意识的原型动力，它是在某个文化圈中，人们潜移默化所形成和具有的共同信念、思维方式等。”

那什么叫文化无意识呢？汉德森将其界定为“一个历史的记忆区域，位于集体无意识和集体文化的表现模式之间”。通俗地理解就是，文化无意识是一个历史时期人们思维观念的定势。汉德森认为，文化无意识有着由集体无意识的原型引发的某种认同，有助于神话和仪式的形成，同时又促进了个体的发展过程。

自此，我就不用再往下论证了。仅从文化无意识“是在某个文化圈中，人们潜移默化所形成和具有的共同信念、思维方式等”这个定义，就完全可以看出汉德森的文化无意识内容，其实就是霍尔特文化战略的研究对象。事实上，霍尔特文化战略的三大基础——意识形态（观念）、神话和文化密码，也无不是汉德森文化无意识的内容。从另一角度看，霍尔特说“意识形态、神话和文化秘密常常潜伏在亚文化和社会运动之中”，而实际上，神话、亚文化和意识形态都是原型投射的意象种类，正是因为原型蕴藏无限的潜能，才让霍尔特看到了亚文化所爆发出来的威力。

与汉德森类似的还有比荣格更早“背叛”弗洛伊德的心理学巨匠艾瑞克·弗洛姆，他提出的“社会无意识”理论与汉德森的“文化无意识”可谓异曲同工，都可以解释为什么在不同社会、地区、文化和民族具有不同原型意象。弗洛姆的“社会过滤器”理论在心理学和社会学领域的影响都很大。

其实，不知道是汉德森的疏忽还是有意为之，在荣格的理论中，已经对文化与原型的关系进行了紧密“绑定”，在我看来，应该没有必要再造出文化无意识这个“中间层”。可以这么说，原型就像充满能量的水，而文化则像容器，通过文化这个容器来看原型，就可以看到不同的“原型意象”，虽然原型是一致的，但有什么样的容器就有什么样的意象，也就有什么样的外在形式。换句话说，文化对原型是有解释作用的，在不同的文化视角下，原型就会呈现不同的样态。霍尔特非常重视对文化密码的挖掘，因为原型的投射就蕴藏在文化密码中，原型的巨大能量需要文化这把棱镜才能析出。

这样的类比可不是我凭空瞎想的，因为在荣格看来，原型是人类所共有的，而意象则是某一特定历史、文化或个体的产物。我们来看看杨韶刚教授的相关分析，杨教授是中国心理学会社会心理学专业委员会委员、澳门城市大学和广东外语外贸大学博士生导师，长期从事西方心理学特别是弗洛伊德和荣格师徒理论的研究，在此领域很有建树。

杨韶刚认为，原型内容的每一个范畴都可以产生各种不同的、具有某一特定文化特征的意象。例如，每个人的心灵中都有英雄原型，但具体到不同的个体，这个英雄就可能是有很大差别的。根据西方一些心理学家对做梦者所做的实验研究，发现做梦者梦中的“英雄”可能是一位中世纪的骑士、一位足球运动员、一位军事首领或一位反对战争的抗议者。其中并不存在任何固定的形象，但他们都是“英雄”。

因此，英雄原型虽然很有能量，但还需要通过霍尔特所说的文化密码来解析，才有可能将原型的巨大潜能唤醒。这就更需要我们熟悉各地区、各民族和当前时代的文化，才有可能通过这些不同的意象对原型进行解码，也正是因为这点，霍尔特的文化战略理论与原型派理论在本质上的确是一家人，只是它们对原型的解码方式不同而已。

（二）文化战略理论与12原型理论在其他方面的联系

一直以来，为了彰显本门本派功夫的厉害，品牌营销界经常会出现两个甚至多个门派争抢一个案例的情形。比如耐克这个案例，“核心竞争力派”说是气垫技术使它成功，定位派说是定位为第一运动品牌的成功，文化派认为是文化创新的结果，而原型派则认为耐克成功运用了英雄的原型，如果奥格威老爷子还在世，应该会说这是他形象派的功劳。

不过，虽然抢功是品牌营销界的常态，但也有一些例外，那就是针对某些显而易见的案例，大家的争执比较少。比如文化派、原型派和形象派都比较少提及海飞丝的案例，而定位派也很自觉，不将苹果的成功归功于定位的威力。可见，即使门派不同、理论源流不同，对多数案例的归属，大家还是能达成默契的，毕竟右脑和左脑的发力点区别还是很大的。如果从这个角度来看文化战略理论和品牌12原型理论，你就不得不承认它们真是一家人。

杰克·丹尼尔、本杰瑞、星巴克、巴塔哥尼亚、万宝路、净蓝验孕、肥胎啤酒、导火线音乐电视、自由职业者工会，在霍尔特作为十大案例特别列出的品牌中，有五个同时也是马克列出的案例，尤其星巴克、万宝路和巴塔哥尼亚等知名品牌，竟然同时被双方作为典型案例；而霍尔特亲自服务过的百事可乐、百富门、微软、宝马、百加得、可口可乐、万事达等品牌，也有超过一半是马克书中认为的原型品牌代表。

剩下那些两人没有同时提及的案例，我猜并不是理论分歧导致了案例不同，而是市场上的品牌实不胜枚举，在没有商量的情况下，两人不可能同时想到一起。但这些已经足以说明，文化战略理论和品牌12原型理论在底层逻辑上是完全一致的，否则两个不同的理论流派不可能采用几乎相同的品牌作为案例。

除了案例以外，两个理论在操作流程上也几乎是一样的，前面我已经介绍过，只不过霍尔特从宏观到微观，先分析社会、竞争等外在的层面，最后再回到媒体神话、品牌密码等；而马克则从微观到宏观，由内而外地从产品、品牌和企业内部出发去挖掘原型的内涵，再去与外在的市场、竞争关系相对应。

三、升了一次级

本来，文化战略理论和品牌12原型理论是自成体系的，独自运用的话，根本没有整合的必要。但在学习两位大师思想的过程中，我发现独自运用与有机整合，在效力上竟然存在极端现象：由于两个理论都有自己的缺陷，独自运用的话，相对大师们给的案例而言，效果都会打折扣；而如果将其有机整合，则不但能化解问题，还能倍增威力，具有“1+1>2”的效果。

（一）文化战略理论的优点和缺点

毫无疑问，文化战略是一个非常系统而实用的理论，就像一部精密仪器一样。它的“使用说明书”太复杂，我遇到很多看过《文化战略》的人都说这本书很难懂，甚至有人说仅仅看完（而不是看懂）就花了半年多时间。

其实，文化战略理论最难的部分不是理解，而是落地执行，连霍尔特自己都说，文化创新蕴藏在“社会生活中那些烦琐而难以测度的层面”。这就难怪连李奥·贝纳这样世界顶级的广告公司，在实施万宝路品牌工程的时候，都要经过“八年摸索、走了四次弯路”的坎坷，才拿到正确的文化密码。

1. 文化战略理论最大的优点：冲突法

在文化战略体系中，霍尔特最大的洞察在于：他发现品牌的最大动能潜藏在社会观念的冲突之中，潜藏在亚文化的机遇里。并且，他仅仅用“描述主流文化→识别社会变迁→发掘社会观念冲突机遇”这简简单单的三步，就让我们能用冲突法这个非常标准化的流程，顺藤摸瓜地找到力量最大、价值最高的品牌原型，也就是亚文化，这对品牌业界实在是居功至伟。

2. 文化战略理论最大的缺点：文化解码太复杂

在找到有价值的冲突点、亚文化这个前半段，文化战略理论不但给了我们明确的方向，而且还有清晰的流程。然而，到后半段需要破解文化密码的时候，霍尔特就突然“画风”大变，方法变得若隐若现，流程变得朦朦胧胧。不要说指望通过流程化生产来实现标准化产出了，即使是理清文化表述、亚文化、文化密码、文化创新、原始素材、神话、意识形态等那一大堆经常相互包含并相互嵌套的术语之间的逻辑关系，对很多人来说都很困难。

这就让通过文化战略来打造文化品牌的难度陡然大增，霍尔特和卡梅隆这样的高手还可以依靠天赋妙手偶得，我辈资质平平的人就只能靠运气和偶然因素了。显然，这大大降低了文化战略理论这部少林“易筋经”的实战价值。

（二）品牌12原型理论的优点和缺点

要么是冥冥中上天有意，要么是荣格在天有灵，说来奇怪，文化战略理论的缺点，正好是品牌12原型理论的优势；后半句你都想到了，品牌12原型理论的缺陷，却正好是文化战略理论的优点。不要觉得我是在故弄玄虚或者牵强附会，我有证据，而且证据是经得起检验的。

1. 品牌12原型理论的最大优点：对号入座

其实，从网易云音乐的火爆就可以看出来，马克的12原型理论的最大优点就在于上手容易、操作简单。无论挖掘品牌原型还是破解原型密码，都可以按图索骥、对号入座。马克和皮尔森合著的《很久很久以前：以神话原型打造深植人心的品牌》虽然书名很长，逻辑却很浅显。如果你比较懒，不想把12个原型一次了解完，完全可以把它当成字典那样的工具书放在身边按需查看。而执行，正是霍尔特文化战略理论的最大难点和缺点。

2. 品牌12原型理论的最大缺点：解读原型意象太浅层

在全面理解荣格的原型和集体无意识、霍尔特的文化战略和马克的品牌12原型理论后，我相信多数人都能获得相同的认识：针对品牌建设而言，虽然原型是已经“内存”在我们每个人身上的历史遗传，但激活它并不那么容易。如果没有正确的刺激方法，它就有可能永远沉睡，难以为我们的品牌建设服务。

具体来说，每个原型都有其特定的激活方式，这个特定方式就是需要挖掘独特的文化密码，去打造相应的原型意象。这里的文化密码和霍尔特所说的文化密码完全相同，其挖掘的方法也几乎一样。如果找到了正确的文化密码，打造出贴切的原型意象，就能唤醒原型；如果仅仅懂得原型的特征，不能运用正确的文化密码去打造与之相应的原型意象，那么原型蕴含的强大动能就无法被激活。

与霍尔特挖掘文化密码的过程极度复杂相反，马克运用文化密码去打造原型意象的方法太过简单了，即使是在分析所谓的典型案例时，她也只是粗略描述一下原型的基本特征，没有运用蕴藏在社会、历史、人文中的文化密码为我们示范原型的激活方法和过程。在这种情况下，她的学习者很难真正掌握打造原型意象的能力，也难以激活沉睡的原型，这应该是品牌12原型理论最大的缺点和遗憾。

当然，马克的12原型还有一个缺点就是数量太少，无法包含和表现大千世界的真实情况。至于网上有人说12原型还具有巴纳姆效应这个缺点，那是因为他们不懂原型和集体无意识真正的原理，而误将马克的12原型与星座、生肖等同了的缘故。实际上，原型是基于全人类共同的精神遗传，是我们每个人本身具有的“预装系统”，而涉及星座和生肖的巴纳姆效应更多是包含心理学和统计学的一种“算命”方法。

（三）独门心法：原型混血，威力升级

在吸收和融汇了两位大师的思想精髓后，我对文化战略和品牌12原型理论进行了重组和创新。大致来说，重组主要针对流程进行，创新主要针对内容进行。升级后的操作流程由三个阶段组成：“挖掘品牌原型→破解原型密码→打造原型意象”。

1. 挖掘品牌原型阶段：分拆重组

在介绍文化战略和品牌12原型理论的时候，我把霍尔特的“找到社会观念冲突”的方法称为冲突法，而把马克“满足原型未被满足的渴望”称为反射法。如果硬要用“挖掘品牌原型→破解原型密码→打造原型意象”三阶段来划分，那么霍尔特的冲突法处在挖掘品牌原型阶段，而马克的反射法则处在破解原型密码阶段。

通过冲突法找到的原力，蕴藏在社会变迁、观念冲突的时代性机遇之中，往往是一个霍尔特所说的“意识形态爆发点”，潜能巨大、威力惊人，只是这样的时代性机遇不可能经常有，难以满足数量庞大的品牌的需求。其实这也可以解释为什么以文化派的方式打造的品牌，拿出来的都超级成功，数量却很少了。

荣格认为，原型可以是人、事、物，也可以是一个故事、一个形象、一个过程，可以是一种精神、一种观念，人生中有多少典型情境，就有多少原型。从这个角度说，通过原型来打造品牌的机会数不胜数，与冲突法形成很大反差，因此很适合与它优势互补，用它来弥补冲突法“冲突机会太少”的问题。因此，在我整合的品牌原力理论中，我特别把在品牌12原型理论中应该属于“破解原型密码阶段”的反射法前移，放到“挖掘品牌原型阶段”中来，与冲突法一道，作为“挖掘品牌原型”的两大方法，从而解决冲突法“冲突机会太少”的问题。

2. 破解原型密码阶段：原型混血，威力升级

到了破解原型密码阶段，由于文化战略理论在这个阶段的方法和流程都不是很清晰，而在品牌12原型理论中原本属于破解原型密码的反射法又被我前移到“挖掘品牌原型阶段”，因此品牌原力理论的“破解原型密码阶段”就找不到现成的方法了，必须新创一个方法来填补这个空缺。

在不断的摸索和思考中，我独创了一种破解原型密码的方法：混血原型法。简单说来，就是把通过冲突法和反射法找的原型都归类为“渴望原型”，以渴望原型或品牌的目标消费者为参照，找出它背后的“身份原型”，然后把渴望原型和身份原型的特征融合起来，也就是我所说的“混血”。其中，渴望原型负责原力的强度，身份原型负责原力的精度。

通过混血原型，可以流程化、标准化地对原型进行解码，从而让我们稳定、可预期地激活蕴藏在原型身上的品牌动能。这不但可以实现解码的流程化、标准化，还可以使原力威力倍增，从而实现对霍尔特和马克两位大师理论的真正升级。

3. 扩充原型，避免作茧自缚

从我对马克12原型的优缺点分析，相信你已经看出来了，仅仅12个原型是难以包容大千世界的。荣格说，人生中有多少典型情境，就有多少原型。因此在品牌原力理论中，除了把马克的12原型作为重点，我还加入了帮助你挖掘其他原型的方法和途径。

比如，你可以通过社会生活获取原型，比较常见的有角色原型、职业原型和观念原型等；也可以通过中国的古代经典来获取原型，比如在一部《水浒传》中，你就能找到很多不错的原型，而一部《周易》，64卦自然就是64个原型；你还可以通过精卫填海、嫦娥奔月、夸父追日、女娲补天这些神话故事来获取原型。具体方法我将在下一章“原型从哪里来”中详细介绍。

在完成取了一个名、认了一门亲、升了一次级的工作后，品牌原力理论就具备一个实战理论的雏形了。在此，我要再次强调：我之所以整合两位大师的理论，主要是为了方便品牌建设的落地和实战，并不是要抢大师们的功劳，去标榜自己理论系统，所以才如此大费周章，用很大的篇幅来介绍品牌原力的理论源流。如果不能解决文化战略理论执行难、品牌12原型理论解码

肤浅的问题，不能在融合两位大师理论之后实现威力升级，那直接用两位大师的方法去搞品牌就可以了，完全没有必要多此一举。

实战擂台

1. 能找出一个你能看到的新旧社会观念冲突的机会吗？分析一下它是什么原因引起的。

2. 你相信动人的影视作品都有固定的套路吗？你能把最让你感动的作品的套路找出来吗？

3. 你能为品牌原力理论写一句广告词吗？

（欢迎到微信公众号“两栖派品牌实战研究院”与我切磋）

第七章　品牌原型从哪里来

品牌原力从哪里来？通过前面的介绍你已经知道，它是从原型中来的，但是原型又是从哪里来的呢？除了马克介绍的12个原型，还有其他渠道可以获得原型吗？这是本章要回答的问题。对此，我为原力理论系统设计了三个原型的来源：第一个肯定就是可以直接对号入座的马克12原型了；第二个是通过霍尔特的冲突法去发现亚文化机遇，实际上，每个亚文化都是一个原型；第三个比较特殊，需要我们从社会生活、古代典籍、神话故事中去寻找。

第一节　力量最大：通过冲突法获取亚文化原型

荣格说："人生中有多少典型情境，就有多少原型。"在他看来，原型是无处不在的，"它代表的是某种类型的知觉和行为，它具有和所有地方、所有人都相似的行为方式"。荣格眼里的原型，基本上是霍尔特对亚文化的另一个形式的表述，霍尔特认为："所谓亚文化，指的是围绕着某种社会观念聚合在一起的群体或地方，而这种社会观念与该领域的文化正统是对立的。"

从上面两位大师对原型和亚文化的说明中我们可以看出，原型无处不在，它的范围更广，而亚文化其实是原型的一种特殊类型。如果以马克12原型的观点来看，亚文化是那种爆发力很强的原型，因为它反应的往往是未被其他原型满足的渴望。在《文化战略》一书中，霍尔特告诉我们："文化战略创新所需要的社会观念、神话和文化密码，常常潜伏于亚文化和社会运动之中。”他还提醒，为了简化叙述，特别将社会运动也视为亚文化。由此，我们可以清晰地看到，亚文化就是“霍尔特版”原型的来源。

霍尔特的伟大之处，就是不断地提醒我们要关注主流文化与亚文化之间的社会冲突，只有在冲突中产生的亚文化，才是最有爆发力的亚文化，也才是最有爆发力的原型。事实上，霍尔特非常依赖通过亚文化来寻找他一直强调的“社会观念冲突机遇”。他认为，用亚文化来表达品牌密码具有很高的可信度，亚文化能向消费者证实品牌传递的社会观念是真实存在的，因为这个观念本身就是亚文化的参与者。

所以我们才看到，他书中列出的十大案例，无一不是从亚文化中获得原力的。比如耐克，来自早期美国的慢跑亚文化；星巴克有点类似现在中国人喜欢吃农家菜，来自工业时代的崇尚“手工制作”亚文化；万宝路，则来自在“闲惯了”的都市人群中复古“体力劳动”的亚文化……

随着社会的变迁，主流文化和亚文化是一个动态和相对的概念。比如，中国刚改革开放的时候，一些走出国门的人看到了外面的世界，虽然国内的主流文化还是保守的，但是“崇洋媚外”已经是亚文化了，在中国，利用这个亚文化发财的品牌，真是不胜枚举。但随着改革开放的扩大，慢慢地，崇洋媚外已经变成主流文化，而现在喜欢国货却成了亚文化。你看看，这两年火起来的完美日记、速冲咖啡品牌三顿半、雪糕品牌钟薛高……无一不是这波亚文化的受益者。

亚文化既然这么有价值，那从什么地方才可以找到它呢？说到文化，总有人觉得这是虚无缥缈的东西，对不熟悉的亚文化更是如此。其实不然，这里我就教你一个简单的方法，轻轻松松就能找出你身边的亚文化：

如果你经常被人看不惯，经常被人觉得是怪人，那么你代表的圈子本身就是亚文化；而如果你是“正派”人士，那么每一个你看不惯的行为背后，都是一个亚文化的群体。亚文化无处不在，只不过有些是正面的，有些是负面的而已。我们搞品牌，必须挖掘正面的亚文化，避免负面的亚文化。

还是举个例子来说明一下主流文化和亚文化之间的动态和辩证关系，在中国从贫穷走向富裕的过程中（社会变迁），享乐文化正在逐步蚕食苦干文化（社会观念冲突），以鹿晗、黄子韬、吴亦凡为代表的“爱豆文化”就是享乐文化中很大的一支（亚文化），利用这个亚文化风潮，无论是娱乐界还是商界，大发其财的肯定不少。但随着“爱豆文化”要求男偶像精致、中性化的审美逐渐成为主流，加之这个文化影响面积太大，在一片阴盛阳衰的“繁荣”中，吴京代表的“硬汉文化”又成了备受追捧的亚文化。这几年，吴京在英雄原型方面的成就，非常值得搞品牌的人去好好研究。

第二节　操作最易：直接采用马克12原型

12原型是马克理论中的核心部分，马克和皮尔森为我们列出的12原型具备极高的对号入座价值，对我们快速理解和运用荣格的原型理论有很大帮助。并且，这是营销界第一次将原型与品牌研究高度结合，抓住了原型与品牌的契合点，是不可多得的将原型用于品牌建设的实战宝典。

一、动机与原型

马克的品牌12原型理论同时吸收了心理学领域“动机理论”和荣格原型理论的精华。在动机理论方面，我想你最熟悉的应该就是亚伯拉罕·马斯洛了。马克的品牌12原型理论中关于动机分析部分就主要来自著名的马斯洛需求层次理论。

动机和原型在马克的理论系统中承担不同的功能，动机理论从宏观上让你对原型有方向性的理解，而原型则从微观入手让你能把握每个具体原型的细微特征。下面，我们先来了解马克在原型理论中融入动机理论的意义。

（一）分类

根据定位理论的心智规律，人们很难记住超过三个或者七个的东西，因此有“三法则”或者“七法则”之说，原型理论一下子就来12个原型，这会让很多人看半天还晕乎乎的，因此对它进行分类非常必要。在综合了马斯洛、爱利克·艾瑞克森等动机理论专家成果的基础上，根据品牌原型的需要，马克和皮尔森把影响人类的心理动机分成了四大类，分别为独立、征服、归属、稳定，并将12原型分别归入这四大类别，让我们能清晰地了解原型的方向性特征。

◇ 独立类人格3个：纯真者、探险家、智者

◇ 征服类人格3个：英雄、叛逆者、魔法师

◇ 归属类人格3个：凡人、情人、搞笑鬼

◇ 稳定类人格3个：照顾者、创造者、统治者

（二）共鸣

皮尔森认为，人类的四大动机是冲突的，比如，我们大多数人都很想被人喜欢，很想归属于某个团体，但同时又很希望独立，很希望走自己的路。这两种欲求都是深层的人性动机，但将我们往相反的方向拉扯。皮尔森用一横一纵两根轴来表示这些动机的冲突，它们的冲突分组分别是归属（人际）与独立（自我实现）、稳定（控制）与征服（冒险），如图所示：

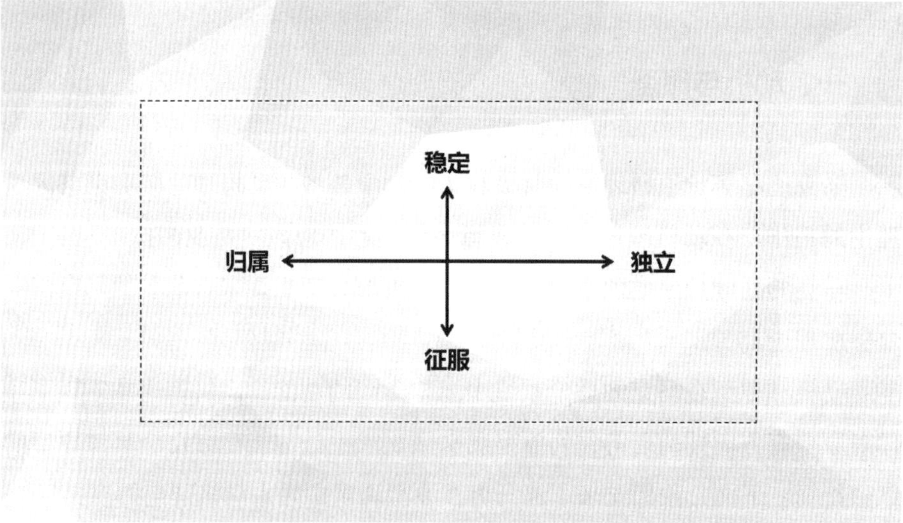

1. 归属（人际）与独立（自我实现）

归属动机（凡人、情人、搞笑鬼）：归属的渴望让我们想取悦他人、服从他人。

独立动机（纯真者、探险家、智者）：独立的渴望促使我们独处，并做出可能不被人理解的行为。

2. 稳定（控制）与征服（冒险）

稳定动机（照顾者、创造者、统治者）：大部分人都很需要安全和稳定。

征服动机（英雄、叛逆者、魔法师）：受到企图心和征服欲的驱使而冒险。

利用这两组具有冲突的动机，你很容易在自己身上找到感觉，同时也很容易让你的同事、客户找到感觉，因为这是每个人都现实存在的心理。生命要求我们在这些极端之间不断取得平衡，当我们为了一端的渴望而牺牲了另一端时，我们的心理便会有寻求平衡的倾向。

现在很多人都在讨论中年危机，追求平衡的心理其实也是中年危机的原因之一，因为中年人的平衡被生活压力打破了，在追寻的过程中，他们渴望得到发泄，危机心理由此产生。如果让霍尔特来看，他会觉得这是一次非常好的“社会观念冲突机遇”。

通过这个分类，大家很容易对原型形成共鸣，对统一方向和统一认识都有很大的好处。用皮尔森的话来说：“很自然地就能够理解这个分类的意义和重要性，因为他们已经在自己的生命中体验过这些冲突了。”

（三）桥梁

我在“品牌边界透视”部分已经介绍过，在中国营销界，一直都有针对定位理论的批评，其中反对派的旗手是金错刀，他以《互联网时代最大一棵毒草就是定位》那篇文章将这种批评推向了高潮。金错刀反对定位的最大理由，就是认为定位只喜欢给消费者洗脑，而不重视产品。

马克的品牌12原型理论则可以很好地弥补定位的这个缺陷，在马克看来，通过提供一种无形的意义经验，原型成了商品和顾客动机之间的桥梁。弄懂了原型的基本原理后，你会发现，原型事实上就是卖点派和定位派之间的桥梁，卖点派看重产品，定位派看重认知，原型可以把产品和认知联系起来，从而潜移默化地影响消费者选择。下面，我们就来看看它们之间方向性的关联：

原型与动机				
动机	稳定与控制	归属与享受	冒险与征服	独立与实现
原型	创造者	搞笑鬼	英雄	纯真者
	照顾者	凡人	叛逆者	探险家
	统治者	情人	魔法师	智者
消费者的恐惧	财务危机、病痛、失控	被流放、被遗弃、被吞没	无用、无能、无助、无力	被陷害、被出卖、空虚
有利于	获得安全感	得到爱、获得归属感	获得成功	找到幸福

二、12原型分析

马克和皮尔森对原型的研究细致深入，他们打磨出原型的三个层次，最高层次尤其值得我们重视，这是你获得差异化竞争的重要方法，由于缺乏系统方法，我想那些碰运气的原型（比如形象派），大多都只理解到了第一个层次。当然，反射法才是皮尔森原型的精髓，虽然我在其他章节已经有重点介绍，但是你在理解具体原型的时候，如果能时时关注每个原型未被满足的渴望，相信你对原型的实战能力一定会比其他人技高一筹。不过，在将12原型用于品牌打造的时候，有个在《很久很久以前》一书中没有被说明却需要特别注意的地方：

按照皮尔森的观点，每个人心中都藏有多个原型，在不同的人生阶段、不同的生活环境就会触发不同原型，或者说会表现出不同的原型特征。换句话说，任何一个人，他有可能被A原型打动，也有可能被B原型打动。因此，这12个原型并不是要将全球70亿人分为12个种类，而是存在交叉覆盖、相互关联的可能。从这个角度看，任何一个原型在理论上都存在覆盖所有人的可能，这就对我们设计原型的触发机制和触发密码提出了很高要求。

（一）具有独立动机的原型：纯真者、探险家、智者

从物质层面来看，如今我们享受着前所未有的物质财富，然而许多人仍然找不到幸福。就如何追求个人命运而言，我们的选择很多，能帮助我们找到正确道路的路标却几乎一个也没有。

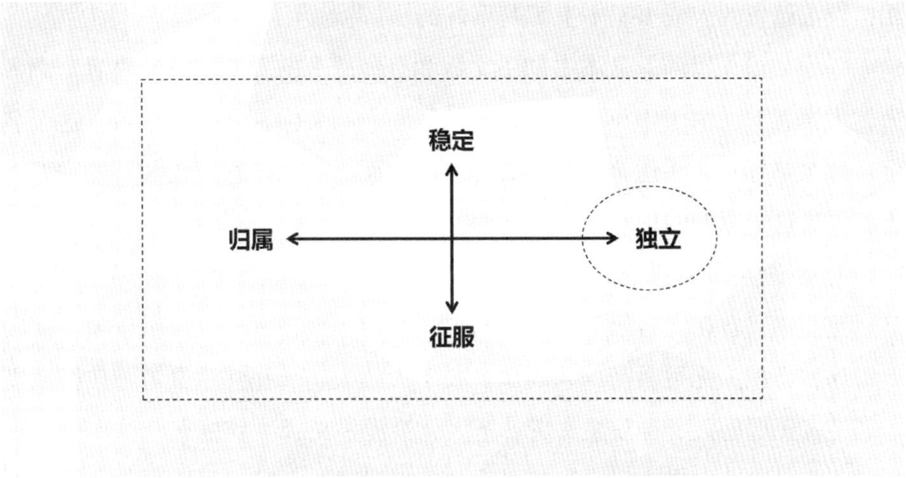

这里要介绍的三个主要原型便为这项渴望的满足提供了不同的策略。天真者在当下追寻圆满，探险家享受“人在旅途”的追寻过程，而智者则告诉我们幸福是教育的结果。生活在如此自由和富庶的世界，一个人需要具备高层次的意识状态和与之相应的选择能力。这三个原型全都强调自我更胜于他人，也强调独立更胜于归属。

纯真者（Innocent）
自在做自己

纯真者相信生命、自己和他人，它代表信念和希望，甚至对显然不可能的事物也极具信心。它使我们心中保有期待和希望，也使我们能够信赖他人，并向他人学习，所以它的内涵是我们学会生存和工作的基本要件。

每个人都是由天真无邪的婴儿开始的。最早，我们在母亲的子宫内被完全地保护着。出生后，如果幸运地得到父母的爱护照顾，在一个相信人类与生俱来的潜能并且被鼓励发展个人独特天赋的环境中长大，我们就能得到足够的安全和保护来发展自我，一直到我们能照顾自己为止。

纯真者相信一切权威，无论权威是否以纯真者的利益为考虑。我们内在的纯真者，甚至会信任那些不值得信任的人，相信父母所说的有关我们的一切，比方说丑陋、顽皮、自私、不合群、愚笨或懒惰；会把成绩不好归结为自己不够聪明；也会内化种族偏见、性别歧视、同性恐惧或阶级意识，并且相信别人谴责的人或事基本上都是不好的。

《很久很久以前》这本书的中文版和有些网上的文章把“纯真者”翻译为“天真者”。由于中英文语义差异的问题，如果你喜欢“天真者”这个名字，那么请你只关注这个名字“无邪”的一面，而忽略它“无知”的一面，否则你对这个原型的理解就会出现偏差。

1. 纯真者原型素描

座右铭：自在做自己

原型素描：无可救药的乐观派、长不大的人、乌托邦主义者、传统主义者、纯真无邪的人、神秘主义者、圣人、浪漫主义者、梦想家

代表品牌：农夫山泉、可口可乐、麦当劳、迪士尼、象牙香皂

商界大佬对号入座：微信·张小龙

2. 纯真者原型透视

渴望：体验天堂

目标：得到幸福

恐惧：做错事或做坏事而招致惩罚

策略：堂堂正正做人

天赋：有自信、很乐观

3. 纯真者原型的内涵层次

内心的召唤：对纯洁、善良与朴实的渴求

层次一：赤子的单纯、无邪、依赖、服从、信任他人、理想化

层次二：更新、正向思考、再造、净化、重回应许之地

层次三：近乎神秘主义式体验感、存在（being）而非造作（doing）

人格阴影：否认、压抑

4. 纯真者原型品牌的塑造要点

闪耀英国近代诗坛的著名诗人W.H. 奥登曾经把世界上的人分成两种，一种是乌托邦信徒，他们活在未来的美好世界中；另一种是伊甸园信徒，他们相信这个世界曾经完美过。这两种人的特点都是纯真者具有的。显然，纯真者原型适合用来打造那些与善良、道德、纯朴、怀旧或童年有关的品牌，或者在功能上和干净、健康、美德有关的品牌。不过，用纯真者原型来代言

的品牌价格不宜太高，中低价位是最好的。

在今天，大家都过得很累，现代生活的忙碌步调、英雄的努力奋斗、探险家的蠢蠢欲动……让我们几乎得不到片刻的安宁，因此纯真者原型格外吸引人。这个原型的承诺是：生命无须过得很辛苦，只要遵循一些简单的原则，你就可以随心所欲地自在做自己。

当纯真者原型活跃在一个人内心时，这个人就会被确定性、正面乐观的想法、简单怀旧的意象，以及对救赎的期盼吸引。纯真者建议我们：离开快车道，放松一下就可以真正地享受人生。这意味着，光是放慢步调或许就能够让我们觉得自己更有灵性，所以，和探险家的广告比较起来，纯真者的广告节奏必须更慢，风格必须更和缓。比方说，你可以想想印象派的画、大自然的声音、温柔的情感和意象等等。

当纯真者原型被引用时，即使是以成年人为对象的广告，也常常会加入一些很孩子气的东西。另外，纯真者时时都在想要回归自然，因此，对环保类广告而言，强调纯真者原型是很自然的。如果你觉得不太好把握纯真者的个性，只要把你的广告风格往世外桃源、童真、可爱猫咪、怀旧的方向靠，十有八九都不会错。

探险家（Explorer）
世界那么大，我想去看看

人们渴望追求自己不了解的东西，总觉得心灵空虚、人际疏离、对时局感到不安，但又不知道到底失落了什么，只觉得在渴望一些难以言说的东西。我们寻寻觅觅，攀登不同的生命高峰，探求新的视野，寻找智慧，越过边际探索前人未曾探索过的领域，完成前人未能完成的梦想。

我们内在的渴求总是要回应灵魂的呼唤，无论这个召唤来自天涯还是海角，无论召唤的是财富地位还是政治自由，也无论这个召唤让我们趋于无欲无求还是想得到更多，这一点没有人能够避免。

纯真者希望能够活在天堂，探险家则主动向外追寻一个更好的世界。探险家所经历的旅程是内在的，同时也是外在的；他们的探险动力来自深切渴望在外在世界找到与他们的内在需求、偏好和期待相应的东西。

1. 探险家原型素描

座右铭：世界那么大，我想去看看

原型素描：追寻者、冒险家、标新立异者、流浪者、个人主义者、朝圣者、反叛者

代表品牌：星巴克、Jeep、索尼随身听、李维斯Levi's、CCTV-9纪录频道

商界大佬对号入座：万科·王石

2. 探险家原型透视

渴望：通过自由地探索世界来找到自己

目标：体验更美好、更真实、更令人满足的生活

恐惧：受困、服从、内在空虚、虚无

策略：旅行、追寻和体验新事物、逃离枷锁与无聊

陷阱：漫无目的地流浪、与社会格格不入

天赋：自主、企图心强、能忠于自己的灵魂

3. 探险家原型的内涵层次

内心的召唤：孤立、不满、浮躁、渴求、乏味

层次一：展开新的旅程、走入大自然、探索世界

层次二：找寻自我、个体化、实现自我

层次三：表现自己和自我的独特性

人格阴影：因为太过孤立而无法适应社会

4. 探险家原型品牌的塑造要点

一个产品或服务如果成功整合了探险家原型，它便会在探险家的旅程中充当某种有用的道具，而这也是它建立品牌忠诚度的方式。如果你的产品坚固耐用，适合在大自然、险恶环境或者危险的岗位上使用，那么就适合采用探险家原型。

探险家原型表现的是这种简单的渴望：踏上旅程，进入大自然那生机勃勃、广阔无垠的原野中体验发现的乐趣。因此，某些产品往往很自然地就成为探险家旅途上的道具，比如汽车、帐篷、户外装备等。这类广告的创意一般是这样的：广阔的原野、一望无际的长路、各种风貌的大自然，以及浩瀚的星空。

当然，探险家们通常喜欢个人运动，比如说划船、滑雪、骑自行车、长跑等，只要是能够让他们走入大自然，有时间让头脑休息一下的活动都可以。如果你的产品可以帮助消费者放松自我、找回自我，那就是合适的探险家品牌。

探险家太喜欢旅游了，因此可以说，任何进口产品都可能有那么一点探险家品牌的魅力，尤其当它来自比较原始或者异国情调浓厚的国家时更是如此。如果你的品牌是本国产品，怎么办呢？那你最好去表现都市人群不容易领略到的少数民族风情。

探险家的产品最好能给人自由的感受，最好能与众不同，或者在某方面具有开创性。因为，当探险家原型活跃在消费者心中时，其使命就是要探索世界，并且在这个过程中寻找自我、认识自我、体悟自我。

智者（Sage）

知识就是力量

统治者原型和魔法师原型都想操纵现实世界，将负面消极的环境改变为正面积极的环境。然而，智者原型很少或一点也不想去操纵或改变现实世界，他只想了解世界，智者原型的使命就是找到与自己、与世界、与宇宙有关的真理。完全发展的智者原型不仅追寻知识，还要求得到智慧，就如同这句格言所说的："追求真理的人，真理会让他得到自由。"

也许生活中最自由自在的时刻，就是寻找到真理的时刻，它照亮了我们的生命、解开了困惑、澄澈了心灵，使我们知道该做什么事。就好像酗酒者酒瘾再犯时，便知道自己该寻求帮助，往往这些深刻的领悟能让我们观照到自己的自负与夸大。智者原型帮助我们放下对自我的执着，活出更真实的内在。

1. 智者原型素描

座右铭：知识就是力量

原型素描：专家、学者、侦探、预言家、评估者、顾问、哲学家、研究员、思想家、策划人、专业人员、老师、冥想家

代表品牌：得到、知乎、豆瓣、麦肯锡、奥美、叶茂中

商界大佬对号入座：得到·罗振宇

2. 智者原型透视

渴望：发现真理

目标：运用智能和分析来了解世界

恐惧：被骗、被误导、无知

策略：寻求资讯与知识、培养自我观照的能力、了解思考的过程

陷阱：动手能力太差、书生造反，十年不成

天赋：智慧与聪明

3. 智者原型的内涵层次

内心的召唤：迷惑、怀疑、想发现真理的深切渴望

层次一：寻找绝对真理、对客观规律的渴望、寻求专家的看法

层次二：怀疑主义、批判和创新的思考、成为专家

层次三：智慧、信心、精通

人格阴影：教条主义、象牙塔、与现实脱节

4. 智者原型品牌的塑造要点

当智者原型活跃在消费者生命中时，消费者就会对学习产生高度兴趣。所以，如果你的产品鼓励顾客思考，就适合采用智者原型。对智者而言，购物是一种理性行为，他们希望你直接告诉他产品或服务的品质和成本，他们只希望根据这些资讯自己做决定。智者型的消费者喜欢那种寻找品牌相关资讯的研究过程，所以智者的品牌最好能为顾客充分提供和技术有关的信息。

智者原型对那些崇尚科技的产品而言是绝佳的品牌定位，当然，最好你的产品的确有技术上的优势。事实上，任何能够帮助消费者变得更聪明的品牌，都可以名正言顺地作为智者故事中的工具，通常这样的公司会强调自己的技术实力，比如宝洁公司就强调它在全世界拥有超过25 000个专利。

要吸引智者，可信度的建立非常重要，除此之外，千万不要对智者颐指气使，也不要对他们强迫推销。智者们希望自己是有能力的、聪明的、能掌控交易的。与其让他们觉得困惑、无能或受到胁迫，倒不如在这个过程中让他们觉得自己是个专家，那么，他们就有可能买你的产品。

智者的品牌往往喜欢用黑色，因为这个颜色在原型的层次上和智慧有关。不过，比较典型的智者营销在手法上往往比较高尚、含蓄，并带着点

精英色彩。关于这一点，你可以想想罗振宇的“得到”App是如何自我推销的，即使对传统品牌而言，神秘气氛也可以为智者品牌增加吸引力。

当然，对智者型消费者来说，最有说服力的方式就是让专家来推荐你的品牌，这时你的产品最好有可靠的信任状。不过，对中国市场而言，这种方法已经被那些专门盯着老年人的电视购物“玩坏”了。

（二）具有征服动机的原型：英雄、叛逆者、魔法师

我们很少会把英雄、叛逆者和魔法师相提并论，但他们其实是系出同源的重要原型。在那些经典的电影与文学作品中，具有这类原型的人多半是天不怕、地不怕的狠角色。他们不但了解自己所掌握的特殊能力，还会为了改变现状而以身涉险。

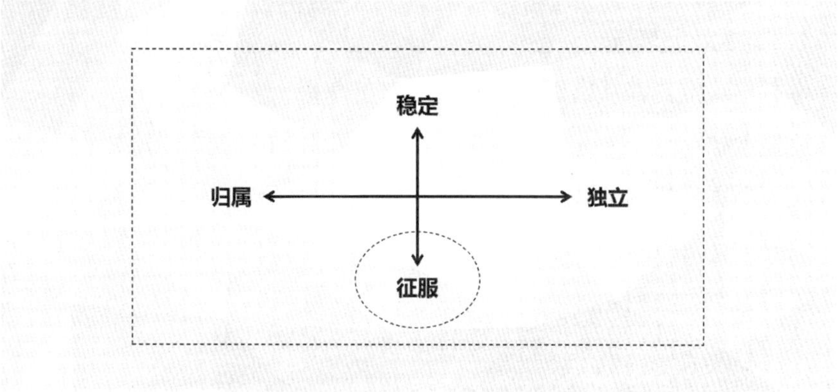

英雄、叛逆者和魔法师是能力的原型，他们都很注重对顾客的态度与行为，出发点往往并不是为了一己私利，而是为了改变世界。因此，这些原型便成了那些在某个地方、某个时代有深远影响的品牌认同的对象。

英雄（Hero）

宝剑锋从磨砺出，梅花香自苦寒来

一说到英雄，大多数人会把他想象成战士，一个逃离环境的羁绊，开始追寻生命宝藏的人。在此过程中，他必定会遭遇困难险阻，但他会战胜困难。这类人有过人的勇气、崇高的理想和冒险的精神；他们保家卫国、保护弱者、捍卫荣誉以免受到侵犯。

每一个人内心都有英雄原型，它会在必要的时候召唤我们奋勇作战、团结一致抵抗侵略，以达成目标。英雄依自己的原则和目标而活，为自己的价值标准而奋斗，而不管经济或社会的客观条件是否值得。竞争意味着尽最大的能力来争取胜利，不仅求赢，也求公平。

英雄原型的作战理由是为了主张生活的权利，借以建立属于自己的地盘，并使世界更美好。在实际生活中，它是指当个人觉得对生活（包括对个人或社会）不满时，便以强力或劝诱的方式来达成改变。也就是坚持立场，不因威逼利诱而改变心意，而且能使事情照着自己的想法来完成。

高层次的英雄原型，其武器包括谈判技巧、机智反应、法律知识、语言能力和组织能力。高层次的英雄可以将原始的掠夺特质转化为世人可以接受的方式来表现。

1. 英雄原型素描

座右铭：宝剑锋从磨砺出，梅花香自苦寒来

原型素描：战士、斗士、救星、军人、获胜的运动员、屠龙手、竞争者

代表品牌：华为、联邦快递、万宝路、褚橙

商界大佬对号入座：华为·任正非

2. 英雄原型透视

渴望：靠勇敢、艰难的行动来证明自己的价值

目标：凭一己之力改造世界

恐惧：软弱、脆弱、任人宰割

策略：伺机变得强壮、干练、有力

陷阱：傲慢、没有敌人就活不下去

天赋：才干与勇气

3. 英雄原型的内涵层次

内心的召唤：恶霸欺负人，或是有人想要威吓你或侮辱你；遇到挑战、有人需要你帮忙抵御外侮

层次一：培养势力范围、才能与主宰的本事，并靠外在的成就来体现，同时透过竞争来激励或测试

层次二：像军人一样，为国家、组织、社群或家庭坚守岗位

层次三：运用本身的力量、才能与勇气做一件对自己和世界有意义的事

人格阴影：非赢不可的念头

4. 英雄原型品牌的塑造要点

在这个越来越追求精神满足的时代，英雄的勇气和毅力也可以当成商品来卖。比如，环保上的创新最适合以英雄原型来表现，因为高层次的英雄原型就是以拯救地球为使命的。因此，像新能源汽车、自动驾驶一类因创新而对世界有重要影响的产品，就非常适合选择英雄原型。

探险家和英雄的原型都必须四处奔波，但英雄的重点在于证明自己，而不是寻找自己，所以它的产品都是以耐用和弹性为卖点。坐骑是英雄很重要的道具，除了探险家以外，英雄原型最应该被用在汽车品牌中。遗憾的是，中国的汽车品牌大多热衷去表现它的消费者高贵、奢华的统治者一面。

当英雄原型表现在个人身上时，他们可能会以积极的心态面对挑战，但也可能只是因为路见不平，或者遇到偶然性问题而阴差阳错地被迫成为英雄。英雄对自己的修为、专注力与快刀斩乱麻的本事很有把握，他们天生就是要来保护弱者的。所以如果你的产品能帮助大家超越极限，或者你正在解决重大的社会问题，都可以采用英雄原型。

与英雄有关的原型密码包括：需要技巧和敏捷的身手才能通过的自然地形、完成工作所需要用到的机器设备，还有马匹、车辆、飞机、人员或任何可以快速移动的东西，以及任何强大有力的东西，比如强烈的色彩、明快的形状与线条等。

叛逆者（Outlaw）

规则就是用来打破的

有人常用疯狂购买、大吃大喝、成日追剧、抽烟酗酒甚至其他极端的方式来麻痹自己，不肯清醒面对生命，但是早晚他会因为内心的失落、恐惧、痛苦而开始探索生命自我。他以为是自己主动开始探索生命的意义，却不知道这其实是自己在叛逆者原型的驱使下而做出的选择。

科学家认为，像“熵”这样的破坏力量是一种持续增加的混乱和失序，它是宇宙间的一种自然律，人们把规律秩序强加在一个没有秩序的地方，叛

逆力量就是为反抗这个秩序而生的力量。许多宗教中都有这种类似的说法，它们认为崇高的神是创造者，也是叛逆者。每个时代的青少年都会对叛逆者的商品趋之若鹜，比如以前流行刺青，现在则是靠把头发染成彩色或穿鼻、穿耳来满足这方面的需求。

探险家基于孤独而追寻自我，叛逆者则是因为无助而追求权力的体验，即使最后只能威吓或激怒其他人也好。大部分年轻人都觉得自己对文化有种疏离感，这是因为他们的成长任务就是追寻自我，假如这种疏离感不严重，他们就会认同探险家，否则他们就会认同叛逆者。在日常生活的层次上，勤奋、负责的人也可能会受到叛逆者原型的品牌吸引，他们并不是要破坏什么东西或是威吓什么人，而是要靠它来纾解压力。

1. 叛逆者原型素描

座右铭：规则就是用来打破的

原型素描：革命分子、恶棍、狂人、敌人、主张破除传统的人、偶像

代表品牌：苹果、哈雷摩托、MTV音乐频道、Bilibili视频

商界大佬对号入座：阿里·马云

2. 叛逆者原型透视

渴望：复仇或革命

目标：摧毁（对自己或社会）没有用的东西

恐惧：软弱无能、平凡无奇

策略：颠覆、摧毁或撼动

陷阱：投靠黑社会、以身试法

天赋：嫉恶如仇、极端自由

3. 叛逆者原型的内涵层次

内心的召唤：无力感、愤怒、虐待、折磨

层次一：自认是局外人、不接受团体或社会的价值观、藐视传统的行为与道德

层次二：做出惊世骇俗或是具有破坏性的行为

层次三：成为叛逆分子或革命分子

人格阴影：犯罪或恶行

4. 叛逆者原型品牌的塑造要点

只要想想和叛逆者有关的小说和电影有多成功，就可以知道这种原型对当今社会的影响力有多大。探险家虽然也游走在社会的边缘，但他们只是想得到自由。相比之下，叛逆者的本意则是要破坏现状、撼动人心、鼓动革命、破旧立新，或者只是想享受一下“使坏”的快感。这两种原型都会觉得自己被孤立，但探险家对这种疏离的感觉是悲哀与孤独，叛逆者则会觉得愤怒与激动，或是对社会深感失望。

大家都知道所谓“禁品”对年轻人具有叛逆者般的吸引力，香烟就是例子。因此，如果产品的目标消费者是那些不能融入社会，或是所持的价值观与社会的整体价值观大相径庭的人，那就适合采用叛逆者原型。以这个标准来看，那些具有颠覆性功能的产品、倡导革命性观念的产品都是叛逆者原型。

叛逆者原型所采用的形象可以呈现晦暗阴沉的特质，而且多以十分强烈的色彩为主。此外，这种原型也喜欢让人震撼的东西，从无伤大雅的小玩笑，到真正的骚扰都包括在内。

如果要向叛逆者推销，首先必须知道，认同这种原型的人其实大部分是非常尽忠职守的好人。事实上，由于哈雷摩托十分昂贵，所以买的人多半是医生、律师和高级经理人，这也表示叛逆者原型是有市场的，只是千万不能做得太过火。

魔法师（Magician）
见证奇迹的时刻到了

统治者原型的力量能创造和维持富强康乐、和谐安宁的领土；魔法师原型的力量，则是那种借着改变意识层面来改变现实的力量。统治者原型肩负个人在现实生活中兴衰的责任，它的一切状态都反映在精神层次，并影响它。不过，统治者原型无法治疗自己的创痛，所以如果没有能疗伤止痛的魔法师原型，个人或者环境便不会有所改变和超越。

刘谦在春晚的爆红说明了人们对于魔法师的幻想，只要是能造就“神奇时刻”的东西，都可以算是魔法师的品牌。例如，三顿半咖啡的“3秒速溶”、餐馆特意添加干冰造烟雾的某些菜式……只要产品起源于异国或远古，或是牵涉到某些特殊的仪式，像是焚香礼拜，或是摇晃红酒以品闻香气，魔法师的精神就很容易发挥作用。

当魔法师原型体现在个人身上时，这些人就会成为改革的催生者，这种人对意识的运作方式多半也有很深的了解，所以很懂得该怎么影响别人。因此，不管是有魅力的政治人物、企业领袖，还是整个营销界，魔法师原型的色彩都很浓厚，他们都试图通过人的意识来影响行为。

1. 魔法师原型素描

座右铭：见证奇迹的时刻到了

原型素描：梦想家、催生者、创新者、有魅力的领袖、调解人、法师、治疗师或巫医

代表品牌：抖音、脉动、万事达、香奈儿五号香水系列

商界大佬对号入座：抖音·张一鸣

2. 魔法师原型透视

渴望：希望能够了解世界或宇宙运行的基本原理

目标：让梦想成真

恐惧：无法预知的负面结果

策略：提出远景并加以实现

陷阱：产生主宰的心理

天赋：发现双赢的结果

3. 魔法师原型的内涵层次

内心的召唤：直觉、超能力、第六感

层次一：神奇时刻与传奇体验

层次二：心想事成的体验

层次三：奇迹、化梦想为现实

人格阴影：操纵、巫术

4. 魔法师原型品牌的塑造要点

魔术就是让梦想成真的技术，因此，只要是能制造“神奇时刻”的东西，都可以算是魔法师的品牌。比如溅起的水花、升腾的烟雾、喷射的泡沫

等，魔法师的品牌还包括化妆品、药品和保健品，以及运动健身类产品。

因此，各种不同的饮料都可以当作“神水”来卖，或用来增加能量，或用来揭露表象背后无法察觉的真实，脉动就是这样做的，其实红牛也可以这样做。此外，魔法师也是水疗、高级餐厅，以及彩妆、美妆产品最理想的原型。比如美妆黑马完美日记就应该使用这个原型，可惜它目前暗合的原型是纯真者。

与魔法师最匹配的形象是那些神秘的天文和自然现象，比如彩虹、流星、银河和飞碟、外星人等。而且它们全都在向我们保证，我们在宇宙中并不孤独。当然，其他形象还包括洞穴、水晶球、魔杖、斗篷，还有魔法师最重要的圆锥帽。

有时候，魔法师的广告会设计得比较微妙，目的是要表现出结果有多么不可思议，仿佛有神迹降临。这些广告的特点在于，它们的视觉图像和斗大的字体很不协调，所以消费者一眼就会被吸引。在古代的炼金术传统中，当性质相反的元素被放在一起时，魔法就会出现，显然，神秘感是魔法师品牌的必备元素。

（三）具有归属动机的原型：凡人、情人、搞笑鬼

不管是早期洞穴人或部落成员的聚会，还是现在流行的网上聊天室，人类对于接触、互动与归属的渴望始终都很强烈。而有三种原型可以提供有用的模式，帮助我们去实现这方面的需求，它们就是凡人、情人和搞笑鬼。

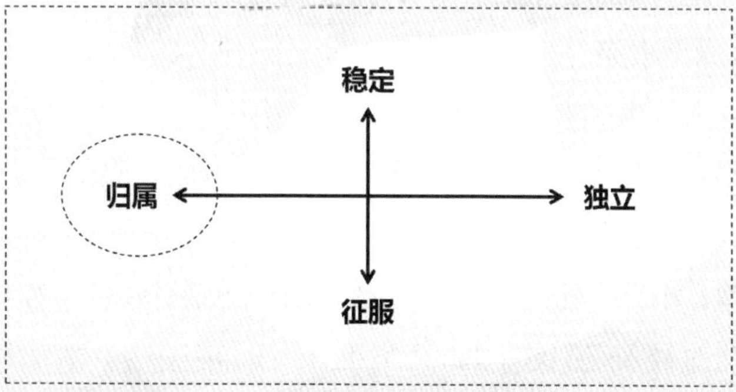

凡人有助于引发我们普通的那一面行为，使我们既融入群体，又拥有一套普适性很强的价值观，而不光只适用于那些成功人士；情人能使我们成为有吸引力的人，也有助于我们建立情感与肉体上的亲密关系；搞笑鬼则教会我们要放轻松、活在当下、尽情地与人交往，而不要担心别人怎么想。

凡人（Regular Guy/Gal）
人人生而平等

凡人希望融入群体，他们平实，讨厌小聪明、虚伪以及装腔作势的人。他们是普通人，是路人甲，是隔壁那家伙；是好公民，是上班族，也是你和我。当凡人原型表现在个人身上时，即使他很有钱，穿着也会很不起眼（这好像人们对广州人的印象），他们是操着市井俗语的人，完全看不出一点精英的样子。它的基本理念在于天生我材必有用，它也坚信享受生命的美好是每个人与生俱来的权利，不只专属于贵族或精英分子。

我们都知道，青少年总是想尽办法要打入“小圈子”，这种孤独感或局外人的感觉是凡人最想逃离的状态，因为他们并不希望力排众议或是标新立异，他们只想融入人群。只要这种渴望能满足，他们就会安然地沉浸在甘于平凡的平静中。

凡人对群体的认同感多半可以靠某些极其普通的产品突显出来，像是棒球帽、T恤上的口号、车子保险杆上的贴纸。这种原型完全不需要故弄玄虚，因为它本身就有一种平实的特性。凡人喜欢自嘲式的幽默，借以向他人和自己表示，他们是以轻松的心情看待自己和世界的。

1. 凡人原型素描

座右铭：人人生而平等

原型素描：老好人、路人甲、无名小卒、普通人、隔壁那家伙、务实主义者、上班族、好公民、好邻居

代表品牌：小米手机、老干妈、步步高无绳电话、红星二锅头、大宝

商界大佬对号入座：老干妈·陶华碧

2. 凡人原型透视

渴望：和别人建立关系

目标：归属、融入

恐惧：与众不同、摆架子、最后遭到驱逐或拒绝

策略：培养平凡的固有美德与平易近人的个性、与他人打成一片

陷阱：为求融入群体而放弃了自我，却只换来表面上的关系

天赋：脚踏实地、同理心强、不虚伪

3. 凡人原型的内涵层次

内心的召唤：孤独、疏离

层次一：觉得孤立无援、无人闻问，想要找个伴

层次二：不甘寂寞的人，学着和别人接触、融入、接受帮助与友谊

层次三：人道主义者、对每个人与生俱来的尊严都深信不疑，不因能力或环境而有差别

人格阴影：宁愿受辱也不愿孤单的受害者、为了加入帮派而不惜为非作歹的古惑仔

4. 凡人原型品牌的塑造要点

现在几乎所有产品都是在卖品牌，所以我们必须了解品牌的吸引力在哪里。对统治者来说，品牌代表了地位；对探险家来说，品牌是身份的象征；对凡人来说，品牌则是联系的手段，可用来证明自己和其他人一样都在使用这种产品，都在认同这个产品的意义。

凡人对于归属的渴望会让他们把品牌当成朋友，所以很多消费者真的会和品牌建立虚拟关系，就像他们对电影明星或其他名人的幻想一样。如果你的产品有助于大家产生归属或者觉得有归属感，那就是一个好的凡人原型品牌。

凡人讨厌机巧、虚伪以及装腔作势的人。因此，凡人的品牌差不多都具有朴实无华的特性，它的功能在日常生活中运用得很普遍，看起来也很实在，就像群众演员许晓力坐在马桶上拍的步步高无绳电话广告，也像老干妈辣酱把自己模糊不清的头像印在包装上。

凡人品牌大多以健康的社会观念为号召，不管针对穷人还是富人，凡人品牌都会谨遵节俭原则。当然，凡人品牌也会向大家保证，它们的质量绝对没有问题。以化妆品业来说，凡人的广告破除了光鲜亮丽的形象，转而强调

实用的现实功能，就好像“大宝，天天见”。

假如你的产品能提供某种程度的社会连接，消费者对你的忠诚度就会大幅提高。广告创意中最适合凡人聚会的地方是公共场所，这些地方过去可能是小公园、街角酒吧、图书馆、社区礼堂、家门前的楼梯，甚至是小店外面的长板凳，当然，现在变成了微博、微信和朋友圈。

虽然具有亲切感的品牌和广告是每个人的最爱，但这种诉求对凡人特别有用。这种原型的形象属于上班族、普通人，但不应与那些只重浅层原型信息的“生活方式品牌”混为一谈。

情人（Lover）

死了都要爱

我们所喜爱的那些人的特质，通常带有我们灵魂深处正向智慧的投射，事实上，12原型中能被我们自己意识到的原型特质，在我们从自己身上看到它之前，就已经在别人身上表现出来了：它们可能会在情人、朋友、同事等人身上呈现。要过有爱的生活，就要接受爱的恩赐，无论那爱是凡俗的还是神圣的。我们也许能决定要不要接受爱，但我们无法控制要爱发生或让爱停留。

母性之爱、情欲之爱和最高层次的精神之爱，都是爱的不同层面。但是“至高之爱”不同于本能之爱，后者是爱人之间、朋友之间或孩子之间的爱，而至高之爱是我们内在的整合，它使我们不但能爱所爱的人，还能爱全人类和全宇宙。

情人原型的友情和凡人原型的友情有什么不一样呢？对凡人而言，重要的是接纳和归属，他们要的不是付出；情人原型正好相反，它需要你全情地付出。从这个角度来看，亲密无间的朋友也可以算是情人原型的一种，将他们联系在一起的，不是肤浅的忠诚，而是更深层的东西。

情人品牌常见于巧克力、化妆品、珠宝、时尚和旅游业。看看德芙巧克力的广告，是那么强调感官、优雅，甚至带点情欲，这是一个能帮人召唤爱情到来的巧克力品牌。任何暗示将带来美丽和性感吸引力的品牌，都是情人品牌。

1. 情人原型素描

座右铭：死了都要爱

原型素描：伙伴、朋友、知己、狂热分子、鉴赏家、感官主义者、夫妻、团队建立者、协调者

代表品牌：德芙巧克力、哈根达斯、香奈儿、维多利亚的秘密、益达口香糖

商界大佬对号入座：鼎辉·王功权

2. 情人原型透视

渴望：获得亲密感、感官享乐

目标：与喜欢的人一起工作、与喜欢的环境融为一体、做喜欢做的事

恐惧：孤独、没人要、没人爱

策略：在身体、心灵与其他各方面变得更具吸引力

陷阱：尽一切力量去吸引、取悦他人而丧失了自我

天赋：热情、感激、鉴赏力、承诺

3. 情人原型的内涵层次

内心的召唤：迷恋、魅惑、坠入情网

层次一：追求更棒的性或更浪漫的恋情

层次二：追求幸福、全心对待你所爱的人或事

层次三：精神之爱、自我接纳、狂喜的经验

人格阴影：关系混乱、沉迷、嫉妒、羡慕、清教徒式生活

4. 情人原型品牌的塑造要点

情人原型掌管人类的各种情爱，从父母之爱、朋友之爱，到柏拉图式的精神之爱，但最重要的还是浪漫的情爱。对许多人来说，情人原型不只活跃在二十几岁的时候，还是他们一生一世追求的目标——维系他们和伴侣的关系，或者继续寻找第二春。因此，情人原型的品牌通常是那些能帮助人们找到真爱或友情的产品。

当情人原型出现在个人生活中时，他不只希望自己长得不错，而且希望男的要帅、女的要美，其根本的欲望是去吸引人、去爱人，他们希望亲密和欢愉地表达情感。情人原型也会唤醒人们的美学鉴赏力，突然之间，美重于

一切，不管是自然美景、高雅餐厅的气氛，还是一双漂亮的高跟鞋……同样地，情人原型的消费者也注重感官享受，他们会花时间品尝美食、闻闻紫丁香、倾听美丽的乐章、欣赏夕阳西下。所以，能增加美貌、亲密关系和沟通能力，或者和情欲、爱情有关的品牌就适合采用情人原型。

有数不清的品牌帮助消费者获得爱情电影里男女主角一般的优雅姿态，这样的广告对年轻人特别有效，因为这些人仍有着追求完美、寻找真爱的欲望。然而，这种正面诉求的广告多了，也会导致效果受到影响。

情人原型更高层次的需求是深层的结合，一种亲密、真实、私人的结合，这种结合有时就是情欲。对这种结合，不管是情人、朋友还是家人，比起一般较冷淡的凡人关系，都需要更多的了解、诚实和热情。当然，这样的结合也比较深刻、比较特别、比较少见。理想上，情人品牌不只要求本身怡人，也要能让消费者感觉自己很特别，受到爱慕，被溺爱。

情人原型用在巧克力、鲜花、化妆品、酒类、时装和汽车上是很自然的，当然还有安全套。不过，杜蕾斯不是情人原型的品牌，它搞怪的特征使它倒向了搞笑鬼原型的怀抱。

搞笑鬼（Jester）
嘲弄自己，娱乐大家

搞笑鬼原型常伴我们左右，片刻未曾远离，事实上，它的出现甚至比纯真者原型还早。搞笑鬼内在是小孩的一面，它知道如何游戏和享乐，它是我们的欢乐来源，它以原始的、孩子般的、自然的、好玩的创造力来表达自己。

搞笑鬼没有道德观念，无法无天，目无尊长，不受拘束。纯真者的善良、服从和凡人的敏感、易受伤害，只不过是所谓的小孩状态中的一部分。搞笑鬼就像小孩那样想尝试一切，甚至怀有想做一些被禁止之事的欲望。

搞笑鬼原型能让我们真正活在当下，充满活力，当搞笑鬼作用在个人身上时，他希望能够欢乐一辈子。搞笑鬼最主要的欲望是能够自发地重新感受孩提时的那种乐趣，欢快、玩笑，甚至恶作剧似乎都不为过。在这种心态下，太正经或太负责的人看起来就稍嫌拘谨。搞笑鬼最大的恐惧就是太无聊，或是被别人认为很无趣。

搞笑鬼原型最适合用来应付现代世界的荒谬，或是应付官僚主义，因为搞笑鬼能让每件事变得更轻松，也因为它最喜欢违反规定。将负面的情境转为积极的情境，就是最棒的搞笑鬼策略，显然，杜蕾斯就是这方面的高手。

1. 搞笑鬼原型素描

座右铭：嘲弄自己，娱乐大家

原型素描：笑星、捣蛋鬼、滑稽的人、擅长说双关语的人、小丑、恶作剧者、喜剧演员

代表品牌：杜蕾斯、百事可乐、M&Ms巧克力豆

商界大佬对号入座：SOHO中国·潘石屹

2. 搞笑鬼原型透视

渴望：快乐地活在当下

目标：玩得快乐、照亮全世界

恐惧：无聊、变得无趣的自己

策略：玩闹、搞笑、创造乐子

陷阱：浪掷青春、虚度年华

天赋：搞笑

3. 搞笑鬼原型的内涵层次

内心的召唤：厌倦、无聊

层次一：生命就像一场游戏、追求乐趣

层次二：将聪明才智用来玩弄别人，从麻烦脱身、找出避开障碍的门路、变身

层次三：体验人生就趁现在，只在乎今天

人格阴影：自我放纵、不负责任、坏心眼的恶作剧者

4. 搞笑鬼原型品牌的塑造要点

搞笑鬼常常是最能吸引消费者注意力的原型，因为搞笑鬼喜欢自嘲、喜欢自娱自乐，它似乎是科技型品牌最佳的原型定位，因为年轻人认为高科技产品应该充满乐趣。如果是凡人，其风格是低调、世俗的，但搞笑鬼对这种表现没有兴趣，它并不想融入，而是喜欢看热闹。

或许正因为我们活在一个如此正经的文化里，搞笑鬼原型才有可能变成一个很好的品牌认同，因为几乎我们每个人都渴求着更多的乐趣。想想那个非常成功的牛奶广告，找来许多名人喝牛奶，喝得嘴边都沾满了白色“胡子”。如果是刻板印象的广告，那么应该宣传牛奶对人体的益处，这样可爱的广告却让牛奶和我们爱玩、淘气的童心结合在一起。

每个人心中的搞笑鬼都喜欢幽默，他们喜欢好笑的广告，因为这能娱乐他们，随之而来就是他们对这个产品的好感。搞笑鬼广告和包装常常采用明快的色彩，和搞笑鬼相关的活动也是越夸张越好。搞笑鬼也喜欢生活，他们最拿手的就是头脑风暴，搞笑鬼营销最重要的一点就是聪明，每个人心中的搞笑鬼都喜欢夸张、聪明和用全新的眼光看待世界。

搞笑鬼喜欢营销的乐趣，这个原型并不因为新时代来临而恐慌，相反，搞笑鬼原型能帮助我们享受每天可能面对的新环境。搞笑鬼的广告应该永远保持新鲜，把焦点放在消费者的注意力上，这样他们的视线才不会模糊——至少在看到你的广告时不会。所以，能够帮助人们快乐和找到归属感，或者使用你的产品能帮人拥有美好时光，都是适合的搞笑鬼原型的品牌。

（四）具有稳定动机的原型：照顾者、创造者、统治者

今天，随着现代生活节奏的加快，我们每天都要应对意想不到的可能，稳定和控制的欲望因此遭遇特别的挑战。人生的风雨是如此之多，因此创造者、照顾者和统治者都是当今品牌常用的原型。当这些原型未被包围在怀旧气氛中，而是以现代、贴切的方式来解读时，就能指导我们维护秩序和安定，将我们对稳定的渴望和改变加以协调。

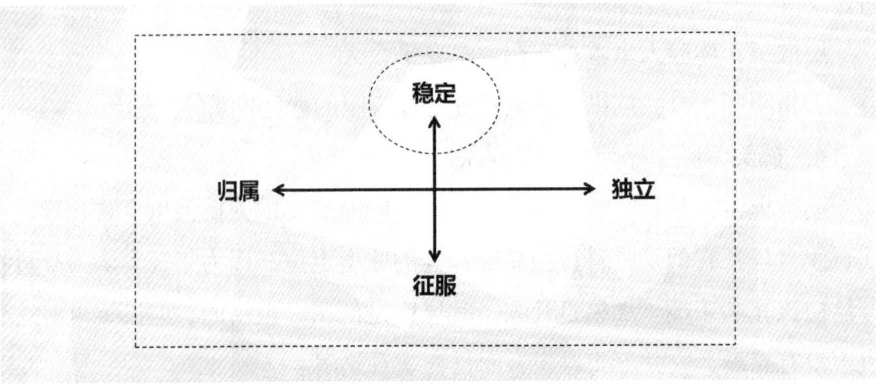

人们通常将这些欲望和照顾者、创造者和统治者的原型进行关联。照顾者对人性的脆弱有着高度的认知，他们比较少关心自己，总是致力于解决别人的问题。创造者创作了一首诗、一支曲子、一幅画或一件产品，通过这个世界最喜欢的创新去发挥控制力；统治者要掌控形势，特别是在形势即将失控之时，他的工作就是要负起责任，让人生尽量稳定和可被预期。

照顾者（Caregiver）
让世界充满爱

照顾者原型的象征是生命树，它代表不断的供给与支持。生命树的古老意义是代表繁多，它以无数的资源滋养我们，有如大地源源不尽地供给人类的所需。在古代，另一个类似的象征是膜拜有着丰满乳房的女神，以女神的丰硕乳房来象征照顾者原型的细心照顾，使我们不用担心它的照顾会有朝一日枯竭。

首先，我们认识到自己被爱、被照顾。然后，我们学习分担活在世上的责任，去照顾和给予，不光是从他人那里得到照顾，而且让自己也变成照顾者。照顾者是自我发展中最高尚的原型特质，它帮助人从自我层次提升到灵魂层次。在最高层次，照顾者会知道自己是谁，自己要什么，但他的同情怜悯特质大于自我利益特质。他关照别人，不是因为自己没有价值，而是因为照顾别人是自我价值的最高表现，对他而言，照顾人的特质甚至强于自我利益的本能。

理想中的照顾者是十全十美的父母，深情细致、充满慈爱、无私忘我地照顾孩子，愿意为孩子的利益牺牲自己。照顾者对他们子女和其他依附者的关心，让这个原型成为医疗、健康产品、保险、银行等行业最自然的选择。

1. 照顾者原型素描

座右铭：让世界充满爱

原型素描：看护者、利他主义者、圣人、母亲、父亲、活雷锋或者支持者

代表品牌：海底捞、脑白金、协和医院、飞鹤奶粉

商界大佬对号入座：海底捞·张勇

2. 照顾者原型透视

渴望：保护他人免受伤害

目标：助人

恐惧：自私自利、不知感恩

策略：为他们尽心尽力

陷阱：吃力不讨好

天赋：热情、慷慨

3. 照顾者原型的内涵层次

内心的召唤：发现有人需要帮助

层次一：照顾或呵护依赖自己的人

层次二：平衡自我照顾与照顾他人

层次三：无缘大慈、同体大悲

人格阴影：牺牲、施展权力、产生罪恶感

4. 照顾者原型品牌的塑造要点

在历史上，照顾者这个原型一直摆脱不了父母对孩子的舐犊情深，他们愿意尽一切力量保护孩子，即使必须做出重大牺牲也在所不惜。但同时，这个形象也和滥用权力、喜欢控制的深切恐惧连在一起。了解照顾者的复杂性、了解消费者与照顾者的关系，对于在品牌传播时能深入这个原型内心是十分必要的。

现代人的烦恼是如何在关心自己与关心别人之间取得平衡。在我们这个社会，父母常常既要投资子女教育，又要出资赡养父母，同时还要考虑自己的退休生活，这让他们在选择产品时会思考如何既能关心他人，又能照顾到自己的生活习惯。如果你的产品能注意到消费者的这些心思，那就是最佳的照顾者原型定位。

我们常常以为照顾者原型只重视照顾个体，但事实上，他们也注重照顾人类整体的福祉，这种照顾在当代生活中很重要，却没有被品牌商发现。通常，照顾者照顾别人比照顾自己更在行，照顾者的最高境界是利他主义，所以照顾者是非营利组织最有力的品牌定位。

你可能以为，挖掘照顾者原型最有效的方法就是直接告诉他：你在关心他，但是，在这个缺乏互信的时代，这么做只会引起他们的怀疑。那什么才是最有效的方法呢？显然，对照顾者原型最有效的营销，不应该强调品牌对消费者的关心，而应该强调使用这个品牌的消费者对他人的关心。在广告中，消费者应该被描述成关心他人的人，产品和服务要体现出能帮助消费者更有效、更轻松地去照顾他人，才能契合照顾者原型的本质。

宝洁旗下的帮宝适婴儿纸尿裤刚进中国市场时，广告词是“用帮宝适，让妈妈睡个好觉”，结果销量并不理想，因为它表现的是照顾者的初级层次；后来，宝洁把广告词改成“用帮宝适，宝宝干爽睡得香”，一下就打开了纸尿裤的巨大市场，这次它终于触及了照顾者原型的本质。与此类似的还有脑白金，它不是诉求产品对自己的健康有帮助，而是强调送给爸妈，对爸妈的健康有好处。我们经常以为一个品牌的成功全都是因为定位促成的，却往往缺乏多元的归因能力，对帮宝适如此，对脑白金也是如此，这才是我极力推崇“定位+原力”双剑合璧打法的原因。

创造者（Creator）
只有想不到，没有做不到

我们发现真实本我后，创造者原型就会来到我们的生命中，我们意识到与宇宙的创造源头联结后，就开始意识到自己也是创造源头的一部分。不管我们是不是自己生命的创造者，我们的确都应该为自己是否已尽最大努力负责。这个努力所产生的力量，会因社会环境的不同而有所不同，也会因为精神灵性成长的程度有别而有所差异。

创造力是一切生命的基础，我们以可能的方式开创了自己的生活，不管那些选择的限制是什么。有些选择，感觉上好像是在自己控制之下的自由选择；有些选择，感觉上好像是它们挑选了我们，我们的生活、呼吸和一切，都在它的控制之下。然而无论是哪一种情形，我们的确在以自己的生活方式开创自己的生活。

就某方面而言，世界的创造过程，是每一个生命体共同完成的，包括花草树木、飞禽走兽和日月星辰；每一种存在物都有助于宇宙进化的过程。我们一直都参与其中，共同创造这个世界，我们目前的重要任务，就是要有意识地开创它。

创造者品牌向来都是异教徒式的，创造者不谈融入，而谈自我表达，真正的创造需要无拘无束的心灵和头脑。创造者原型活跃在个人身上时，他们通常都热衷于创造或发明，否则他们就会觉得闷死。

1. 创造者原型素描

座右铭：只有想不到，没有做不到

原型素描：艺术家、创新者、发明家、音乐家、作家、梦想家

代表品牌：特斯拉、宜家家居、芝麻街、乐高

商界大佬对号入座：阿芙精油·孟醒

2. 创造者原型透视

渴望：创造具有永久价值的东西

目标：让愿景具体化

恐惧：愿景或执行结果平凡无奇

策略：培养艺术控制和技巧

陷阱：完美主义

天赋：创造力和想象力

3. 创造者原型的内涵层次

内心的召唤：白日梦、幻想、灵光乍现

层次一：模仿的创意或创新

层次二：让自己的理想得以实现

层次三：创造能影响文化与社会的架构

人格阴影：人生过度戏剧化，生活有如肥皂剧

4. 创造者原型品牌的塑造要点

创造者原型常见于艺术家、作家、发明家和创业者，以及任何积极探索人类想象力的人。虽然伟大的艺术创造和造福人类的发明基本上都源自人内心深处的灵魂，或者被奔放的好奇心触发，但创造者的热情是以物质的形式表达自我，真实性对他们来说非常重要。

处于创造者原型高层次的人认为自己渴望自由，他们也确实如此，从这个角度来看，他们就像天真者、探险家和智者。然而，创造者更深层的动机

是发挥美学或艺术控制的需求，从某个角度来看，创造者是在扮演上帝，他们想创造过去所没有的东西。追根究底，创造者的欲望是以特殊的方式完成艺术作品，让它能万古流芳，创造者也因此不朽。

创造者原型的最高境界，是能促成真正的创新和美丽；而创造者的最低层次，则是为不负责任和自我沉溺寻找借口。创造者通常都受不了产量大、质量差以及缺乏创新和想象力的产品，因此，如果你的产品与众不同，或者品味不凡，都可以采用创造者原型。

我们受到创造者原型的吸引，是因为我们想通过所消费的东西来证明我们自己，所以创造者的消费不是为了获得印象，而是在表达自我。我们内心的创造者也会被他人的艺术才气吸引，所以我们不只欣赏艺术，也欣赏精心设计的消费产品。

艺术也能培养自尊，艺术品是一面镜子，映照出创作者自己，当他们看到自己的作品时，他们更加肯定自己，因为他们做出了有价值的东西。因此，如果你的产品功能鼓励自我表达、能帮助他们创新，或者你的产品很有艺术品位，就是一个好的创造者原型品牌。

统治者（Ruler）

世界需要秩序

统治者是本我完成发展和圆满的象征，它不只是一个试验性质的阶段，还是我们在世界的展现，是一个强大到能够通过内在和外在就改变生命的本我展现。统治者是个完全发展的体系，因为它结合了年轻人和老年人的智慧，互相制衡、互相激荡，当制衡、激荡因不平衡而崩溃时，就需要开始新的探索，通过发现新的宝藏，再一次改变生命。

当统治者原型在生命中起作用时，我们整个人会被统整融合，准备为自己的生命负责。如果我们一直被侵扰，就意味着英雄原型未能保护个人的生存界限，而统治原型就应唤醒它来对抗。如果外在的环境艰难而且不友善，就表示照顾者原型的作用没有发挥，统治者原型就应注意到而加以改善；相反地，如果外在环境丰茂繁盛，就代表了内在圆满统整。

传统上，统治者原型总是与土地连在一起，这象征着统治者原型与外在生命的结合。另一种看法是灵魂与现实生活的结合，因为统治者原型总是与土地连在一起，这象征着原型是物质繁荣的原型，因此它能接受生活的现实面。

统治者的工作是维持和平的秩序和促进繁荣富足，它代表了一个健全的经济体系和发展良好的法律体制，充分利用人力和物力资源以促进个人的发展。

1. 统治者原型素描

座右铭：世界需要秩序

原型素描：老板、领袖、贵族、父亲、母亲、政治人物、角色典范、负责的公民、管理者

代表品牌：红旗汽车、奔驰、奥迪、微软

商界大佬对号入座：万达·王健林

2. 统治者原型透视

渴望：控制

目标：创造繁荣、成功的家庭、公司或社区

恐惧：混乱、被推翻

策略：发挥领导力

陷阱：摆老板架子、独裁

天赋：责任感、领导力

3. 统治者原型的内涵层次

内心的召唤：没有资源、没有秩序或者失去和谐

层次一：为自己生活的状态负责任

层次二：在家里、团体、组织或职场发挥领导力

层次三：变成你所处社区、领域或社会中的领导人

人格阴影：专横或操纵的行为

4. 统治者原型品牌的塑造要点

当你想到统治者原型时，你可能会想到总统、CEO、万能妈妈、严父，或者任何带有命令、权威态度的人。纯真者认为别人会保护他们，统治者并没有这样的信念，因此，取得并保持权力就是统治者最重要的动机。如果你

的产品处于相对稳定的领域，或者能在混乱的世界里保证安全，或者具有很高的可预期性，就可以采用统治者作为品牌原型。

当统治者原型活跃在个人身上时，他们会很高兴承担领导角色，并尽可能掌握权力。有高度统治者原型倾向的人，他们的行为表现有着与生俱来的权威感，让其他人自然而然就会有跟随的冲动。统治者的最高境界是受到帮助全世界的欲望驱使，最差的情形是他们只想掌控和统治。

统治者自然和爱国情操有关，我们爱自己的国家，所以愿意遵守社会和文化的规定，我们共享对领导者的责任。我们变成良好行为的角色典范，也是维持现状的力量。通常，统治者原型品牌的广告强调地位不如强调对达成某种责任更有效，比如对工作、家庭和自己的健康负责。就和照顾者一样，统治者是愿意为社会整体福祉负起责任的，和英雄原型一样，这也是新能源汽车很好的原型选择。

有些统治者品牌常常视顾客为“臣民”，但是我们不能忘记，顾客本身也想当统治者，因为统治者都喜欢控制，他们不喜欢别人告诉他们该怎么做。伟大的统治者品牌非常了解自己的人民，因此能洞察到他们最深切的需求。如果你的产品是有利于消费者用来巩固权势的高档产品，或者能帮助消费者更有组织、更有效率地管理他们的时间、团队、健康等，那么统治者就是很好的品牌原型。

第三节　来源最广：通过社会文化获取原型

在荣格的理论中，原型就像太阳的能量，就像阳光，而各地区、各民族的文化和习俗就像棱镜，会折射出不同的“意象”。荣格认为：“原型是人类所共有的，而意象则是某一特定历史、文化或个体的产物。”因此，我们完全可以大胆地启用与中国文化相关的原型，但是，当我们脱离马克的12原型来自己开发原型的时候，一定要正确理解荣格的这个限定：人生中有多少典型情境，就有多少原型，这些经验由于不断重复而被深深地镂刻在我们的心理结构之中。

显然，不是每一个情境都是原型，而只有典型情境，也就是被不断重复的情境才有可能是真正的原型，或者说有价值的原型。如果不正确理解这个限定，你找到的很有可能就是一个“伪原型”。即使我下面举的例子中，也不是每个方法得出的都是有价值的原型，很多时候，我仅仅在帮你打开思路，拓宽你获取原型的途径。

一、通过社会生活获取品牌原型

通过对社会生活的观察，也能挖掘很多原型，比较常见的有角色原型、职业原型和观念原型。实际上，从社会学对角色的定义上，角色原型也包括职业原型，因此在这里我将其合并表述。从某种角度看，角色实际就是荣格所说的人格面具，而人格面具是荣格原型理论中排名第二、重要性仅次于自性（self）的原型。

（一）角色原型

社会学上对角色的解释和分类都特别复杂，我这里仅从品牌实战角度来看它的含义。所谓角色，就是指特定的一类人，表现出了人们希望他们表现的行为模式。在这个定义中，人不是最重要的，他们表现出的行为模式才是最重要的，在社会学上把这个叫作“角色期待”，也就是你是什么角色，社会就希望你表现出相应的行为模式。

比如，你是儿女，社会就希望你有孝心；你是母亲，就应该有慈爱；你是老师，就应该知识渊博而且能诲人不倦……如果你违反了角色期待，社会对你就有不好的评价。角色的类型很多，老师、学生、护士、医生、家长、父亲、母亲、儿女、司机、战士、警察、情侣、男朋友、女朋友……按照这个思路，可以列出一大串，这为我们做品牌塑造提供了取之不竭的原型素材。

角色原型是我们的社会和文化千百年来积淀的产物，如果我们深挖原型的内涵，契合某个特殊的时代，就能将其强大的原力注入品牌。比如深受营销界好评的脑白金，实际都还可以深挖“儿女”这个原型中的孝心内涵；而销量不错的飞鹤奶粉，如果能在“母亲”原型上发力，相信能获得更好的销售业绩。

（二）观念原型

荣格认为，历史中所有重要的观念，不管是宗教的，还是科学的、哲学的或伦理的观念，都必然能够回溯到一种或几种原型。这些观念的现代形式，只是其原型观念的不同表现，是人们有意识或无意识地把原型观念应用到了生活现实的结果。而在中国社会中，历朝历代都对人民有价值观的期待。比如在古代，我们崇尚“仁、义、礼、智、信”；在学生时代，学校要求我们“五讲四美三热爱”；在当前，国家希望我们懂得社会主义核心价值观。除了国家层面的期待外，还有民间规范，比如爱国、勤劳、奋发图强、锲而不舍……这些也可以成为原型的来源。

二、通过中国古代典籍获取品牌原型

我们在中国经典的古代文学、神话、哲学等作品中最容易找到原型。比如一部《水浒传》，即使去掉重复的和原型特征不明显的，至少也能找到几十个原型；而《三国演义》《红楼梦》《西游记》也是原型荟萃的作品，让你能轻易找到自己需要的原型。在后面给加多宝提出的用来应对王老吉的解决方案中，我就采用了《水浒传》中林冲的原型。

一部《周易》，64卦自然就是64个原型。如果对照坎贝尔的《千面英雄》来看《周易》，坎贝尔的英雄之旅是一个跌宕起伏的过程；而《周易》每一卦都展示了事物的发展规律，丰富了原型的层次和内涵。事实上，《周易》、道家炼金术，以及藏传佛教都是荣格原型理论的灵感来源。荣格曾高度赞扬中国文化，赞扬太极图与汉字，称其为“可读的原型”。

三、通过神话故事获取品牌原型

神话故事更是原型的直接来源，精卫填海、嫦娥奔月、夸父逐日、女娲补天、后羿射日等原型都有大把可供挖掘的空间。比如月饼，全国那么多的品牌，竟然没有一个通过原型去塑造品牌的案例，而一股脑儿都在想通过制作工艺去体现差异化，获得竞争力，实在浪费了我们民族这个独有的、最好的原型资源。

实战擂台

1．你自己的原型是什么？能通过马克和皮尔森的12原型对号入座吗？

2．你公司的品牌原型是什么？可以对号入座吗？

3．中国经典作品中，哪本你知道的原型最多？

（欢迎到微信公众号“两栖派品牌实战研究院”与我切磋）

第八章　如何唤醒品牌原力

在品牌原力理论系统中，唤醒品牌原力是对文化战略和品牌12原型理论融合工作的真正开始，既需要去粗存精，又需要整合创新，因此，我对霍尔特和马克两位大师的理论进行了大幅度的分拆、重组、整合和创新。在此基础上，我独创了混血原型心法，既解决了文化战略理论挖掘文化密码太复杂的问题，也避免了品牌12原型理论解析原型密码太浅层的问题，从而真正实现了对两位大师的理论的升级。

第一节　品牌原力理论实操流程概览

在品牌原力理论的实操落地之前，先简单梳理操作流程，以便你了解全貌。大致来说，品牌原力理论的实操环节分为三个部分，从流程角度看就是三个阶段：挖掘品牌原型→破解原型密码→打造原型意象。这三个阶段是一个有机和完整的系统，共同完成唤醒品牌原力的任务。

在打造原型品牌的过程中，这三个阶段的任务是不同的：挖掘品牌原型阶段的唯一任务，就是找出对你的品牌有价值的原型；而在破解原型密码阶段，重点在于通过对蕴藏在品牌、文化、社会、时代和习俗中的密码进行分析，破解需要用什么样的原型意象才能激活原型，这是三个阶段中最难的阶段；打造原型意象这个阶段主要是承接第二阶段的工作，根据破解原型密码所指示的方向打造出相应的意象，如果用品牌建设的实际工作类比，破解原型密码就像给你一个点子，而打造原型意象则是要根据这个点子创作广告。

一、挖掘品牌原型

在挖掘品牌原型这个阶段，我会引入三个挖掘原型的方法，其中有你熟悉的冲突法和反射法，也有你可能觉得奇怪的定位法。至于为什么定位也成为原型来源，别急！后面我会多次细讲。

冲突法，实际就是霍尔特文化战略理论“六阶模式”的前三个步骤：描述主流文化→识别社会变迁→发掘社会观念冲突机遇。通过冲突法找到的“社会观念冲突机遇”，其结果会表现为某种亚文化，而每个亚文化都是一个原型；反射法是马克品牌12原型理论中的方法，散见于《很久很久以前》一书的各个部分，我将其总结出来，作为一个主要的打法。

如果非要依据“挖掘品牌原型→破解原型密码→打造原型意象”三个阶段来归类，冲突法在文化战略理论中则位于挖掘品牌原型部分，放到品牌原力理论时位置没有变动；但是马克的反射法在品牌12原型理论中应该属于第二阶段，也就是破解原型密码阶段，却被我改变了位置，前置到挖掘品牌原型阶段。

通过这样的重组，在打造原型品牌实操的第一阶段，也就是挖掘品牌原型阶段，就有两个方法了。不过，到了本书的实战部分，当我在教你将定位与原力双剑合璧的时候，你会发现，其实定位也是一个原型来源。因此，从广义上说，有三种可以挖掘品牌原型的方法，它们分别是冲突法、反射法和定位法。

二、破解原型密码

在破解原型密码阶段，我新创了两个名词：一个是“身份原型”，另一个是“渴望原型”，用他们来组成混血原型。我所谓的独门心法，就在于通过混血原型来进行流程化地对原型解码，以达到标准化破解原型密码的目的。

渴望原型和身份原型从哪里来呢？其实，通过马克反射法找到的原型，本身就是一个渴望原型。而通过冲突法找的亚文化呢？我们需要通过12原型或者社会生活中的其他原型对号入座，把亚文化转码成一个原型。由于亚文化是从社会观念冲突中找到的，潜力巨大、爆发力强，因此，它所对应的原型也是一个渴望原型。换句话说，只要完成第一阶段的工作，通过反射法得到的是一个现成的渴望原型，而通过冲突法得到的亚文化，只需要简单转码就可以变成渴望原型。

拿到渴望原型后，还需要身份原型，在实战流程中我会介绍具体方法。有了身份原型和渴望原型，就可以得到一个混血原型，通过混血原型就可以准确而标准化地破解原型密码了。

三、打造原型意象

根据荣格的理论，原型是无法被我们的意识直接感知的，必须通过原型意象才能让意识理解和认识，因此，你可以把原型意象看作是原型的象征物和投影。原型是无形的，它只是我们精神世界的一个组成部分，当我们要激活它的时候，就必须用相应的意象把它表达出来。这些表达的东西，很多时候都表现为神话、故事、观念，或者说文化。

比如，从分析心理学角度，我们说岳飞是英雄，并不是说岳飞就是原型，而是指我们对岳飞的崇拜，是我们心中的英雄原型在岳飞这个人物意象上的投射。只是，在品牌建设的过程中，为了方便表述，有时我对原型和原型意象并没有严谨地分开表述。

因此，成功破解了原型密码后，还必须根据解密的内容打造合适的意象来激活它，打造原型意象的过程有点像文化战略理论中的挖掘文化密码的过程，其实最简单的理解就是根据对原型解码的结果去进行广告创作。当然，能激活原型的意象的可不仅是广告，所有涉及品牌的元素都是可以激活原型的意象，比如slogan、包装、VI、公关等等，因为原型意象可以是文字，可以是符号，可以是声音，甚至可以是一个观念、一种精神。

第二节　实操阶段一：挖掘品牌原型

正式实操之前，我先来说一个心法，在实操过程中如果能时时观照这个心法，那么打造出的原型品牌就将极具爆发力。这个心法是对“挖掘品牌原型→破解原型密码→打造原型意象”这三个阶段而言的，即挖掘原型要有力、破解密码要准确、打造意象要贴切。这一节，我们先来看看如何挖掘有力量的品牌原型。

一、用冲突法挖掘品牌原型

用冲突法来挖掘品牌原型，操作方法与霍尔特给出的“六阶模式”的前三个阶段操作流程相似，也是分为三个步骤，目的是发现和挖掘市场机会，结果就是找到具有独特性的亚文化。通过前面的分析，我们已经知道，每个亚文化都是一个原型。按照霍尔特的冲突法找到的原型天然就具备爆发力，因为它潜藏在社会变迁的过程中，是在社会观念冲突中发现的。

（一）第一步：描述主流文化

品牌要具有独特性，首先就要避免随大流，因此运用冲突法的第一步，就是要思考：竞争对手都在用什么主流方法？市场流行的主流文化是什么？消费者头脑里面的主流观念是什么？你回答这一连串问题的过程，就是描述主流文化的过程。

通常来说，一般品牌都是通过主流文化来创造消费者价值、赢得竞争优势的，而霍尔特则要求文化创新首先要避免在主流文化中找机会。这正是冲突法具备强大威力的原因，因为它首先从流程角度保证了通过冲突法找的原型本身就是蓝海，这才让霍尔特有了连蓝海战略都看不上的底气。

主流文化包括某个时代、某个地区的社会观念，也包括大众传媒正在关注和流行的社会和消费现象。一般来说，品牌总是通过自己认为恰当的文化密码去迎合主流文化，这些文化密码就存在于所有市场活动之中，从产品设计包装、销售方式、市场沟通、服务手册，一直到媒体报道，甚至公司CEO

的某次讲话，都有文化密码的印记。所以，通过了解品牌文化，也能获得主流文化的信息。一句话，你眼睛看到的、耳朵听到的，只要是和当前市场、消费、媒体、品牌相关的信息，都藏着这个社会当前的主流文化信息。品牌营销人要善于去观察、分析这些信息，当然，更重要的是要能总结、描述这些信息。

霍尔特认为，通过对主流文化的描述，可以实现两个目的：第一，可以对照自己的现状，确保自己不踏入竞争的红海；第二，能发现社会生活中的文化密码。在霍尔特的语境中，一会是通过主流文化了解文化密码，一会是通过文化密码了解主流文化。看到这里你不要晕，其实它们本身就是一个事物的两个方面而已。

（二）第二步：识别社会变迁

对社会的主流文化有了基本认识后，还要像感受水流一样去感受社会不断的变迁。因为社会变迁会让消费者改变观念、习惯，从而对现有的产品和品牌疏离、抵触甚至反对，而这正是文化创新的机会。

霍尔特认为，在任何地点、任何时刻，都有不计其数的社会变迁正在发生。你需要关注的是那些动摇了现有产品消费观念的社会变迁，它们使得消费者要么对现有的观念不满，要么渴望新的消费观念。技术变革、经济兴衰、社会结构以及人口变化都有可能导致社会变迁。

那么，从技术上看，我们这一代人都经历了哪些变迁呢？从手机技术来说，我们这一代人亲身经历了从功能机时代向智能机时代的变迁；从购物技术来说，经历了传统购物向电子商务的变迁；从资讯技术来说，经历了传统媒体向互联网媒体再向移动社交媒体的变迁……事实上，这每一个变迁都蕴藏着巨大的文化创新机会，也就是塑造品牌的机会。

我们再来看看由经济兴衰、社会结构和人口变化导致的变迁都有哪些。在经济方面，现在的新国货品牌崛起，业内的一致认识是，这是中国人富起来导致的；在社会结构方面，一个庞大的中产群的崛起，使中国正在形成健康的“橄榄型”社会结构；而人口变化导致的社会变迁则正在中国悄悄而有力地进行——那就是独生子女政策导致的老龄化时代的到来。

应该说，对社会变迁作用的评价，霍尔特是正确的，但是他认为社会变迁无时不在、无处不在，则相对乐观了一点。首先，社会结构是具有相对稳定性的，不可能天天变；其次，虽然上面我罗列了很多种形式的社会变迁，但是相对于海量的产品和品牌，如果非要独一无二地利用社会变迁，即使可以在创新和表现上做文章，那也是僧多粥少，存在着品牌太多、社会变迁不够的情况。因此，要想顺利地挖掘品牌原型，除了冲突法，还非常有必要引入反射法、定位法等。

（三）第三步：发掘社会观念冲突机遇

霍尔特认为，在社会变迁的过程中，会滋生新的社会观念，并且新观念会与过去的观念产生冲突，这就是品牌最佳的“意识形态机遇”，当然，这种意识形态机遇多数表现为某种亚文化。那么，如何才能找到这些亚文化机遇呢？以前，我们既需要通过大众媒体了解信息，也需要深入街头巷尾进行调查研究。但在微博、微信、Bilibili、抖音等社交媒体兴起之后，仅通过媒体这一种方法，就可以高效地找到社会观念的冲突点，找亚文化，这是为什么呢？

在传播学上有个理论叫“议程设置”，他是由美国几代传播学大师不断接力、迭代更新而形成的一个非常有影响的传播理论。为什么厉害呢？因为它就是从研究美国总统大选这样的热点议题开始的。

议程设置理论的大意是，大众传播虽然不能决定人们对某一事件或意见的具体看法，却可以通过提供信息和安排相关的议题来左右人们关注什么，并且左右人们谈论话题的先后顺序。换句话说，大众传播可能无法决定你怎么想，却可以决定你想什么。显然，大众传播是可以“制造”社会观念的。

霍尔特是美国人，又是精通传播的大师，对议程设置的威力肯定很清楚，因此他很推崇通过媒体来观察社会观念变迁的方法。在中国，由于社交媒体的高度发达，我们只需要关注微博、微信公众号、朋友圈，几乎就可以了解所有国计民生、社会文化的大事了。

记得以前有个名人说过：“早晨起来看微博，确实很容易让人产生一种皇帝批阅奏章、君临天下的幻觉。国家大事潮水般涌来，需要迅速作出各种判断，提出各种建议，各种转发，各种忧国忧民，各种踌躇满志，万物皆备于我。每个人心中都藏着一个披星戴月上朝堂的皇帝，微博把人的这种情结激活了……皇上早朝了。”这段话实在说得太精彩了，可惜查证了很久也没有查到具体的来源，只能感谢这位做好事不留名的活雷锋，给我们奉献了这么好的素材。

虽然现在微博已经不如当初那么火了，不过微信公众号、微信朋友圈发挥的功能比当初的微博更大，只要我们利用好这些身边的媒体，就非常容易发现社会观念冲突机遇，或者说，通过观察这些媒体展现出来的主流文化，就可以找到它背后的亚文化机遇。事实上，只要你找到了由社会观念冲突引起的亚文化，也就找到了品牌原型。

二、通过反射法挖掘原型

挖掘原型的另一个方法就是反射法，并且通过反射法找到的原型，已经是成品，可以直接用于破解原型密码阶段。而通过冲突法找到的原型，本质是亚文化，还需要转码成原型才能被用在破解原型密码阶段。

为什么我要把这个方法叫作反射法呢？前面我已经介绍过，这是参照投射法来说的。到了实战环节，你需要更深刻地理解它们的不同之处，因此我特意节选了马克的部分原话来让你看看这两者的区别：

投射法

着力去渲染小资、白领、中产、土豪们生活方式的广告有这么一个假设：认为人们希望在广告中看到自己的投射形象，否则他们就不会对广告产生共鸣。用投射法来进行的品牌营销，被马克称为“生活方式营销”。

反射法

（接投射法的论述）原型营销的假设刚好相反，我们认为，未获满足的渴望才会唤醒人们去回应自己所欠缺的内心需求，而不是他们已经有的东西。也就是说，反射法是通过生活方式营销的表象，即霍尔特所说的主流文化去返照、去反射出消费者内心未被满足的渴望。

由于反射法本身是基于原型“未被满足的渴望”来运作的，因此通过反射法找到的原型天然就是在破解原型密码阶段需要的渴望原型。为了快速领悟反射和投射的区别，你先放松放松，来欣赏一下电视剧《约会专家》中爆红网络的恋爱大法：

> 若她涉世未深，就带她看尽人间繁华；
> 若她心已沧桑，就带她坐旋转木马。
> 若他情窦初开，你就宽衣解带；
> 若他阅人无数，你就灶边炉台。

看完这个，有感觉了吗？涉世未深的，就让她感受繁华；已经不再相信爱的，就用纯真气息感染；刚懂感情的，你就直接一点；已经是老油条的，就表现得贤惠一点。显然，反射法的精髓是：不要去表现原型，或者说消费者的现状，而应该根据他们的身份，去挖掘他们背后的渴望，只有这个隐藏的渴望，才“反射”了他们内心最强烈的需求，其原理与霍尔特所说的冲突法完全一样。

到这里，我们就学会了两种挖掘品牌原型的方法。如果你的品牌运气好，刚好处在它所需要的社会变迁中，那么冲突法就是最好的挖掘原型的方法；但如果当前的社会观念、消费意识等都比较平稳，就只能通过反射法或者定位法来挖掘原型了。

第三节　实操阶段二：破解原型密码

在破解原型密码这步，由于涉及创新和升级，我要引入文化战略和品牌12原型理论来解释全新的概念，也就是要对原型的功能进行分类，分为身份原型和渴望原型。其中，渴望原型负责原力的强度，身份原型负责原力的精度，通过两个原型的合力，实现品牌原力效力的倍增。在破解原型密码这个阶段，也是通过三个小步骤来实现目标的。

一、确定渴望原型

前面我说过，通过马克反射法获得的是现成的渴望原型，你对它什么都不用做，直接用就可以；而通过冲突法获得的亚文化只是原材料，因此这第一步，我们主要学习如何把亚文化这个原材料加工成渴望原型。

如果熟悉荣格原型的基本原理，你就知道亚文化本身就是一个原型，因此转码工作其实非常简单，只需要找到合适的原型，根据亚文化的特点对号入座即可。当然，由于马克12原型的局限性，有时候你找到的亚文化未必就是马克12原型中的某一个，因此很多亚文化所对应的原型，都是通过社会生活观察得来的原型。

比如，在中国从贫穷走向富裕的过程中（社会变迁），享乐文化正在逐步蚕食苦干文化（社会观念冲突），以鹿晗、黄子韬、吴亦凡为代表的“爱豆文化”就是享乐文化中很大的一支（亚文化），表现为粉丝对中性化精致男艺人的追捧，在部分男性看来则是“娘娘腔”。你在马克12原型中肯定找不到这个叫“娘娘腔”的原型，要将这个亚文化对应到合适的原型，只能到社会生活中去找。当然，“娘娘腔”实际上属于荣格根正苗红的原型，它其实就是阿尼玛（男性心中的女性意象）原型的一种表现。

由于“娘娘腔”这个原型是在社会观念冲突中发现的，它是能量巨大的原型在现实生活中的投射，因此它和在马克12原型中随便一个都不一样，它是霍尔特说的一个“意识形态爆发点”，威力无穷，看看李佳琦直播卖口红有多火爆，你就知道了。因此，这种在社会观念冲突中发现的原型，我也把它叫作“渴望原型”，它代表了这个亚文化群体的渴望和需求。

二、确定身份原型

在通过马克的反射法寻找渴望原型时，反射法参照的那个原型就是身份原型，所以我一直说通过马克的反射法找到的原型是成品，因为两个原型都有了。但是，通过霍尔特的冲突法找到渴望原型后，我们还需要以此为参照，找到这些渴望者真实的社会身份，这个真实身份也一定代表着某个原型，我把这个原型叫作“身份原型”。

这样说比较抽象，我还是举个例子吧。比如，一只癞蛤蟆，它想吃天鹅肉，其实它是知道的，只有王子才有资格吃天鹅肉。在这种情况下，王子就是渴望原型，而想做王子的癞蛤蟆就是身份原型。

其实，还有更简单的方法来确定身份原型，那就是以你的品牌为参照，它的目标消费者就是身份原型，毕竟你不可能脱离你的产品去找另外的身份原型吧？即使找出来，也一定是瞄错了方向的原型。需要强调的是，消费者的身份一定要非常准确，一旦找错他们的身份，那么所对应的原型也不可能正确。

在挖掘原型的过程中，你很快就会发现真实的市场丰富多彩、千变万化，绝对不是马克12原型所能涵盖的，因此平时我们必须多关注和体验实际的社会生活，才能找到马克书里没有的原型。而我在“品牌原型从哪里来”那章介绍过的从社会生活中挖掘原型的方法，在下面我拆解的案例中马上就会用到。

三、破解原型密码

在品牌12原型理论中，马克对耐克、星巴克和万宝路三个案例都进行了解码，只是解码过程非常简单，简单到让人不敢相信。当然，这个“不敢相信”，是基于我们在《文化战略》一书中看到霍尔特历尽艰辛才拿到文化密码时的感受。

这就让我在破解原型密码阶段陷入了两难：用霍尔特的方法，难度极大，而且不能像生产线一样实现标准化产出；而用马克的方法，虽然可以直接对号入座，标准化是标准化了，但是出品质量很差，这就需要用到混血原型这个我自创的独门心法了。

渴望原型和身份原型都确定后，就要通过对两种原型的混血来破解原型密码了。这个工作虽然重要，却并不太难，只要分别找出两个原型身上的特质，把两个原型的特质综合起来，这时候的原型就是混血原型了。通过混血原型，就可以实现标准化、流程化地对原型进行解码并激活。现在，请你焚香沐浴、正心诚意，我要公布我的独门心法了：

◇ 身份原型负责原力的精确：用身份原型限定这些行为的方向

◇ 渴望原型负责原力的强弱：用渴望原型确定原型的行为内容

为什么要用身份原型来限定渴望原型的行为方向呢？因为任何一个渴望原型都可能有多种行为方向，当不能限定它们的时候，就存在偶然因素，就得靠碰运气，就有可能像李奥·贝纳那样，“花费八年时间、走了四次弯路”才能解开万宝路牛仔的原型密码，而在下一节我给出的案例演示中，用混血原型解开这个密码，几乎是几分钟的事。

再比如耐克，大家都知道它采用了“英雄”这个渴望原型，但要如何对这个英雄进行原型解码呢？简单来说，就是通过广告创意去表现英雄的内涵。这是一个大难题，要知道采用英雄原型的运动鞋可不少，但像耐克那样成功的仅一家。可见，找到合适原型，与正确解码之间隔着成功与失败这么大的距离。按霍尔特所批评的文化正统、马克所反对的生活方式营销，即我们最常用的表现方法，耐克的英雄形象应该是这样的：

行动方向：成功、夺冠等高光时刻

广告场景：高大上

人物选型：高富帅

但实际上，经耐克解码后的英雄是这样的：

行动方向：日常训练、沿街慢跑；历经磨难、艰苦卓绝

广告场景：脏乱差的贫民区、遍布血迹的黑人家庭、灯光昏暗的球场

人物选型：贫困黑人小孩和运动员；即使用乔丹，也尽量避免表现其成功那面，因为耐克曾经推出过乔丹帅气“飞翔”的广告，但3年也没有获得实际效果。

耐克如此反常，对那些不明白原型和集体无意识原理的人来说，不仅是懂不懂的问题，而且是信不信、敢不敢的问题了。霍尔特的伟大之处就在于，他深刻而准确地为我们揭示了这背后的原理。但是，要用霍尔特教的方法对原型进行解码的话，其复杂程度简直令人望而生畏，对多数人来说都是可望而不可即的事。

不过，如果用我独创的混血原型来解码呢？那将是一件非常简单的事，这么说太抽象，你肯定不相信用如此简单的方法就可以超越霍尔特和马克这两位大宗师。因此下一节，我的主要任务就是验证给你看。

第四节　混血原型案例拆解

为了让你能轻松地通过混血原型来破解密码、激活原型、唤醒原力，这一节，我将一方面通过已经暗合品牌原力理论的著名案例来拆解，这些案例也是霍尔特的文化派、马克的原型派以及定位派都在“抢”的案例；另一方面还要通过尚未实施过原力理论的案例来进行实战模拟，以便你掌握破解原型密码的正确方法。

一、著名案例拆解

（一）耐克

身份原型：凡人

耐克的身份原型既可以通过渴望原型去反推，也可以通过它的目标消费者来确定。根据霍尔特的分析，耐克的主要消费者是收入并不高且生活受到20世纪70年代美国经济衰退影响的普通人，因此属于马克品牌12原型中的凡人原型。

渴望原型：英雄

确定耐克渴望原型为英雄，是因为霍尔特已经交代了时代背景，在那个背景下，美国普通民众都已经懈怠太久，在社会变迁而导致的生活压力下，他们不想沉沦，都想重新激活美国梦，这就是他们未被满足的渴望。这个原型是用霍尔特的方法，通过社会观念冲突，在亚文化中发现的，肯定很准，而且潜力巨大。

原型混血：破解原型密码

我们先来看英雄这个渴望原型的特质都有哪些：历经磨难、艰苦卓绝、坚韧不拔、载誉而归、匡扶正义、除暴安良……这些特质决定了这个原型的行为内容。如果结合耐克的产品品类来看，英雄有功成名就的高光时刻，表现在耐克身上，就是运动员的夺冠时刻；英雄还有坚韧不拔、艰苦卓绝的磨难时刻，表现在耐克身上，就是运动员艰苦训练的时刻。针对英雄原型的这两个行为内容，我们都需要挖掘出来作为备选项，如果没有身份原型对它的限定，这两个行为特质都有可能被表现，这就是为什么对原型解码很难的原因。

然后我们再来看身份原型，凡人的特征有哪些呢？真诚、质朴、生活质量一般甚至贫困，还有坚韧、磨难……凡人这个身份原型的特质，都将限定渴望原型的行动方向。

现在我们来进行原型混血，凡人身上具有的英雄一面，肯定不应该是夺冠，对吧？显然，在凡人与英雄的契合性上，只能是艰苦卓绝、历经磨难的一面，而不是成功和夺冠的高光时刻。结合耐克的产品类型，很容易就能得出应该“表现运动员艰苦训练，而不是夺冠时刻”的结论。这与霍尔特在耐克身上挖掘的文化密码百分百一致，关键是不需要太多曲折就可以得出准确结论，证明了通过混血原型来破解原型密码的有效性。

（二）星巴克

身份原型：小资

在星巴克的案例中，我们同样采用霍尔特的基本分析，依据他的分析，星巴克当时所处的时代是美国的工业大生产时代，咖啡是当时中产阶段的常备饮品。但是，星巴克的消费者代表的身份原型在马克的品牌12原型理论中找不到，根据中国的习惯，我将它归入“小资”这个原型。这就是我反复强调要学会通过社会生活去挖掘原型的意义，因为马克12原型在实战中不够用。

渴望原型：探险家

依据马克品牌12原型理论，星巴克的渴望原型非常明确，就和北上广深那些身在大城市、心向大自然的人是完全一样的：世界那么大，我想去看看。显然，这是一个标准的探险家原型。

原型混血：破解原型密码

我们先来看符合探险家这个渴望原型的行为内容都有哪些。探险家嘛，喜欢自由自在，喜欢诗和远方，喜欢走进大自然，还喜欢冒险。再看看小资这个身份原型对探险家行为方向的限定：小资嘛，格调不能差，也不能太辛苦。这样一来，混血原型就有两个可能的表现方向了：自由和自然。但考虑到星巴克是咖啡，表现它天然的一面显然更贴近产品属性，因此很容易选择自然这个主题方向。如果换作是汽车品牌呢？可能就更适合采用“自由”这个方向，事实上，我在后面“品牌实战模拟”部分为女子轻便鞋设计的原型中，就采用了“探险家的自由”这个行动方向。

由此，我们对星巴克混血原型的解码就出来了：基于探险家的小资，有一颗时时想放飞的心，但并不想像真正的探险家那样辛苦付出，而只是想贴近大自然。这不但完全契合霍尔特绕了很大的弯子才找到的星巴克文化密码，也一并解决了霍尔特所说的“跨越鸿沟”难题，即真正能去探险的人是少数，这是一个亚文化，如果真的让星巴克的那些小资消费者也很辛苦才喝到星巴克，那他们肯定不愿意，因此在真正的探险家和空想的探险家间存在一道难以跨越的鸿沟。但如果采用我的混血原型打法，通过小资这个不想吃苦的身份原型，就限定了探险家这个渴望原型可能狂野的行为方向，因此自然就抹平了这道鸿沟。

举个真实的例子就更容易明白这一点，据新闻报道，一个叫刘景崇的广东佛山人，放弃了百万年薪的总经理职位，而常年在西安终南山隐居。刘景崇过的那种“采菊东篱下，悠然见南山”的生活，是很多都市小资都向往的，但是你真让他们去过这种生活，那他们会想：还是算了吧。这才有了丽江、香格里拉等具有世外桃源特征但生活并不辛苦的景区的红火。

（三）万宝路

看了对星巴克和耐克的分析，知道你还不相信通过混血原型解码原来这么简单，那我们就再来看看让李奥·贝纳摸索了八年、走了四次弯路才拿到正确文化密码的万宝路，用这个极端的案例再来验证一下我这个独门心法是否有效。

身份原型：中产阶级

在《文化战略》一书中，霍尔特明确指出万宝路的牛仔挑战的是那些成天坐在办公室里的“组织人”和“中产阶级”，因此我们就把万宝路的身份原型确定为中产。其实，用“上班族”这个原型来对号入座也行，不会影响破解原型密码的准确性。

渴望原型：牛仔

在马克的作品中，她将万宝路的牛仔形象归类为英雄。说实话，在这里马克有点“作茧自缚”了，硬要把牛仔归类为英雄原型是没有必要的，因为牛仔已经是特征明确、含义丰富的原型，既有英雄的特征也有探险家的特征。以后遇到这种情况时，我们不必非要用12原型的模子去套，完全可以从社会生活中寻找，这样的原型也许才是最准确的原型。

原型混血：破解原型密码

万宝路的身份原型是中产阶级，这个原型有勤劳的一面，也有生活相对安逸的一面。基于内心渴望想做牛仔的中产或者上班族，他们会想些什么呢？正如霍尔特所说，他们怀念过去自由自在的“非组织人”生活，他们希望跳出藩篱、打破常规、回归自然……在身份原型的限定下，这很容易得出“自己动手、辛勤劳作”的结论，完全契合霍尔特所认为的万宝路成功的文化密码。其实，还可以把身份原型变成军人试一下，那可能就需要挖掘跃马横枪、梁山好汉一样的文化密码了。

如果到了这一步你都还不能流程化、标准化地破解原型密码，那说明你没有找到我这个独门心法中的核心。你可以怀疑，可以反对，也可以说这个所谓的心法是骗人的，但是请恕我不能向你透露更多了。理论上讲，悟性稍高一点的人，一定能从字里行间找到钥匙。如果实在找不到，那只能说明你和这门心法的缘分还不够。不过，凭着混血原型的威力，多试几次一定能够正确解码，绝对不会像万宝路那样要经过八年摸索、四次弯路才成功，顶多是不能一击即中而已。

二、实战案例模拟：红旗汽车

星巴克、万宝路的案例都已经被定位派、文化派和原型派拆解过，虽然我加入拆解也无可厚非，但总有点倒果为因、捡人便宜的感觉。所以，下面我就找一个尚未被文化派和原型派拆解过的真实案例——“红旗汽车”（以下简称“红旗”）来模拟一下，力求让你从多个角度理解品牌原力理论的实操要点。

（一）挖掘品牌原型

1. 第一步：描述红旗所在的主流文化

现在各类汽车的主流文化，不外乎两大类：如果是轿车，通常是表现高贵、尊崇的富豪或者统治者原型一面；如果是SUV，则以自由自在的探险家风格居多。这其实就是马克所批评的“生活方式营销”的常规操作手法。

2. 第二步：识别当前的社会变迁

网上有个段子说，当前的中美矛盾，是“中国人民想过幸福生活，而美国佬不让我们过”之间的矛盾。想想自特朗普上台后针对中国一桩桩、一件件的发难，这个段子总结得实在太准确了。在这方面我们所能感受到的最大社会变迁，显然与中美关系恶化高度相关。

3. 第三步：找到社会观念冲突机遇

对红旗的战略机遇而言，现在最大的社会观念冲突在于中产和富人阶层对美国的态度变化。一部分富人阶层仍有崇“美”媚外的思想，但更多的人则对美国的百般挑衅义愤填膺，本土意识、国家意识达到了一个新的高度。针对国产品牌，尤其是红旗来说，这是一个非常难得的社会观念冲突机遇，并且，从国际政治趋势来看，这个机遇可能会长期存在。

（二）破解原型密码

1. 第一步：确定身份原型

红旗的身份原型很容易确定，它是百分百的统治者原型。对于这个原型，如果不用渴望原型对其限定，那么结果多数会像霍尔特批评的“文化正统”、马克批评的“生活方式营销”那样：某个西装革履的成功人士，开着威武、豪华的红旗汽车，行驶在一望无际、优美干净、空旷无人的公路上；或者品着红酒，美女相视一笑。这样不仅流于俗套，而且根本无法挖掘统治者原型的特质。

2. 第二步：确定渴望原型

根据前面对12原型的详细分析，相信你对统治者原型的几个层次已经不陌生了。一方面，统治者原型的高级阶段就有维护秩序、保卫和平的家国情怀；另一方面，在这个强敌百般挑衅、局势动荡不安的特殊年代，成为英雄去抵御外侮一定是统治者这个身份原型最大的渴望。

3. 第三步：破解原型密码

通过上面的挖掘，我们就确定了红旗的身份原型是统治者，而渴望原型是英雄，因此，它的混血原型就是“统治者+英雄”。下面，我们就来看看如何通过原型混血来破解红旗的原型密码。

（1）通过渴望原型确定混血原型的行为内容

英雄有坚韧、磨难的一面，耐克就选了这个；英雄也有保家卫国、直面挑战的一面。当然，英雄还有功成名就、衣锦还乡的一面，可能这就是坎贝尔的代表作叫《千面英雄》的缘故吧。

（2）通过身份原型限定混血原型的行为方向

红旗的身份原型是统治者，这与耐克的身份原型是凡人不同。因此，红旗的身份原型对渴望原型的限定一定在保家卫国、抵御外侮层面。

（3）从原型混血到破解密码

通过上面的限定，就可以知道对红旗混血原型的解码应该是：直面挑战、迎难而上；抵御外侮、保家卫国。这个解码可以有两个层面的含义：一个是国家层面，另一个是企业层面。因为红旗的很多消费者都是企业高层，他们的企业也会经常面临挑战，所以这样的解码具有双关的意味，更容易引起消费者的共鸣。

不过，仅仅破解原型密码还不够，还需要运用社会的、文化的、市场的、品牌的相关密码来打造出与原型相应的意象，才能唤醒原型身上的原力。并且，需要将这个打造出来的意象运用到广告、包装、公关、渠道等与消费者接触的各个层面，才能对消费者产生影响。由于文章结构的原因，我把打造原型意象的内容放到了下一节。

第五节　实操阶段三：打造原型意象

还记得吗？我在本章一开始就介绍了品牌原力理论的实操心法，现在我们来复习一下，总体来说，打造原型品牌的实操要点是：挖掘原型要有力、破解密码要准确、打造意象要贴切。接下来，我还是以红旗为例，把上面没有完成的落地流程完成，这样你就能以一个真实的案例，把打造原型品牌的全部流程和要点贯通起来。

这里需要提醒一下，所谓的原型意象可以是广告，也可以是Logo，甚至也可以是声音，你可以把打造原型意象的过程简单理解为创作广告的过程，以免陷在晦涩的心理学概念中出不来。因为在某种角度上，广告形象和文学形象、神话形象并无本质区别，它们都可能是原型的象征形式。当然，要想原型发挥威力，我们必须根据实操第二步所破解的原型密码去贴切地塑造广告形象，才有可能激活原型，这就是我在实操心法中强调“打造意象要贴切”的原因。

一、分析品牌素材

在霍尔特的《文化战略》中，挖掘素材和文化密码的过程就是他所说的文化表述，难度非常大。他认为可以通过亚文化、媒体神话和品牌资产去搜集原始素材及挖掘文化密码。由于在发现红旗亚文化机遇的过程中已经涉及对媒体神话和亚文化素材的运用，因此这里我们着重分析如何通过红旗的品牌资产来搜集素材。

红旗用过的部分广告词

统领时代，驾驭未来！

锐意争先，凌驾同群。

登峰造极，看我红旗！

风云变幻，永远的红旗。

尊贵超凡，盖世之选。

万水千山走，红旗一路领先！

一代名车，得意选择。

如虎添翼，更上一级。

超越以往，再创辉煌。

优秀的车配优秀的您。

超卓科技，尽如您意。

至臻完美，尽显殊荣。

开足马力，追赶第一！

扬民族志气，开中国红旗！
强中更有强中手！
尊贵象征，信心保证。
杰出表现，尽显超凡。
无论春秋冬夏，红旗纵横天下！
…………

红旗的广告词堪称一部红旗的“文化密码大全”了，我们完全可以从中发掘出红旗的原型内涵。结合现在的国际风云，我们可以顺理成章地得出红旗的原型密码，它由三部分构成：

◇ **身份密码：国家**

◇ **渴望密码：直面挑战**

◇ **时代密码：抵御外侮**

当这三组密码被挖掘出来后，我想任何一个品牌策划人，都知道怎样去打造品牌的原型意象了。

二、创新广告表现

由于红旗品牌的身份敏感，在表现抵御外侮的时代密码时，不能具象，不能实指，因此可以采用象征的手法来进行。比如，可以用不好的天气、极差的路况以及各种灾害来类比外来挑战，而用红旗克服这些困难的过程去表现原型的内涵，要着力表现克难、坚韧、磨难和勇敢的一面，这才是一个代表国家出征的英雄在遇到外敌时的真实境况，才能激起同仇敌忾的集体情绪，才能利用原型潜藏的人类共同记忆，发掘红旗这个特殊品牌的深层内涵。

还需要注意的是，打造品牌的原型意象的时候不一定非要用人物形象，很多时候也可以是角色感受的对象，人、事物，甚至某个观念都可以。不过，如果以非人物形象出现，我们的表达就要有对象感，这个对象就是原型角色，广告里面的内容是对着角色表达，对着角色说话。当然，在打造原型品牌的实际操作中，需要进行多方面的调查和研究，肯定不能像我这样纸上谈兵，用个把小时就把一个大品牌的原力唤醒工作完成了。

三、输出品牌形象

到输出品牌形象的环节，打造原型品牌的流程与定位理论基本一致。这本来不是本书讨论的重点，但是考虑到对红旗的模拟还没有结束，所以就以红旗为例，继续按此流程进行模拟落地。

（一）提炼slogan

Slogan是品牌形象系统最重要的要素，在前面的过程中，我们对原型品牌的表达内容进行了四个层次的限定，现在我们来总结性回忆一下。

第一层限定：利用中产和富人阶层从崇美到反美的社会观念冲突机遇

第二层限定：确定混血原型——“统治者+英雄”

第三层限定：混血原型密码的限定——保家卫国、抵御外侮

第四层限定：创意内容的限定——表现磨难和挑战的过程

现在到根据这些限定进行的创意环节，粗看起来，这样的限定好像约束了创意的发挥。但实际上，它可以起到定方向的作用，以免搞出那些看起来天马行空实际上离题万里的创意。

一般来说，提炼slogan要遵循准确性、记忆性、艺术性三大原则。首先是准确性，准确表现创意的方向是提炼slogan最重要的原则，在实际操作中，很多策划人喜欢炫技，去构思一些很容易获得广告大奖却有可能离题万里的金句。在几重限定的情况下，提炼原型品牌的slogan一旦遵循准确原则，最低也可以拿到60分了。其次是记忆点，在准确的基础上，如果还能创意出一些记忆点，那么这个slogan就可以拿到80分了。最后是艺术性，艺术性是可遇不可求的，有当然好，没有也不要强求，如果在准确性、记忆性的基础上还能有艺术性，那么这个slogan就可以拿到100分的满分了。

在上述三个原则中，是依循先后顺序的，准确是第一位的，切不可先追求艺术性，否则最后极有可能是零分。比如“收礼只收脑白金”这个slogan，从艺术性来讲几乎为零，效果却出奇的好，就是因为遵循了准确要

放第一位的原则。明白我对准确特别倚重的原因，才能理解实操心法三大要点中的“打造意象要贴切”的真正含义。根据这些限定和原则，我创作的红旗slogan如下：

1. 万千挑战，让我先上，红旗汽车

2. 有挑战，我先上，红旗汽车

其实这句slogan用“家国有难，让我先上”效果更好。但是红旗毕竟是商业机构，可以借力政治，但不能涉足政治。万千挑战，只要知道红旗历史和地位的人，几乎都能联想起国家目前的处境，容易激发统治者原型的爱国情绪；对那些政治不敏感的人，这句话则具有双关意义：很多红旗的消费者都是某个公司的高管或者一个家庭的顶梁柱，在日常生活中，在创业过程中，在公司管理中……人生的挑战何止万千？“让我先上”容易激起他们的英雄气概。

因此，这个slogan能很好地表现“统治者+英雄”这个混血原型的特质，同时语言比较简洁且押韵，有利于口头传播；从另一层面看，“让我先上”或者“我先上”充满正能量，无论对国家、对组织、对家庭还是对社会，都需要这样的正能量。因此，它容易获得口碑和网络传播效果，具有广泛传播的“金句”潜质。

（二）平面/视频广告

除非是家喻户晓并且形象稳定的品牌，否则仅靠一句slogan来诠释品牌原型是远远不够的，还必须依靠包装、广告、公司文化、公关、画册等元素进行整合传播。当然，最好的传播手段还是广告。

进行广告创意可能涉及代言人问题，如果红旗要选代言人，吴京应该不是最好的选择，因为吴京身上的英雄原型太过强烈，会冲淡统治者原型。所以，张丰毅、李幼斌、陈道明、濮存昕这些年龄偏大但男子气概不减的老戏骨，可能是红旗更好的代言人。

我为红旗构思的表达方式，与我们常见的“生活方式”品牌喜欢表现消费者高贵、奢华、尊荣的方式完全不同，所以可能激起对它是否有效的质疑。如果你也正好有这样的疑问，可以对照耐克的广告看一下。

耐克厉害的地方不仅在于那句“just do it”，还在于它敢于用黑人小孩、贫民区、血、脏乱差等文化密码去表现“just do it”。从这个意义上说，霍尔特是绝对的一代宗师，他为我们揭开了这个品牌动能的终极秘密，而我只是一个拾人牙慧的后辈末学罢了。

实战擂台

1. 为你公司的品牌模拟一下唤醒原力的过程。

2. 你认为唤醒红旗原力的案例还有哪些可以优化的地方？

3. 试着模拟唤醒华为的品牌原力并提炼slogan。

（欢迎到微信公众号“两栖派品牌实战研究院”与我切磋）

第九章　为什么要用原型派理论打造品牌

在中国，如果以品牌理论的实操效果而论，王老吉应该算是定位派的巅峰之作。但是，王老吉和加多宝的战争开始后，人们发现，中国定位第一人邓德隆在加多宝身上，难以重现王老吉往日的辉煌了，同样是邓德隆操刀，为什么加多宝现在的表现反而不如王老吉？如果真正懂得定位理论，你就明白这并不是所谓的“定位无效”“定位过时”导致的，而是定位遭遇了自己的盲区。那么，定位的盲区是什么？用什么办法可以让加多宝重现辉煌呢？

第一节　定位攻左脑，原力攻右脑

◇ 正如跟风产品毁灭了产品时代，跟风公司也毁灭了形象时代。当每一家公司都努力为自己建立形象时，其互相干扰的程度之高导致没有几家公司能够取得成功。

◇ 进入20世纪70年代后，品牌形象也跟着USP行不通了。由于众多的企业都在塑造形象，形象与形象之间的类似，使消费者难以区分。

◇ 20世纪90年代末，尤其是在竞争较强的行业，品牌形象理论逐步暴露出它的根本问题。虽然人人口里挂着“品牌形象”这个词，但真正通过塑造品牌形象来经营的品牌，鲜有成功的案例。

上面的内容是在各种和定位有关的著作中，定位派对形象派的直接批评。当然，仅仅站在定位的角度，这些批评都非常有道理，而且是事实。但是，如果站在品牌或者战略的角度，就会发现这些批评的偏狭之处。

如果仅仅站在维护形象派的角度去回应这些批评，那这个回应本身也会失去价值。但如果站在发现新理论机会、为加多宝这样遭遇定位盲区的品牌寻找“解药”的角度，去分析这些批评所指问题的真正原因，对品牌操盘手来说，则可能是一道新的“天窗”。

一、定位派的全球代言人：沃尔沃遭遇了定位的盲区

在所有商品品类中，汽车都算得上是价值极高的超级品类，因此历来都是各种品牌理论的“必争之地”。假如你熟悉定位理论，让你说出汽车领域中哪个是最能代表定位思想的品牌，我相信沃尔沃绝对是首选。

（一）沃尔沃最听定位派的话

第一，如果要问沃尔沃的定位是什么，几乎稍微了解一点沃尔沃的人都能不假思索地想到“安全”这个词，这在定位理论中属于非常标准的“占领心智”。与此相对的是，在谈到奔驰、宝马、奥迪这些同类品牌的定位时，即使是定位老手，用词也是千差万别，必须总结一番才有可能统一意见。

第二，这么多年来，沃尔沃一直恪守“安全”这个定位不动摇。沃尔沃的创始人曾说过：“车是人造的，无论做任何事情，沃尔沃始终坚持一个基本原则——安全。现在是这样，以后还是这样，永远都将如此。”

这使沃尔沃既不像其他品牌那样胡乱进行品牌延伸，也没有时不时就更换广告词。“对沃尔沃来说，每年都是‘安全年’”，这样的广告完全可以证明这一点。沃尔沃可谓深得定位“心智规律”三昧，是定位教科书级别的典型案例。

（二）定位派给沃尔沃的回报欠佳

然而，将定位理念践行得最好的品牌，不但没有凭借定位的威力在众多汽车品牌中胜出，反而连向奔驰、宝马、奥迪、雷克萨斯这样定位相对模糊的品牌看齐都有困难了。

在早期的欧美市场，沃尔沃的表现不如定位模糊的奥迪、雷克萨斯等，而被迫卖给中国吉利后，它的表现也乏善可陈。虽然汽车是我认为的中性品

牌类别，从战略的层面讲，这里面有很多品牌决定不了的因素，但仅就品牌塑造而言，我想也一定存在仅从定位的视角看不到的问题。

（三）奥格威的洞见

其实，关于沃尔沃这个问题的答案，我们应该到屡屡被定位派视作反面教材的形象派那里去找，因为它的创始人奥格威早就给了我们答案。在长期的实践中，奥格威首先从威士忌、香烟、啤酒等同质化最严重的商品中得到启示，发现“品牌和品牌的相似点越多，消费者选择品牌的理智考虑就越少”。这里请注意“理智”这个词，它正是定位的基础，因为定位是标准的左脑派理论，必须依靠理智发挥作用。由此奥格威认识到，最终决定品牌市场地位的是品牌总体上的性格，而不是产品间微不足道的差异。

可以说，奥格威这个发现绝对称得上是洞见，完全可以解释汽车、箱包、男装、运动鞋、白酒、啤酒、香烟等一大堆产品高度相似的品类容易遇到的问题。我们先来看看汽车这个品类，站在定位派或者品牌商的角度，大家都非常清楚各个汽车品牌的定位：

奥迪：低调内敛，官方用车

宝马：高调张扬，新贵用车

奔驰：稳重大气，成功商务人士用车

沃尔沃：最安全的豪车品牌

…………

但问题是，传统汽车技术发展到现在，不但外观设计差异微小，就连内部性能也高度一致，通过定位区隔出来的那些微小差异，消费者根本就感觉不到。正如奥格威所说的那样，“品牌和品牌的相似点越多，消费者选择品牌的理智考虑就越少”。显然，定位理论在相似度极高的品类面前，遭遇了盲区。

（四）遭遇盲区的不仅是汽车

其实不仅是汽车，所有产品本身差异化非常小而品牌又处于同一档次的品类，都会成为定位的盲区。这里请记住，必须“产品差异很小”“品牌档次相同”这两个条件同时存在时，才是定位的盲区。我自认是一个“定位粉”，而不是“定位黑”，搞好品牌才是我们的真正目的，而不是抬高或贬低某个门派。

再回到定位的盲区上来，不信你在脑子里搜索一下，看看在白酒、男装、汽车、香烟、啤酒这几个类别中，有什么采用定位而成功的案例？先来看看白酒，中档的泸州老窖、全兴、宋河、古井贡、西凤、双沟、金种子是这样，高档的五粮液、剑南春、水井坊、茅台也是这样。同样的情况还有男装，如利郎、雅戈尔、报喜鸟、九牧王……也不见定位派创出一个定位鲜明的领导品牌。可以说，在这些品类中，你能看到的业绩差异，很多时候都不是由定位导致的品牌拉力带来的，而更多是由渠道产生的营销推力带来的。

二、定位派的中国代言人：加多宝也遭遇了定位的盲区

弄懂定位盲区的形成机制后，我们再来看看定位派的中国代言人加多宝的情况。显然，连邓德隆这个“定位第一人”对它都回天乏术，可见加多宝遭遇的也一定是定位的盲区，否则作为一个刚性品牌，不可能连邓德隆都搞不定。比起沃尔沃，加多宝的悲剧在于，由于特殊的企业遭遇，从消费者的眼光来看，以“产品差异很小+品牌档次相同”这个标准来看，还有比它和王老吉之间更相似的品牌吗？

定位理论一直高度重视消费者的心智认知，加多宝的麻烦是，它宣传改名的攻势越大，在王老吉并没有从渠道消失的前提下，在消费者的认知中，就越会强化它和王老吉是同一个产品的事实。在这种情况下，还谈何品牌差异化呢？当在消费者心智中不能将它与王老吉进行区隔时，加多宝就会遇到一系列致命问题。

（一）从科斯定理看加多宝

如果加多宝和王老吉在同一个货架上相遇，双方的市场份额就有“同时消失一半”的可能。如果你熟悉经济学科斯定理的运用，就更能看清这个问题的麻烦所在：从科斯的角度看，假定加多宝和王老吉背后是同一个老板，这个老板就会发现，本来在货架支付了两个占位的费用，应该占据两份市场才对，现在倒好，在与诸如可乐、茶饮料、水饮料、功能饮料、果汁等互为替代品的品类竞争中，王老吉和加多宝这两个品牌因为“好像是一家”，合

起来就只能占有一份。由于存在这个挥之不去的麻烦，在王老吉并没有消失的前提下，我们看到的只能是一个不断走弱的加多宝。

（二）加多宝成也心智，败也心智

只要你真正认同定位的“心智讨厌改变”规律，就一定也会认同这个残酷的可能：加多宝在与王老吉“同台竞技”时，消费者更看重代表了“正宗”的王老吉。这一方面解释了它们的战争开始后，为什么加多宝短暂爆发后不断衰落，而王老吉在逐步走强，因为一开始王老吉没有反应过来，真的是从货架上消失了，所以加多宝可以昙花一现。另一方面也解释了它们“同台竞技”时，双方市场份额本应出现“同时消失一半”的双输局面，可我们看到的是王老吉在初期疲软后逐步走强的原因——加多宝在品牌拉力系统的每一分投入，都在渠道这个推力系统起到了帮助王老吉的作用。

从这个角度看，加多宝的走弱就很好解释了：一方面，它必须用强大的广告攻势去告诉消费者自己改名了，否则谁也不会买一个不知名还有点小贵的品牌；另一方面，它的每一分投入又是在为王老吉“做嫁衣”，邓德隆本来以为这是一个天然的“关联定位”，没想到却如同饮鸩止渴般留下这么大的后遗症。显然，在定位的盲区，用定位的药方，当然治不了加多宝的病，即使它请的是邓德隆这样的定位派神医。

三、定位派和“加多宝”们的解药

对那些定位派搞不定的品类，难道就没有办法搞品牌吗？万宝路、百事可乐这些与沃尔沃、加多宝遭遇相似却非常成功的品牌，用事实告诉我们，非也！其实，定位派看不起的品牌形象理论，它的创始人大卫·奥格威已经告诉我们方法：“最终决定品牌市场地位的是品牌总体上的性格，而不是产品间微不足道的差异。”

（一）品牌人格就是“加多宝”们的解药

看到奥格威这句话，你肯定想起了马克的搭档、品牌12原型理论的共同创建者卡罗·S. 皮尔森博士说的那句话：“我们的探索旅程是由内在的原型来指引的，每一种原型都代表一种人格。”难怪很多中国的品牌营销人都把这种以荣格原型的方式给品牌注入的灵魂，叫作品牌人格。可见，用原型派的理论来重塑品牌，就是那些汽车品牌、白酒品牌、男装品牌的解药，当然，也是加多宝的解药。

那么，品牌原力理论如何解决加多宝的问题呢？由于加多宝的“怕上火，就喝加多宝”属于理性诉求，加多宝向王老吉正面去抢这个诉求，只能在消费者的认知中加剧两个品牌是“一家人”而王老吉更正宗的印象。

显然，此时加多宝最好的选择不应该是违反定位一直强调的心智规律，从理性角度去改变消费者心中的既有认知，而是应该从感性角度，用那些注重品牌人格的原型派理论来重塑品牌形象。比如，文化战略理论、品牌原力理论、品牌12原型理论，甚至品牌形象理论，都可能是比定位理论更好的选择。

（二）给加多宝注入原力这个品牌灵魂

下面，我就试着用品牌原力理论的方法，为加多宝开一剂解药，以求抛砖引玉。经过前面对品牌原力理论的学习，相信你也是具备提供解决方案能力的人了。因此，你也可以根据你的思路，对我开出的药方进行优化，如果有好的想法，欢迎到微信公众号“两栖派品牌实战研究院”与我切磋。

1. 打造加多宝的原型品牌形象

社会观念冲突机遇：从社会学的角度看，在40年前，我国的城乡二元结构对人口的迁徙限制很大，而广大的农村作为人口最为稠密的地区，人与人之间的是美国社会学家马克·格兰诺维特所说的“强关系”。但是，随着改革开放的深入，城镇化规模不断扩大，我国城乡二元社会结构正在解体，人与人之间由以往的熟人关系正逐步变成陌生人关系，格兰诺维特所说的“弱关系”社会正在取代以往的强关系社会。这其实就是霍尔特所说的人口结构变化导致的社会变迁，在以陌生人为主导的社会中，绝大多数是白手起家、靠自己打拼的人。

渴望原型：《水浒传》人物林冲

身份原型：白手起家的城市打拼者

混血原型解码：由于这个原型的表达必须结合加多宝的历史遭遇，因此应该着力于表现出它遭受的不公、挫折、无奈，但并未因愤怒而失去理智。也就是只能表现林冲受欺负的一面，不能表现他上梁山的一面，否则可能就会违反公序良俗。“时来天地皆同力，运去英雄不自由”是这个意象最好的表达，要表达英雄的落寞与隐忍，从而激起人们的抗争意识。

Slogan：人生总有无奈，怕上火，就想想加多宝。

虽然由于广告法和社会舆论的限制，加多宝无法直接在广告中表现自己遭受的不公，但是通过原型独有的象征力来表达这些情绪，受众一定会明白加多宝想表达的意思，并且非常可能结合自己的人生境遇，与加多宝产生共鸣。

2. “想想加多宝”的威力

看了上面的slogan，你可能很疑惑，“怕上火，就喝加多宝”与“怕上火，就想想加多宝”这两句话之间，就二字之差，有那么大的区别吗？

我的回答是：当然有！

因为，在“就喝加多宝”这句话中，“喝”这个动作限定了消费者的场景，并且与加多宝的独特遭遇没有任何关联。

但是“想想加多宝”中的“想想”这个动作就不同了，消费者什么地方都可以想，不但没有任何场景限制，而且可能结合自己的现实际遇、人生感悟等，在看到广告的当下就可能把自己的心境与加多宝的遭遇联系起来，这就是原型的力量。有了这么强的联系纽带，到了真正的购买场景，当加多宝与王老吉再次“同台竞技”的时候，还怕拼不过对方吗？

另外，“怕上火，就想想加多宝”这个slogan依然保留了加多宝“怕上火”这个定位，延续了消费者的联想，只是在联想的时候，通过原型的象征力强迫中断了他们自然而然“滑向”王老吉的联想，而勾起他们内心的抗争意识。这就让习惯于高举高打的加多宝仍然延续以前的广告攻势，但再也不会担心为王老吉“做嫁衣”。其实，这也是“定位攻左脑，原力攻右脑”两个理论双剑合璧的运用。我将在“品牌五力模型”一章的“工具是杠杆”部分介绍这个打法，并在“品牌实战模拟”一章用长发专用洗发露、奋斗者的酒和最轻的鞋等案例模拟这个打法。

当然，这个广告如果与一些媒体的公关报道同步进行，效果会更好。比如，可以用“被迫放弃红罐，加多宝伤痕累累”这样的标题来渲染王老吉的“霸道”、加多宝的无助。可以说，这是一次只属于加多宝的社会观念冲突机遇，只可惜曾经让它成功的定位理论，也让它产生了路径依赖，从而在机遇到来的时候，错失了最好的表达时机。不过，现在赶紧把课补上，加多宝也还是有机会的。

（三）来自耐克的经验

其实，耐克也遭遇过这样的时刻，我们来看看它是如何表现的。在2000年前后，因为涉及在有些国家不适当雇用童工的问题，耐克遭到了美国舆论界的“围剿”，在这个看起来必须低调的时刻，耐克却推出了一个不寻常的广告：

> 一个男子跑过一个似乎要瓦解的世界，尽管城市在燃烧、子弹在乱飞，但他没有因此停下脚步。他淡然地漠视一切，只注意到身边也有另一个人在跑步……

显然，耐克是在表现公司遭到“围剿”后的感受。

为什么原型派给出的解决方案，竟然与几十年前奥格威的理念如此一致呢？这是因为，从底层逻辑上说，形象派与原型派，其实同是“一家人”。

四、品牌原型的三个层次

到这里，品牌原力理论系统差不多已经向你交代完毕，由此得出一些基本结论对你来说已经不是难事了，现在我们试着来做一些理论层面的总结工作。正所谓理论联系实际，实战和理论是一个硬币的两面，要成为品牌高手，这两方面的功夫都很重要。在实际的市场环境中，原型对品牌的影响存在着强弱的不同，我按强弱将其分为了三个层次，分别是分类层次、表达现状层次和反射渴望层次。

（一）荣格是原型的1.0版本：分类层次

荣格认为，人生中有多少典型情境，就有多少原型。从这个角度来说，任何一个品牌都可以被归入一个原型，但是，这个层次的原型仅对荣格这样的学术人士起到原型分类的意义，对品牌塑造和营销活动则几乎没有价值。

因此我把这时候的原型，称为原型1.0版本。

以荣格的理念来看，即使是用定位理论创作出来的广告，也能被划归为某个具体的原型，只是当我们没有刻意激活原型的时候，它的力量很弱，不能与受众产生共鸣。比如沃尔沃所定位的安全，就是一个照顾者原型；而那些经常强调自己是某某领域领导者的人，则是统治者原型；自然，那些号称自己是某某专家的人，通常就是智者原型了（这个有例外）。

由于没有相应的原力唤醒系统，很多品牌的原型特征仅仅达到分类层次，完全没有挖掘出隐藏在原型背后的强大动能。因为每一个原型都需要相应的原型意象去唤醒，每一个原型都有自己独特的激活方式，当缺乏适当的文化密码来表达原型意象时，原型就会一直沉睡。

（二）奥格威是原型的2.0版本：表达现状层次

还记得马克反对的"生活方式营销"吗？用这种营销方式塑造的品牌就是"生活方式品牌"，这是一些"原型是什么，就表现什么"的品牌。其实，这也是霍尔特批评的那些热衷于表现"主流文化"的品牌。

如果我们进一步检视就会发现，按照奥格威品牌形象理论塑造的品牌，多数是这种品牌。遗憾的是，奥格威摸到了原型的门径，却没有拿到打开原力大门的钥匙，这导致通过品牌形象理论创造的广告表现很不稳定：在触发了品牌原型的时候，劲道十足；而在没有触发原型的时候，则表现平平。

比如他的代表作之一，哈撒韦衬衫那个著名的"戴眼罩的男人"，就是一个典型的叛逆者原型，这则广告使哈撒韦衬衫一炮而红，当年的销量就暴增三倍，自此闻名全美。世界各地的报纸都曾刊文讨论这则广告，引发了几十个品牌的竞相模仿，据奥格威说，仅在丹麦他就看见过五个不同的模仿版本。

可能是因为成名太早，奥格威没有进一步发展他的理论，致使品牌形象理论一直停留在原型浅层的表达现状层面，没有挖掘出原型那令人激动人心的潜力。因此，按照品牌形象理论的方法，也就不可能流程化地稳定产出具有爆发力的创意，所以我把它归类为原型2.0版本。

如果奥格威老爷子还健在，他看了我的品牌原力理论后，一定会说："在于华的品牌原力理论身上，我看到了品牌形象理论的影子，从某种角度说，这个原力理论就是我的形象派外加一个荣格的原型嘛。有我形象派的外家功夫，加上荣格原型的内家功夫，难怪于华有‘定位攻左脑，原力攻右脑’的底气。”

（三）霍尔特和马克是原型的3.0版本：反射渴望层次

到了霍尔特和马克的阶段，他们要么提倡到文化正统反面去挖掘亚文化机遇，要么要求到原型背后去找寻找未被满足的渴望，殊途同归地找到唤醒原型原力的方法。当然，吸收了霍尔特和马克两位大师的思想精髓，并且由我进行“微创新”并升级的品牌原力理论，也属于这种情况。

这时候的原型，反射的是未被满足的渴望，因此具有强大的动能。顺理成章地，我把这个层次的原型叫作原型的反射渴望层次，它是原型的3.0版本。当你想利用原型的威力塑造品牌时，无论如何都必须想办法达到原型的第三个层次，也就是反射渴望层次。否则，你塑造出来的虽然也是原型，但原型的威力不可能被完全发掘出来。

其实，除了从原型的三个层次可以看出形象派与原型派本是一家，我们还可以从左右脑的分工模式上，看到形象派与原型派的关联。

五、定位攻左脑，原力攻右脑

在主流的品牌实战理论中，如果以实战特点来看，我们似乎可以把瑞夫斯创建的USP理论叫作“卖点派”，把奥格威的品牌形象理论叫作形象派，而把里斯和特劳特创建的定位理论叫作定位派。以此类推，我们还可以把霍尔特的文化战略理论叫文化派，把马克的品牌12原型理论叫原型派。那么，我整合的品牌原力理论呢？由于它师法荣格，自然也应该叫原型派了。

但是，如果以美国心理生物学家罗杰·斯佩里的“左右脑分工理论”来看的话，那又是另外一种分法了。根据斯佩里这位获得1981年诺贝尔生理学和医学奖的科学大师的研究，人类的大脑可以分为左、右两半，分别有着不同的功能。大致来说，左脑负责和理性相关的功能，右脑则负责和感性相关的功能。

罗杰·斯佩里认为，我们的左脑应该被称为“理性脑”，它的主要功能在于处理文字、数据等抽象信息，有理解、分析、判断等抽象思维功能，具有理性和逻辑性的特点；右脑则应该被称为“感性脑”，它的主要功能是处理声音、图像等具体信息，有想象、创意和灵感等功能，具有感性和直观的特点。

现在，我们再来看看上面那些品牌理论，显然，卖点派和定位派都是偏向理性多一点，而形象派、文化派和原型派呢？肯定是偏向感性多一点了。基于这个理由，我们完全可以把卖点派和定位派叫作“左脑派”，而把形象派、文化派和原型派都叫作“右脑派”。

如果一个产品功能卖点突出，技术创新性强，或者产品本身处在新市场、新领域，此时通过理性描述产品卖点和市场优势去影响消费者的左脑，显然更容易获得成功，那么，用定位这个左脑派理论来塑造品牌当然就是最好的选择。但是，如果某个产品身处竞争激烈的市场，产品功能与竞品高度相似，或者产品本身具有很强的人文属性，那我们就应该避免从理性的角度，试图通过定位去影响消费者的左脑，而更应该从感性的角度，通过影响消费者右脑去塑造品牌。

在定位派无能为力的领域，用原力理论去开拓人类右脑这片蓝海是有科学依据的，只是品牌营销界一直没有人以更高的视野，把所有理论都按影响人体脑区的不同分出“左脑派”和“右脑派”，导致这么多年来大家都在一窝蜂地用定位这个左脑派工具挤在左脑忙活，用时髦的话说，都内卷化了，却忽视了右脑这个空白地带、蓝海地带。因此，为了适应真实的市场需求，一个优秀的品牌操盘手只有同时掌握定位和原力这两门理论，用“定位攻左脑，原力攻右脑”，打造的品牌影响力才能对消费者的左右脑实现全方位覆盖。否则，一旦遭遇定位的盲区，对品牌的塑造工作就必然陷入和加多宝、沃尔沃一样的境地。

第二节　数据说话：原型特征清晰的品牌有更好的市场表现

“品牌不是精密科学，它是一门艺术，也是一门科学。”这句话是凯文·莱恩·凯勒在《战略品牌管理》一书的序言中说的，从中可以看出，凯勒虽然是现代品牌理论的代表人物，《战略品牌管理》也被誉为“品牌圣经”，但对通过品牌理论来操作品牌究竟是艺术还是科学这事，学术大佬也是模棱两可。

说它是艺术吧，无数的品牌理论都在宣称，按照他们的方法操作就能成功；说它是科学吧，却很少有数据来证明某个品牌理论对品牌“亲测”有效。

虽然人们都希望把品牌理论对品牌的影响科学化、数据化，但是一直以来，我们都无法进行像医学界那样对品牌理论进行严格而科学的“双盲实验”。所以无论是稍早的USP理论、品牌形象理论，还是现在的定位理论、文化战略理论，都只能通过逻辑推理来说明本派思想对品牌的作用，而很少拿出量化的证据。

难能可贵的是，品牌12原型理论的创始人马克和她的团队在这方面进行了有益的尝试，为我们提供了原型理论具有极高品牌实战价值的科学佐证。对此，她进行了两个方面的实验。

为了研究某些电影题材能在市场上经久不衰的原因，马克与美国南加利福尼亚大学电影学院教授保罗·伍兰斯基针对过去50年的500多部影片进行了分析，为我们找出了什么是最热门的故事“传送系统”。他们看了一部又一部的电影，专门研究那些票房好的影片而不是叫好不叫座的片子，这样的样本更有说服力。

他们的分析最后显示，过去50年来所有票房大卖电影都整体或部分地反映了神话的原型模式，在大多数的例子里，这些原型都有文学上的先例，如宗教故事、神话故事和民间传奇，虽然这些原型故事的细节各不相同，但基本的架构几乎差不多。现在，你明白为什么坎贝尔的《千面英雄》会成为好莱坞的最爱了吧。

马克的另外一个研究是直接针对品牌进行的。对品牌资产评估比较熟悉的人都知道，全球最有影响力的品牌资产评估系统是扬罗必凯广告公司创建的，叫作BAV（Brand Asset Valuator）。马克曾担任扬罗必凯的执行副总裁，研究期间则正担任这家著名广告公司的特约顾问，这使得她能通过BAV去进行品牌的量化研究。

BAV脱胎于朗涛形象力模型（Landor Image Power），经过扬罗必凯改造后，可以通过差异性、相关性、尊重度、认知度这四个要素来评估品牌的状态。BAV研究的对象涵盖了33个国家、100个商品类别，研究人员分析了超过13 000个品牌，多达12万消费者接受了访谈，从而能深入解释品牌兴衰的复杂成因。

为了准确分析原型对品牌的影响，马克和自己的研究团队在BAV的基础上开发了一个先进的算法系统，从48个维度对品牌进行了全方位的扫描。像乐于助人、粗犷、自在、真实、大胆等在我们看来非常主观的、定性的维度都被赋予了定量的权重，从而使她的分析具有了很高的可信度。

比如，他们的分析显示，很多消费者都把可口可乐看成是一个天真者的品牌，它解释了为什么可口可乐那个可爱又好玩的“北极熊”广告能够在激烈的竞争中脱颖而出，获得其他广告所没有的成功。而大家耳熟能详的可口可乐换了味道推出“新可乐”这件事，也因为这个分析让我们有了一个新的观察角度——可口可乐换掉的是原本属于它的天真者的原型，这对那些具有天真者原型特征的消费者来说，比其他任何形式的替换都要算是更严重的侵犯和背叛。在过去，这个解释权一直被定位派垄断，特劳特就认为，消费者不接受新可乐的原因是它改变了他们心中既有的定位。

马克和她的研究团队还利用BAV系统非常成熟的MVA（市场增加值）和EVA（经济增加值）这两个指标，研究了迪士尼、柯达、西尔斯、哈雷、GAP等50个知名品牌，分析了它们从1993年到1999年六年间的情况，分析结果显示：具有鲜明原型特征的品牌，它们的MVA增长幅度比那些原型特征模糊不清的品牌高出了97%。

同样地，在EVA这个指标的增长上，原型特征突出的品牌的比起那些原型特征模糊的品牌，也高出了66%。

从这里，你应该可以推测出，那些原型特征清晰的品牌应该位于原型层次的第三层，也就是反射渴望层；而原型特征模糊不清的品牌则极有可能位于第一层，也就是原型归类层。显然，这使我们利用原型派理论来进行品牌建设更有信心。

实战擂台

1．你看到过定位无能为力的案例吗？能分析一下原因吗？

2．你觉得加多宝的品牌突围之路应该怎么进行？可以分析一下吗？

3．你觉得定位和原力有双剑合璧的可能吗？为什么？能举例说明吗？

（欢迎到微信公众号“两栖派品牌实战研究院”与我切磋）

第三篇

原型品牌打造教程

第3步：构建品牌配称

——品牌五力模型

原型品牌打造教程	第 1 步	第 2 步	第 3 步	第 4 步
	透视品牌边界	唤醒品牌原力	构建品牌配称	模拟品牌实战

品牌五力模型？看到这个名称，相信你一定有看到冒牌货的感觉。你没看错，品牌五力模型这个名称，就源于迈克尔·波特在《竞争战略》中提出的五力模型，在此我特意将他老人家分析战略的思想，移植到品牌理论上来，我是在用这种特殊的方法，向这位竞争战略之父致敬呢。

行文自此，本书的内容已经向你交代过半，这时候的你已经掌握透视品牌的各种方法，还在本已熟悉的定位工具之外又学会了一个新的撒手锏——原力。如果仅仅想对品牌做粗略了解，说实话，这些内容也差不多够了。但是如果你想靠品牌吃饭，想获得将品牌理论落地的能力，那就必须将各种与品牌相关的思想融会贯通，这部分的内容就是为这个准备的。

由于成天在市场上冲杀，从事品牌实践的企业最容易犯的错误是，不管什么方法论，看见市场上什么火，就蒙着头往什么冲，虽然勇气可嘉，但是盲目行动的代价常常也不小；而那些搞品牌理论的人，最容易犯的错误则是喜欢关起门来搞研究，以为只要懂得品牌本身就够了，忘记了品牌要受很多因素的制约，当然，也忽视了品牌还有很多不错的帮手。

怎样才能搞好一个品牌呢？我在前面多次说过：战略是方向，产品是基础，品牌是灵魂，工具是杠杆，场景是标配，营销是动力。这一连串的“是”，其实就是品牌建设所需的配称，也就是帮手。由于这整本书都在讨论品牌，因此我把其中的“品牌是灵魂”抽取出来，将剩下的五个“是”组成品牌建设的配称心法，借用波特战略五力模型的思想，将其叫作“品牌五力模型”。

第十章　品牌五力模型之一：战略是方向

我一直说，战略是方向，你懂得方向的意义在哪里吗？它可以避免我们这些成天搞品牌的人陷在一个叫品牌的“井”里坐井观天。做品牌的时候，最好能跳出品牌看品牌，这样才能看得更真切。以战略来指导品牌意义重大，因为从战略的角度看，可以使企业成功的道路有很多条，很多企业并不依靠品牌获得成功，而站在品牌的角度永远也不可能得出这个结论。仅仅这个，就有可能为企业节省一大笔钱，而战略对品牌的意义，这仅仅只是其中之一。

第一节　从“金字塔战略模型”看战略要素

在我创建的品牌五力模型中，产品、工具、场景和营销都是围绕品牌进行配称的，只有战略，必须把它放到品牌的位阶之上去考虑，否则就会本末倒置，就会以为依靠品牌可以打天下，那后果往往不堪设想。为了把企业必须以战略为主导的原理，以及它对品牌、产品、场景、工具和营销的影响和关系说清楚，我特别创建了“金字塔战略模型”来帮助你理解战略的中心地位。

一、“金字塔战略模型”的双向性

既然称为“金字塔战略模型”，那就代表塔尖的价值高于塔基的价值。对应到企业的发展上，越是靠近塔尖的要素，对企业的影响就越大；而越靠近塔基的要素，对企业的影响就越小。不过，我这个“金字塔战略模型”是

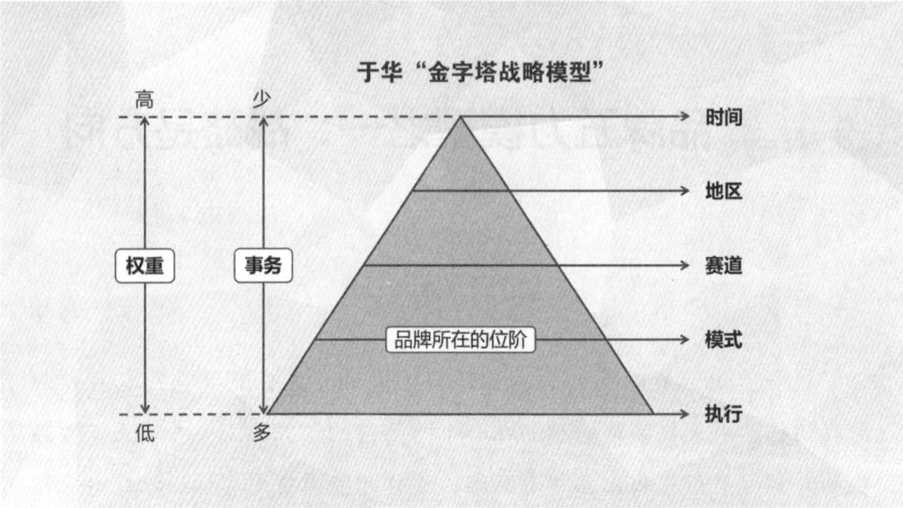

双向的，它还有另一个面，就是企业的执行层面，从企业的执行层面看，越是塔尖的部分，执行事务越少，越是塔基“不太重要”的部分，执行的事务越多。

你明白“金字塔战略模型”的原理后，再去看雷军那句“不要用战术的勤奋，来掩盖战略的懒惰”的至理名言，就会理解得更透彻。原理很简单，越是塔尖部分，就越具有四两拨千斤的效果，它花费企业的精力不多，对企业的成败影响却最大，当然最值得花精力去“勤奋”了。

都说“一将无能，累死三军”，如果辩证地看这个问题，这里的“将”并不一定指人，在企业的真实环境中，它更可能是“金字塔战略模型”中靠近塔尖的战略要素。因此，在搞品牌之前，多花些精力在战略层面是值得的，因为越是权重大的事项，实际上需要执行的事务越少，相应地，需要支付的直接成本也很低；如果不把战略权重大的事项想清楚，而一味地靠近塔基的品牌层面看问题，出现事倍功半的结果，往往就是注定的。

二、影响企业成败的战略五大要素

影响企业成败的五大要素分别是时间、地区、赛道、模式和执行，需要说明的是，这五大要素并不是绝对的，不同的战略流派、不同的人，对战略有不同的理解。但是无论怎么样的架构，都应该对市场的真实情况有很强的解释力，我这个模型是基于战略来俯视品牌的，不但对品牌环境具有很高解释力，即使是对战略本身而言，不仅具有解释力，还有较高的指导价值。

（一）时间要素

时间要素包括宏观、中观和微观三种，分别对应时代、年代和风口不同的时长。当然，必须说明的是，这个分法是经不起学术检验的，仅仅用于我们理解战略和时间的关系。通常来说，时间越是宏观，对企业的影响越大，但也越是我们无能为力的地方；时间越是微观，对企业的影响越小，但也越是我们能主动出击的地方。

1. 宏观：时代

宏观上的时间可以称为时代，它对企业的成败具有决定性作用，却是我们不能自主的部分。比如，生活在战火纷飞的抗日年代的企业家，与生活在当今国运昌隆年代的企业家，其成就是不可同日而语的。不过，对处于同一时代的竞争性企业而言，时代就不重要了，真正可以做到在时间面前人人平等，在进行战略考虑时，就可以作为数学上的同类项合并处理。

虽然时代是个体无法左右的要素，但我仍然把它作为最重要的因素放在塔尖，因为这是事实。另外，这容易让我们养成正确的归因能力和分析习惯，是跳出品牌看战略的一个范例。

2. 中观：年代

从商业角度看，中观上的时间可能会表现为某一个消费观念、技术潮流或者市场阶段为主导的时期，比如电子商务、改革开放、买方市场等。在中观阶段，企业的自主意识会强很多，能对中观时间有了解并能把握的，往往是市场的先行者，比如我国最早的下海者、最早炒房的那批人，以及马云那一代的电子商务倡导者等。

说到马云，他的总参谋长曾鸣对企业如何利用和适应中观时间最具洞察力，提到企业家应该培养终局判断能力，应该站在未来看今天。曾鸣认为，企业愿景要看十年，要对未来的假设和信念不断思考，对未来最可能发生的产业终局进行判断，要不断地实践，然后不断纠正。

这样说吧，每个中观的时间阶段，几乎都能诞生一批超级企业，只说近的，互联网时代诞生了百度、腾讯；电商时代诞生了阿里、京东、美团；社交时代诞生了抖音、拼多多；而新消费、新国货时代，钟薛高、元气森林、王饱饱等正在崛起……通常情况下，中观的时间对企业成败的影响高于其他战略要素，也就是高于地区、赛道、模式和执行对我们的影响。当然，既然有通常情况，也一定还有特殊情况。比如，有时地区对企业的影响可能比中观的时间更大。以十年为期来看，在珠三角开公司，与在西部地区开公司相比，成就的差异几乎就是决定性的。

3. 微观：风口

在商业上，我们习惯把微观的时间叫作“时间窗”，有点“过期作废”的意思。对很多行业而言，时间窗一旦过去，企业的发展就会进入事倍功半的阶段，这才有所谓的“风口”一说，正如雷军所说的，“站在风口上，猪都能飞起来”；而风口一旦过去，鸟也可能掉下来。

现在的新国货品牌、新消费品牌就是一个风口，它值不值得企业去抓呢？对不以品牌为战略环节，而通过商业模式来获取竞争优势的企业来说，风口的价值是毋庸置疑的。但从品牌的角度看，我们都喜欢百年品牌，也许在起步阶段，在积累原始资本阶段，风口对品牌会有点帮助，但是对一个想打造百年品牌的企业来说，这点优势往往是可以忽略不计的。

具体到当前的新消费品牌、新国货品牌，它们的确比其他品牌幸运一些，用时髦的话说，它们赶上了供应链红利、“Z世代”（出生在1995—2009年的人）红利和渠道红利。但是，如果搞错战略位阶，刚性品牌企业错把“消费升级”当成商业模式去追逐，违背品牌运作的基本规律，那品牌的生命力一定不会长久。事实上，为了考察品牌和市场趋势，目前市面上热销的新国货品牌我都消费过，说实话，有些品牌的品质并不像它们说的在奉行“产品主义”，反倒给人“炒作主义”的感觉。我认为这些品牌能维持三年的热度都非常困难，毕竟所谓的“Z世代”消费者虽然年轻，但并不傻，何况他们也会长大。

在时代、年代和风口这三个时间段中，最值得企业家把握的就是中观时间段了。因为年代太久，生于哪个年代是个体无法左右的；而微观的风口往往稍纵即逝，并不值得要打造百年品牌的企业争分夺秒。中观的年代就不同了，这几乎是所有身处市场的企业都能感受到的，并不需要太敏感的触觉。

其实股神巴菲特的黄金搭档、美国著名投资家查理·芒格有句话把这个原理总结得很精彩："宏观是我们必须接受的，微观才是我们可以有所作为的。"比如，以新消费品牌、新国货品牌为标志，中国必将开启一个以十年为基本单位的新消费时代，值得所有想打造百年品牌的企业早日布局、重仓进入。

（二）地区要素

在对企业成败的影响上，虽然我把地区要素列在时间之下，但在某些时候，地区和时间是同等重要甚至更加重要的。对当前的中国企业而言，地区要素也可以从三个层面来看，分别是市场、区位和产地。所谓市场，是从销售层面看的；所谓区位，是从生产所需的供应链配套层面看的；而产地，则是从品牌打造所需的信任状层面看的。

1. 市场

市场包括全球市场和中国市场，随着中国企业的发展壮大，全球化成了很多大型企业的必然方向，因此世界各地区的营商环境、投资回报等都成了很多企业关注的焦点。比如美国新闻网每年发布的"××年全球最佳创业国度"排行榜，它主要依据投资成本、政府制度、出产成本、与其他国家的接洽度和生产要素的能力等五个维度进行评比，这些维度是企业选择在哪个市场开展业务的重要参照。

相比之下，国内市场的选择相对简单，在经历改革开放初期混乱的地方保护主义之后，中国当前的市场已经是一个政策统一、文化统一和要素统一的大整体，影响企业选择的仅仅是消费能力和消费习惯较少的维度，不像在国际市场那样要考虑各方面的影响。不过，站在品牌建设的角度，虽然战略层面的市场权重不大，但是战术层面的权重是不小的。比如，较为时尚的消费品一般喜欢"以高打低"，也就是先从一线城市、中心城市发力，慢慢去影响周边的卫星城市。再比如，诸如王老吉一类带有功能诉求的产品，一般会选择与该功能相适应的市场作为源点市场……这些战术层面的影响还是值得我们多多思考的。

2. 区位

钟薛高、三顿半、完美日记、元气森林、王饱饱……如果你是成天和宝洁、联合利华、可口可乐、雀巢打交道的人，对这些名字稍微有点奇特的新国货品牌应该不会太熟悉，不过这毫不影响它们的火爆。至于这些新国货品牌的快速崛起，肯定是多因素综合作用的结果，不过用元气森林创始人唐彬森的话说，这背后一定有中国基础设施红利在支持。

站在品牌建设的角度来看，近二十年来中国最大的基础设施是什么？应该不难想到，它就是“中国制造”，就是强大的中国供应链网络。而这些供应链的所在地，通常都位于珠三角和长三角，也只有这些占据独特区位优势的地方，才有可能把供应链所需的原材料、研发、制造、创新、物流、消费全都整合起来。

上面我列出的那一长串新国货品牌，要么把自己的工厂设在了珠三角和长三角，更多的就是诞生于这两个地区的品牌。很难想象，你在西藏、青海能成功打造出这些高度依赖基础设施的品牌，甚至全球热卖的美国品牌特斯拉、苹果也要不惜和美国总统作对，把自己的产生基地设在中国，这都是区位具有极大战略权重的例证。

这两年，网络上流传了一个所谓的电梯理论，用来解释那些新消费品牌、新国货品牌为何快速爆红。这个电梯理论，与其说是理论，不如说是一个段子，其大意是说：有三个人乘电梯上楼，一个在电梯里原地跑步，一个在做俯卧撑，一个在用头撞墙。无论做什么，都不影响他们全都快速上了顶楼。有人问他们是怎么上来的，他们也实在，分别说自己是跑上来、撑上来、撞上来的，就是没有人说自己是乘电梯上来的。

这个段子虽然浅显，它的分析也不是专门针对区位来说的，但是能很好地让人明白选择正确的区位对企业成功的重要性。从这个角度说，区位和风口一样，只要选择得当，也具有四两拨千斤的作用，而著名的“胡焕庸线”则是区位重要性最经典的说明。

3. 产地

你可能很奇怪，我在影响生产的区位之外，还会单独把品牌的产地也列出来作为战略要素对待。如果你真有这个疑惑，只要想想为什么很多国产品牌都喜欢给自己取个洋名，就明白了。不要觉得只有那些传统品牌才这样做，其实有文化自信的“Z世代”年轻消费人群支持的新国货品牌也是这样的，东洋味十足的元气森林就是例子。除了取洋名，还有些中国内地品牌喜欢把自己的公司注册地写为香港某个地方，而这个地方往往只有一个人接电话，并无企业实体。

粗看起来，这是崇洋媚外的心理在作怪，但它的底层逻辑是产地信任状。所谓产地信任状，就是来自优势产区的产品会自带信任状光环，很多时候，这个光环能极大地左右消费者的选择。比如红酒，仅仅“波尔多”三个字就能为你的品牌加分不少；又比如汽车，“德系”两个字也能让消费者掏钱更加爽快……

通常来说，每个品类都有自己的优势产区，这个优势产区会通过历史的、文化的、媒体的、社会的、习惯的、心理的等综合因素影响消费者的认知，这种综合因素的影响会大大强于单个品牌对消费者的影响。只有明白产地信任状的作用，才能明白为什么现在做白酒的动不动就说自己的产品来自茅台镇，也才能明白为什么人们在买醋的时候会下意识地喜欢山西品牌，而买红酒的时候又喜欢法国货了。

（三）赛道要素

“赛道”是投资界的常用术语，其实站在品牌的角度，直接用“行业”来代表这个词的意思也可以。但站在战略的层面看，行业这个词的颗粒度太大，既不能表达赛道所包含的跨行业情况，也不能表达某个行业存在多个模式，也就是多条赛道的情况。当然，从战略规划和管理运营的角度，这两个词都可以表达出它们在战略层面的重要地位。下面我们来做一个小测试，可以让你更好地理解行业和赛道对企业成败的影响。

三百六十行，行行出状元。

女怕嫁错郎，男怕入错行。

选择比努力更重要。

没有不行的行业，只有不行的企业。

上面这些自相矛盾的话，你觉得哪句才是正确的？看起来，好像不太好回答，但如果引入概率思维，结果就会很清楚。显然，用“三百六十行，行行出状元”和“没有不行的行业，只有不行的企业”的思维来选择赛道，成功就是小概率事件；而以“女怕嫁错郎，男怕入错行”和“选择比努力更重要”的思维来挑选行业，则可以极大地提高企业成功的概率。

随意选择赛道和精心挑选行业对企业的影响会有多大呢？从我创建的“金字塔战略模型”上看，同等条件下，赛道选得好，可以事半功倍；而行业挑得差，绝对是事倍功半。也就是说，好的赛道可以让执行更简单，成功更容易。

另外，在我的“金字塔战略模型”五大要素中，时间和地区要素总有一点“谋事在人，成事在天”的感觉，但是从赛道这里往下，则是每一个要素都是企业可以自主决定的了。换句话说，如果生在不好的时代，或者不好的地区，我们可以怪老天爷不公；但如果选错了赛道，或者商业模式设计有问题，或者执行能力上不去，那就只能怪自己了。

用“品牌价值透视”那章的知识很容易理解赛道对企业成败的影响，刚性品牌、弹性品牌、中性品牌和自然品牌都位于不同的赛道，如果你擅长品牌运作，那么选择刚性品牌就算是选对了赛道；而如果你选择了自然品牌的赛道，却不能站在战略层面去审视，而仍然以品牌为战略环节（核心竞争力）去参与市场竞争，那么失败就是大概率事件。

（四）模式要素

我将模式列为“金字塔战略模型”五要素，并不是想让你获得关于商业模式设计的技能，因为对所有品牌企业来说，都只有一个模式，那就是差异化模式，或者说是品牌模式。但我仍然将它列出来，是想再一次强调品牌的“作用边界”，是想让你再次明白这个道理：企业是可以通过多种模式去参与市场竞争的，品牌只是其中的一种，这既是商业市场的事实，也是战略思维的重点。

从战略角度看，时间、地区、赛道、模式和执行对企业成败的影响是这样的：越靠近塔尖的部分，影响越大；越靠近塔基的部分，影响越小。那我们最关注的品牌位于哪个影响层次呢？显然，它就位于模式这个层次，也就是从上往下数第四个层次。

前面，我们已经学习过波特的三大根本战略，这里再复习一下，因为这和模式的关系很大，它们分别是总成本领先、差异化战略和目标聚焦战略。在以往简单的市场环境中，波特这三大根本战略具有很强的解释力，几乎可以指导我们全部的市场竞争活动。

但是在“全球化+互联网”的双重作用下，各地的市场越来越具备“完全竞争市场”的样态。在复杂多变的竞争环境中，三大根本性竞争战略那种相对笼统的分类方法虽然比阴阳五行、《道德经》、《周易》对市场的解释力强很多，但对经营的指导作用却在逐步减弱。比如，几乎所有互联网模式都可以归为差异化战略范畴，从学术角度，这样归类自然没有错，但马云、王兴、黄铮仅懂得这个的话，肯定无法赢得竞争。因此，我们必须用放大镜来审视波特三大根本战略中的差异化，把它进行无穷细分，才有可能在其中进化或分化出蓝海战略、平台战略、生态战略等新的战略模式。我这样说并没有牵强附会，因为波特自己就认为，即使是三大战略中与差异化相提并论的总成本领先，其实也是差异化的一种方式。当然，品牌就更是他老人家眼里根正苗红的差异化模式。

经过前面的铺垫，让我们再次回到老话题，从差异化战略包罗万象的特性可以看出，企业要获得差异化的竞争优势，可不只有打造品牌这一条路，它还可以通过“技术研发、产品设计、顾客服务、商业网络及其他方面的独特性”去实现。通过从战略的高度俯视品牌这个差异化模式，能让你具有我将在下一节谈到的“整体打局部”和“高维打低维”的战略思维，避免你在遭遇非品牌要素的竞争时既看不懂也打不赢的情况。

当然，作为一个搞品牌的人，我们幸运的是：虽然让企业赢得竞争优势的模式很多，虽然在互联网大潮中各种新模式层出不穷，但品牌这个模式仍然是所有差异化模式中最重要的一种，也是市场规模最大的一种。品牌操盘手赖以安身立命的大舞台并没有缩小，更没有消失。

（五）执行要素

在我设计的“金字塔战略模型”中，执行要素位于最下层，也就是排在五大要素的最末位。虽然不如其他要素对企业的成败影响大，但良好的执行是企业成功的必要条件，也是企业经营中最难、最烦琐、最花时间、最耗成本的环节。

在企业的实际经营中，涉及执行的事务实在太多了。广义来讲，“金字塔战略模型”上与时间、地区、赛道和模式相关的宏观决策事务也是执行；当然，技术研发、管理、财务、人力资源管理、销售、渠道、投融资、架构设计、公司治理等微观环节更是执行的“主业”。看到这里，你可能会想起波特的价值链，是的，我曾说过，价值链对应的就是一个个的部门，而每个部门都有自己的执行事务。

由于本书侧重品牌实战探索，而不主讲企业战略设计，而执行又是战略中最底层、事务性最多的节点，因此在“战略是方向”层面上谈执行，有必要把与品牌相关的执行环节细化一下，以表现战略对品牌少有的配称作用。按照品牌建设的阶段和任务的不同，我把执行分为品牌塑造、品牌应用、品牌营销、品牌管理四个阶段，以便从战略的角度指导品牌建设工作。

1. 品牌塑造

由于关于品牌塑造的定义繁多，所以我只强调在我这个分级话语系统中的定义，它是指：通过定位、原力等品牌理论进行一系列操作，让企业拥有一套符号系统，这套符号系统代表了企业对特定产品或服务的档次、市场和用户的区隔，并赋予这个产品特定的形象、意义、文化和调性。

那么这个符号系统包括什么呢？它包括你所在行业的品类名称、品牌名称、Logo、slogan，以及产品的包装、广告表现和应用于你企业的VI系统等。这一系列符号都是由上面我说的档次、市场、用户以及形象、意义、文化和调性所限定和决定的，需要维持它的整体性、统一性和持久性。

此时，这套符号系统才刚下生产线，还没有应用到产品和企业上，还没有得到消费者的体验，因此它还不是真正意义上的品牌。

我对这个分级及其定义如此较真的原因是，当前很多企业的品牌建设都依赖第三方咨询公司的帮助。在品牌建设的四个阶段中，总是有些咨询公司擅长这个，有些擅长那个，如果搅在一起，就有可能出现能力和任务不匹配的矛盾，最终导致双方都不愿意看到的结果。

2. 品牌应用

明白品牌塑造的定义之后，再来理解品牌应用就简单了，品牌塑造就相当于策划了一套符号系统，这些符号是被各种东西限定的，这时候，我们需要将这套符号“贴”到能被消费者看到的各种地方，这都是些什么地方呢？最重要的当然就是应用到产品上了，也就是用到产品的内包装和外包装上；其次就是应用到各种广告上，包括平面、音频还有视频广告，当然可能还包括未来新的广告形式，比如AR（增强现实）、VR等；第三大应用的地方就是企业内部，它可能表现为你最熟悉的VI形式。

3. 品牌营销

品牌营销就是通过媒体把品牌宣传出去、通过渠道把品牌卖出去。在品牌建设的全过程中，“战略是方向，产品是基础，品牌是灵魂，工具是杠杆，场景是标配，营销是动力”。我们给一个产品安放了品牌这个灵魂后，这部分的工作就相对静态，剩下的就是艰苦卓绝的营销工作，这是一个既重要又艰难的工作；品牌不死、营销不息，这也是只要品牌还活着就不会停的工作。同时，品牌营销也是法无定法，受外部环境影响最大的工作，我将在品牌五力模型的“营销是动力”部分细讲。

4. 品牌管理

品牌管理就是时不时检查品牌的应用和营销情况，看看有没有“违法”行为，也就是不符合当初对品牌一系列规定和限定的行为。最容易看见的就是和VI相关的违法行为，比如错用标准字、标准色，应用场景错误之类；不太容易发现的是产品促销价格影响规定档次、广告表现不符合定位之类。如果有就要及时纠正，以保持品牌形象和原初的设定一致。

弄清品牌建设的阶段和相应的定义倒也谈不上意义重大，但这能让我们通过它分清品牌咨询公司和企业，以及各类品牌咨询公司之间的职能，毕竟经济学鼻祖亚当·斯密早就说过，分工导致专业。有些品牌咨询公司为什么老被指责不专业？很多时候就是对分工不了解导致的，明明只擅长某个阶段的工作，却揽了全部阶段的活——这不就是所谓的品牌全案吗？最后一定是既辛苦还会被指责为没能力。

看完了执行所包含的复杂而琐碎的诸多节点，很有必要反过来看看“金字塔战略模型”五大要素中的其他要素，你在时间、地区、赛道和模式上的任何努力，都是使执行变得更简单的行动，反之亦然。看到这里，你应该又想起了雷军那句“不要用战术的勤奋，来掩盖战略的懒惰”的名言了吧？

三、战略五大要素之间的关系

在梳理“金字塔战略模型”五大要素的关系之前，我们先来看两个大家耳熟能详的案例。

案例1：麦肯锡兵败实达

深圳实达是1996年就已成功上市的著名IT企业，在经历几次自我变革的失败后，于1998年与在国际上享有盛誉的管理咨询公司麦肯锡达成了咨询协议。然而事与愿违，麦肯锡的介入不但没能让实达变得更好，反而导致了数千万元的间接损失，被业界称为“麦肯锡兵败实达”事件。

案例2：竞争战略之父波特开的公司倒闭了

2012年11月，由于深陷资不抵债的困境，由迈克尔·波特发起成立的一家战略咨询公司摩立特集团不得不向法院申请破产保护。“战略大师也救不了自己的公司”的新闻让波特非常难堪，他透过《哈佛商业评论》澄清：“我从来不曾为摩立特工作过。”

关于上面这两个案例，一向是行业争论的焦点，还有人声称从此再也不相信战略的作用了。可见，不能正确对企业的成败归因，真是贻患无穷啊！下面，我就试着来剖析一下这两个案例，顺便让你理解“金字塔战略模型”五大要素的相互关系。

众所周知，一个项目的成败，是“金字塔战略模型”五大要素中时间、地区、赛道、模式等宏观因素，以及产品、营销、管理、资本等微观的执行因素共同作用的结果，每个环节都正确才能使企业成功，而一个环节出问题就可能导致整个项目失败，把大家耳熟能详的“木桶理论”套用到这里，非常有助于你理解。换句话说，你的企业要想成功很难，因为每个环节都必须做好；但要失败很容易，因为任何一个环节出问题就够了。

显然，麦肯锡也好，波特也好，虽然他们都是顶尖的战略高手，但这仅仅是企业成功的必要条件，而非充分条件，他们的存在，仅仅会影响“金字塔战略模型”五大要素中的前四个要素，但他们对执行是无法跟踪，也无法左右，甚至（可能）是也不擅长的。因此，一个项目的成功，不能简单“归功”于品牌咨询公司；一个项目的失败，也不能简单“归罪”于品牌咨询公司，一定要学会正确归因才能对双方的合作有帮助。

当然，对搞品牌而言，学会正确归因，更大的意义在于跳出品牌看品牌，看到“金字塔战略模型”五大要素各自的功能及边界，看到每个要素的相互关系，看到品牌成败的决定因素……只有这样，你才具备真正的战略思维，也才能正确地以战略为方向来指导你的品牌建设，你的品牌之路才会变得顺畅。

第二节　养成战略的思维习惯

在进行品牌建设的时候，我曾多次提醒，即便是以品牌为战略的企业，也就是刚性品牌企业，战略本身的作用都应该是前置的。进行品牌规划时，首先思考的应该是在这个市场以什么样的模式更容易取胜，其次才是把品牌作为与产品、技术、营销等并列的思考层次列入你的备选清单……

一、高维打低维

记得二十来岁的时候，我有一次和上司同去拜访一位业界老前辈，聊到开心处，这位前辈让我们猜他的年龄。我猜四十岁，我上司猜五十岁，而那位前辈的实际年龄已经超过六十岁。因为我的猜测结果严重失准，所以从那以后，我对评估年龄这事就比较在意。由此我有一个发现，如果猜年龄比我小的人，一般比较准确；而猜年龄比我大的人，就容易失准。

这其实很像王朔那句著名的诘问：“年轻算屁啊！谁没年轻过，但你老过吗？”显然，以丰富的阅历来审视简单的经历，还是相对容易一些的。前几年刘慈欣的《三体》火了后，“降维打击”这个词流行起来。某天，我突然恍然大悟，猜年龄这事和“降维打击”在原理上不是一回事吗？

在一个企业中，战略事关全局，商业模式也好，核心竞争力也好，打法也好，产品主义也好，都得服从于战略的设定，战略无疑就是思考中的高维了；而品牌虽然也很重要，但毕竟要服从于战略的限定，何况如果在弹性品牌或者自然品牌企业中，品牌根本不在战略思考之列，因此相对战略而言，算是低维。

如果我们看清战略的属性，什么时候应该重视品牌，什么时候应该忽视品牌，就会一目了然；如果我们能对战略融会贯通，再去进行品牌方面的决策，自然就会有眼观六路、耳听八方的感觉。而不至于像我猜年龄一样，总对比我高维的年龄猜不准，这就是懂得战略就可以对品牌建设高维打低维的意义。

二、整体打局部

就拿我们平时管团队的事来说吧，总有些团队的秘密只能让合伙人知道，而另外一些秘密可以让高管知道，少数的秘密才能让大家都知道。如果公司某个阶段资金紧张，为了保持士气，不是每个公司都能向员工如实坦白的吧？因此，管理层相应做的一些节省成本的动作，就很难被基层员工理解。特别是，某个项目可能刚上马，虽然你是出于成本考虑才关掉的，但在不知道内情的基层员工看来，你是非常任性地“想关就关”了。

所以我经常感叹，就算一个基层员工的能力与高管完全一样，他的决策质量仍然不可能比高管高。为什么呢？因为他掌握的信息不够全面。

再拿这个道理来看品牌和战略的关系，相对而言，战略是整体，品牌只是局部，如果只了解品牌这个局部的信息，只懂得品牌这个局部的原理，就很难针对企业这个整体做出正确的决策。那些只懂品牌而不懂战略的人，应该就是盲人摸象在商业上的表现吧。因此，要想把品牌搞好，我们就必须把视野放宽，懂得战略的方法、懂得战略的思想、懂得战略的原理，才不至于一叶障目而不见泰山。

第三节　给新国货品牌、新消费品牌的两个启示

吴晓波的《大败局》相信很多人都看过，里面有个叫姜伟的浪漫主义企业家，在他的沈阳飞龙拿到在香港上市的资格后，他居然因为觉得自己没有准备好而放弃上市；为了让公司的管理规范化，竟然让全公司停业整顿，带高管集体去美国取经。你应该能想到结果，等他们“学成归来”时，山河已经易手，从此，他再也没有机会爬起来。现在，我们就来看看姜伟能给我们这些搞品牌的什么启示。

一、围绕卖货搞品牌与围绕品牌卖货

这两年，有很多针对新国货、新消费品牌“只会买卖货”的指责。从长远来讲，这样的指责是正确的，新国货品牌最终肯定要进行品牌化建设才有大发展，但是，新国货品牌也绝不可以学姜伟搞“品牌浪漫化”，否则必将重蹈他的覆辙。

新国货品牌是我们这个时代特殊生态下的产物，它带有明显的电商卖货烙印，这对品牌建设是不利的。但这也是它最大的优点——可以快速完成原始资本的积累。在这个竞争白热化的时代，做品牌固然可以是崇高的理想，但前提是一定不能丧失生存能力。因此，对新国货品牌来讲有两条路可以走：一条是“围绕品牌卖货”，另一条则是“围绕卖货做品牌”。这是两个不同的战略方向，适用于不同的企业现实。

什么叫围绕品牌卖货呢？就是一切按照品牌建设的流程和规范，按照奥格威说的，每次宣传都要能“为品牌的长期积累做贡献”，伤害品牌形象甚至对品牌形象增值没有帮助的促销尽量不要做或者少做。从这里能看到姜伟的感觉吗？其实，有些品牌咨询公司就是这样给新国货品牌做建议的，害人啊！

什么叫围绕卖货做品牌呢？就是尊重企业当下品牌能力差、销售能力强的现实，在不影响销售能力的情况下，按照品牌塑造的思路循序渐进地进行品牌建设。比如，可以先从VI的角度开始，由于新消费品牌多数是从网络

开始的，其视觉权重一定是大于线下的。都说消费升级，你可以从外表开始升，因为这是消费者最容易感觉到的。待VI搞定后，再从定位理论、原力理论要求的原则开始逐步规范和升级。总之，在发展的过程中，要容忍对品牌建设没有帮助的销售行为，因为留得青山在，不怕没柴烧。

显然，多数新国货品牌能走的，都应该是围绕销售做品牌的路子。因此，我们可以把新国货品牌的发展分成短、中、长三个时期，如果借鉴毛主席“论持久战”的战略思想，这三个阶段大致应该是这样的：

短期，也就是第一个阶段，是品牌的防御阶段，这个阶段企业应该以活下去和积累原始资本为第一要务，可以进行一些局部的、低成本的品牌建设活动；中期，也就是第二阶段，是品牌和销售的相持阶段，这时候要品牌与销售并重，不可偏废，否则会导致新国货品牌一直陷在小圈子里走不出来；长期，也就是第三个阶段，是品牌反攻阶段，在这个阶段，品牌建设的权重要大于卖货，对品牌形象有伤害的卖货行为要禁止，就像传统品牌不敢乱打折一样。

这样，一个能兼顾长短期利益、保持战略灵活性的品牌就会被打造出来。显然，这才是多数新国货品牌、新消费品牌应该走的品牌建设之路。

二、搞品牌不能过度拟合

除了要避免沈阳飞龙式的浪漫主义，新国货品牌、新消费品牌要想走出新路子，还需要从电商品牌那里吸取一点教训。知道为什么淘宝、天猫这样的平台很难塑造品牌吗？因为它有“强平台，弱品牌”效应，这是你最常听到的解释。其实，还有一个为我们所忽略，却可能是更重要也更反常的原因——那里的广告费没有被浪费。什么？互联网费了九牛二虎之力才帮我们把“不知道浪费在哪里的一半广告费”找回来，我却说电商因为这个才很难打造品牌。是的，不过要回答这个问题，我们需要引入“过度拟合”这个概念。

过度拟合（overfitting）是统计学上的概念，是指在调适一个统计模型时，因为使用了过多看起来精确的参数，有可能导致一个荒谬结果的现象。

简单点说，就是在执行的时候过度在意细节而忽略了大趋势。

拿过度拟合的危害来衡量电商品牌和社群品牌行为，那绝对比比皆是。每一分投入都要严格根据ROI（投资回报率）进行，当我们短视到要计较每一个点击，不想浪费哪怕一分钱的广告费时，品牌在教育用户时所需要的传播冗余就被完全消灭了。

比如在天猫店铺首页，本来非常需要放上展示品牌形象的Logo、slogan、形象广告之类的东西，但电商卖家对数据化的工具用得太熟练了，一看量子恒道的“首页焦点图”，发现Logo、slogan这些玩意对流量变现和转化根本没有贡献，就随手换成了秒杀商品、今日热销之类的东西，轻轻松松就把“传递品牌价值”这个重要的消费者教育内容灭掉了。令人欣慰的是，现在已经有新国货品牌意识到了这点。比如，成立才短短三年就已上市的美妆黑马完美日记，就用传统品牌“浪费广告费”的投放方法在电商和私域流量领域横空出世，获得了惊人回报。

过度拟合还有另外一种形式：用户隔离。有些人以为，品牌是活在真空里的——只让掏钱的用户看到就行了，好像这样才不会浪费广告费。但实际上，品牌是活在生态里的，生态包含很多，比如供应链、媒体、渠道、非精准用户等。就拿用户来说，所有用户才是全生态，部分用户仅是半生态。

有些品牌可以活在半生态里，比如，只重视安全价值的那部分品牌，比如买某个品牌的药。但有些品牌必须活在全生态中，几乎所有注重精神价值的品牌都是如此，特别是奢侈品。我们都知道奢侈品的心理价值高过实际的产品价值，雕爷甚至说过具有实用价值的产品都不能成为奢侈品。这个心理价值就来自炫耀性消费，如果广告投放太精准，只投给了买得起的人，那这些人去给谁炫耀呢?

现在的品牌已经少了当年金利来“男人的世界”广告先行、铺货在后的豪气，以致出现电商销量虽大但都是在给平台打工的现象。当然，我并不建议新国货品牌个个都像完美日记一样搞“全覆盖+饱和式”投放，毕竟这不是每个品牌都玩得起的。然而，新国货品牌也不应该重蹈电商品牌的覆辙。虽然对广告的浪费的确需要控制，但是过犹不及，品牌建设是需要一定冗余的，过度拟合这样的“小聪明”，终究成不了“大智若愚”的品牌大家。

实战擂台

1．谈谈在差异化模式中，品牌模式和其他模式有何异同？

2．你是怎么理解“围绕卖货做品牌”的？

3．你认为新国货品牌要怎么做才能避免掉入过度拟合的陷阱？

（欢迎到微信公众号“两栖派品牌实战研究院”与我切磋）

第十一章　品牌五力模型之二：产品是基础

2015年，金错刀以《互联网时代最大一棵毒草就是定位》这篇檄文，掀起了一场关于定位是否有效的大讨论。在文中，金错刀质疑定位的主要观点就是他认为搞定位的人只重营销，而不重产品，因此觉得搞定位的是在“忽悠”消费者。这种说法的错误在于没有把品牌的位阶搞清楚，同时没有把产品的位阶搞清楚。

在品牌这个大系统中，战略是方向，产品是基础，品牌是灵魂，它们各司其职、各安其位，虽然有关联，但是主要的功能边界是非常清晰的。重不重产品，是需要看品牌类型的。这一章，我们就来聊聊产品这个基础与品牌这个灵魂的关系，以及怎么样配称才是正确的。

第一节　各类品牌的产品配称

战略是方向，产品是基础，品牌是灵魂，场景是标配，工具是杠杆，营销是动力。在企业的运营实践中，产品这个基础，在各种类型的品牌中的配称情况是不一样的。

一、刚性品牌的产品配称

产品位阶：一般位于品牌之下，因为品牌通常被升格为战略。

产品表现：由品牌决定，必须符合品牌调性。

技术开发：受到品牌的规定，一般不频繁，也不是特别重要。

一般来说，刚性品牌同时也是雕爷所谓的“有限改进型”品牌，也就是产品功能、技术不需要怎么升级的品牌，比如酒类、饮料类、化妆品类、药品类等。刚性品牌的产品本身通常不构成核心竞争力，比如茅台，同等质量的酱香型白酒并不很难找到，同时由于风格、口味、习惯等，如果盲品，很难说茅台酒本身会比其他产品更有优势。这是现在一窝蜂的酱香型白酒号称来自茅台镇的原因之一，就没有见过中国汽车品牌冒充德系车的，因为那根本假冒不了。

在刚性品牌中，如果技术有改进，通常是另外作为一个新的品类，或者一个新的品牌来推出的。因为用户对原有品牌的功能情况有一个基本的期待，不宜经常改变，否则，你将可能遭遇和可口可乐推出新可乐时一样的麻烦。

二、中性品牌的产品配称

产品位阶：一般与品牌同级，视技术情况与品牌交替推动销售。

产品表现：由品牌决定，符合品牌调性。

技术开发：技术作为核心竞争力之一，经常升级，并且不受品牌限定。

与刚性品牌不同，中性品牌一般属于雕爷所说的“无限改进型”品牌，所以技术升级经常进行，比如汽车、手机、家电等。中性品牌的产品本身很多时候都可以作为企业价值链的战略环节（核心竞争力），有时一个很小的功能点都能作为卖点获得竞争优势。

比如，早期那些蒙了一层彩色外壳的手机，相对于黑白手机，就是一个重要的卖点，而后面的真彩手机相对于只蒙了一层彩色外壳的手机，又构成了竞争优势。因此，中性品牌必须大力发展技术，特别是不能落后于同行的技术，否则就会在市场竞争中处于劣势。

由于消费者难以鉴别中性品牌的技术性能，因此中性品牌的产品与品牌在竞争中同等重要。在特定品牌或者某个品牌的特定时期，可以提升品牌位阶，让品牌超越产品去获得竞争优势。

比如，运动鞋类产品，款式虽然每季都需要更新，但是脚型已经制约了无限寻求款式差异化的可能。因此，虽然产品的开发必须经常进行，品牌的位阶却可以提升至战略级，同样的情况还有汽车这个品类。

三、弹性品牌的产品配称

产品位阶：高于品牌，通常会被升格为战略。

产品表现：由品牌决定，符合品牌调性。

技术开发：产品通常是企业价值链上的战略环节（核心竞争力），一般不受品牌限定。

弹性品牌虽然还叫品牌，但是品牌的作用性已经大大降低，而产品（服务）的重要性空前升高。当然，由于构成企业价值链上战略环节（核心竞争力）的节点很多，产品在弹性品牌企业中虽然很重要，但是仍然要受制于战略的限定，因为某些弹性品牌可能产品也并不重要，而是其他战略环节更重要，比如淘宝的跨边网络、投资机构的眼光等。

上面说了三种类型品牌的产品配称要点，还剩自然品牌没有说。由于本书以品牌为主，而在自然品牌中，品牌的作用已经可有可无，站在品牌的角度，为它配称的产品也就是可有可无的，因此略去不谈。

第二节　关于产品的辩证思想

目前，中国正处于消费升级的大潮中，产品主义盛行，针对产品升级，或者推出新品类、新产品的企业不胜枚举，这其中就包括很多刚性品牌企业，比如三顿半咖啡、元气森林等。我一向强调，打造品牌需要一定的辩证思想，不可教条，今天我们就来讨论一下，刚性品牌的产品是否有可能升格为战略的问题。

一、产品特殊论

什么情况下刚性品牌的产品才有可能超越品牌，提高位阶呢？有两种情形。

第一种，是品牌初创期，且产品在技术或者工艺上具有创新性，产品本身很有卖点的时候。这时候品牌还没有形成影响力，而产品本身又有卖点，此时就不可教条地认为刚性品牌应该品牌先行而强行先推品牌，而应主要以推广产品为主，比如三顿半咖啡、元气森林、钟薛高都是这样进行的。

第二种，就是产品本身在升级的品牌，这时候品牌已经老化，消费者记忆模糊，而经过升级的产品在某些方面通常都有独特性，因此这时候的产品也可以升级为战略。

比如，老国货品牌百雀羚为了适应年轻女孩的使用习惯，在配方上将原本厚重油腻的膏体变为清爽型，以满足年轻消费者对清淡香型的追求。而且，为了迎合新时代的审美取向，百雀羚还找来香港设计师，为视觉加入了“天圆地方”的概念，让产品更具视觉冲击力。

有句颇有哲理的话是这样说的：锅底的蚂蚁，它做的任何运动，都是向上。从定位的心智规律角度看，百雀羚的做法已经改变消费者的认知，但由于此时品牌已经老化，如果不进行改变，很多老国货品牌会变得毫无价值。此时的改变就是一个值得去尝试的改变，类似的案例还有大白兔奶糖、六神花露水等。

二、不要过度神化产品主义

在新国货品牌狂飙突进的时候，“产品主义”“产品为王”的说法不绝于耳。首先，正如我在上一节说到的情形，在品牌新创期并且产品很有卖点的时候，提高产品的位阶是没有问题的。还有就是在中性或者弹性品牌企业中，产品本身是可以作为一个超越品牌的单点（战略环节）来突破的。比如，企图超越海底捞的巴奴火锅，它的产品实际起到了类似华为的技术、小米的营销、宝洁的品牌一样的作用。

但是，在品牌建设的实践中，我们既不可忽视产品的重要性，毕竟它是基础，也不可神化它。想想USP理论、品牌形象理论为什么会被定位理论取代，不就是因为产品很难成为长期的竞争优势吗？

尤其在刚性品牌所在的行业，无论是新创品牌还是产品升级，产品的位阶最终一定要位于品牌之下。这一方面固然是因为这些品牌的产品易测性很低，导致消费者必须依赖品牌来进行购买决策；另一方面也是因为以产品胜出品牌，在中国强大的供应链体系下，很快就有被跟风的对手们淹没的危险。

实战擂台

1．你是怎么理解产品主义的？它的局限性是什么？

2．从战略角度看，巴奴奉行产品主义正确吗？如果一家做白酒的企业也跟进学习产品主义，正确吗？

3．你如何看待新国货品牌的兴起？它们需要注意些什么呢？

（欢迎到微信公众号“两栖派品牌实战研究院”与我切磋）

第十二章 品牌五力模型之三：场景是标配

你试着回忆一下过去，有没有发现无论你回忆什么，总是很快就能和当时的场景发生联系，有时甚至要通过场景才想起某个细节？这就是场景的力量，但它对品牌的作用至今被我们低估。“场景”是一个顾名思义容易理解的词，所以我就不引经据典去解释它了，之所以将它列为品牌五力模型之一，并且建议你在进行品牌塑造时将它列为标配，是因为它能发挥你意想不到的威力。

第一节 场景的战略本质

在品牌建设中，我一直强调位阶，生怕不恰当地提升位阶使品牌具有了战略的能力，这在某些时候可能会导致悲剧。但是在讨论场景是标配的时候，我将暂时放弃这个执念，因为场景这东西多数时候都会涉及战略，它的本质是市场细分或者品类分化，它能帮助在同质化竞争中穷途末路的品牌快速找到消费者的购买诱因。

场景是标配的“标配”，指的是任何品牌都应该为自己绑定一个场景，用这个方法去提升竞争力。有时候，并不需要产品和技术层面努力，仅仅一个提法，整个品牌的前景就会被奇妙地打开。场景是一个几乎无所不在的存在，它和战略、品牌、促销、产品以及传播都能发生联系，而且不同的联系就能导致不同的营销结果，也就有无数个打开市场的机会。

一、无场景，不品牌

很多时候，场景都可以帮助品牌找到购买诱因。比如钻石，如果不是和求婚这个神圣的场景绑定，那钻石就是一堆一文不值的破石头。细看我们身边很多表现不佳的产品，总能发现它们缺乏简单直接的消费场景。

比如，随着消费水平的提升，国人对红酒的消费需求其实是很大的，但是可能是想“通吃”的原因吧，几乎没有红酒品牌与场景绑定，而刚好红酒又是中国人不太熟悉饮用场景的酒类，很多消费者选酒的时候，总是找不到一个强烈的购买诱因促他们果断地选择红酒，故导致红酒在中国的销售一直不温不火，目前连5%的市场占有率都达不到。我想，红酒哪怕大而化之地绑定“有喜事，喝红酒”或者“红红火火，喝红酒”，都会比现在的销售状况强。还有，这两年国内搞高端水的品牌很多，但是成功的很少，很大的原因也是缺乏有效的场景绑定。

定位强调对消费者的认知，其实场景也能强化认知。因为场景天生具有很强的关联作用。比如，卡士的“餐后一小时酸奶”，对吃完饭想喝酸奶的人群来说，头脑里很难容得下其他品牌。再比如“爱干净，住汉庭”在酒店卫生问题屡屡被曝光之后，对外出住店的人来说，这就是一个重要的认知占领。

二、新品牌可以通过场景来获得市场细分的效果

当场景和战略“搭档”的时候，它很多时候表现出市场细分的作用。比如随身听，索尼董事长盛田昭夫一开始是因为同事有一边走路一边听音乐的需求才发明的（发明者有争议，不属本书讨论范围）。这看起来好像仅仅是优化了音乐爱好者的体验场景，但事实上它是标准的市场细分，对索尼乃至对整个音响行业都有重大影响。

再比如罗振宇的“得到”App，就是找到了很多爱学习的人想利用开车、做家务、散步等碎片化时间来学习的场景，从而创造出知识付费的细分市场；而江南春的分众传媒，则是瞅准了人们在电梯里“无事可干”的场

景，成功找到了“户内”媒体的细分市场，不过这几年人们都习惯在电梯里看手机了，这个场景的价值可能会受到很大的冲击。

场景可以协助战略的制定，在战略框架的限定下，当场景导致市场细分的时候，广告宣传、品牌建设、产品研发都可以应该围绕场景来进行。比如，当史玉柱找到了“送礼就送脑白金”这个场景后，不仅在slogan强调场景，甚至在定价上也与场景形成匹配。营销界一般都会采用“尾数定价法”，按此定价脑白金当时主力产品的最佳定价应该是99元，但是为了符合“送礼就送脑白金”的场景，脑白金反其道而用，定价偏偏且刚好超过100元，让送礼的人和收礼的人都觉得这不是几十元的东西，而是100多元的礼物。

三、老品牌也可以开拓新场景

积极开拓场景的不只有新产品、新品牌，一些老品牌也在寻找场景带来的机会。比如王老吉，即便已经绑定“怕上火就喝王老吉”场景，却不满足只是吃火锅才喝王老吉，而是积极开拓新的场景运用，继续通过创新营销来深化场景这个营销利器。2016年，王老吉在包装上玩大变身，除了颠覆经典红色，还在瓶身上设计88种图案，包括女团、手办、漫画书等契合年轻人喜好的元素。王老吉希望通过此次包装升级，能把“玩乐、加班、旅行、聚会、休闲”五大新的场景也开拓出来。成立于1930年的老品牌士力架巧克力，面对竞争加剧的市场，居然对“备考”这个很窄的场景都没有放过，通过和当红人气组合TFBOYS合作，连续几年依靠学生用户很多的“作业帮”App、“网易有道”App进行跨界营销，获得了不错的效果。

不过，老品牌通过场景已经塑造品牌形象后，寻找新的场景就一定要和以往的场景保持调性一致，以免出现消费者的认知冲突。比如王老吉最近开拓的“玩乐、加班、旅行、聚会、休闲”几个新场景，加班场景的调性就比其他场景好，毕竟“上火”这事，还是需要一点外在压力的。

第二节　场景为什么会有威力

场景为什么会有如此强大的威力呢？是因为“场”和“景”这两个东西几乎统摄了消费者可能接触产品的任何方面，它可能是抽象的，也可能是具体的；它可能是心理的，也可能是生理的……

一、联想和触发

对“念速”这个词，很多人都感到陌生，因为这是佛学大师南怀瑾自己发明的词，连佛学词典里都没有收录。南怀瑾在谈念速的时候，是把它与光速来对比的。比如我们要去太阳，以光的速度行驶大概需要8分钟；而用念头，也就是“想”，一下就到了，南老先生就把这个比光还快的东西叫作“念速”。我在这里当然不是要和你讨论佛学，而是想弄清这个念速和场景的关系，为什么用场景做品牌的标配很重要？因为一旦场景与消费者的需求匹配，也就是心念一动，它就可能左右消费者的选择。

用营销术语来说，就是场景同时具有联想和触发的功能，这两个功能可以把品牌价值和消费者需求之间的窗户纸一下捅破。比如，同样是红牛，我们来看看绑定了场景和没有绑定场景的效果是如何的：

红牛现在的slogan是“你的能量，超乎你想象”，其中究竟是红牛有能量，还是消费者有能量？这可能导致的理解歧义就不说它了，关键这个slogan不太容易勾起消费者的购买欲，必须对红牛有了解的人，才有可能对它的功能产生欲望，这不仅是在消费者中隔着一层窗户纸的问题，感觉还是隔着一堵墙。

再来看看红牛以前的slogan，“渴了累了喝红牛”，消费场景一下被关联，消费欲望瞬间被触发，加上明确的行动指令，品牌和消费者之间的窗户纸一下被捅破，效果自然就会杠杠的；“送礼就送脑白金”“怕上火就喝王老吉”“小饿小困喝点香飘飘”……一旦把场景作为品牌的标配，消费者的行动立刻就明确了，而不会像我前面说的红酒那样，买的时候总是犹豫不决，没有清晰的场景指引，就会缺乏明确的购买诱因。“联想场景→触发欲望”，这个就是场景的力量。

二、窄化和强化

场景对消费者认知的窄化表现在两个层面。

一个是抽象层面，比如slogan对消费者的影响。当消费者听到“渴了累了喝红牛”这样的行动指令的时候，出于节省能量的生理反应，此时他的头脑里不会再去思考其他品牌，此时的场景就起到窄化消费者认知的作用，有点类似“障眼法”，这个指令“误导”了他们的认知，让他们的头脑里一时半刻想不起其他品牌了。

另一个是具体层面。比如在地产商的售楼处，这个场景中表现的所有元素都是按消费者的接触点规划来完成消费者教育和信息传递的，消费者在这个场景中很难接触其他品牌的信息。很多人在售楼处看样板房时，甚至会短暂忘记真实环境是如何的，马上就有了下定金的冲动，这个物理空间也起到窄化消费者认知的作用。

无论是抽象的还是具体的，在一个特定的认知空间内，竞品被排除在外，品牌元素被相对放大，品牌的价值得到了彰显，这些都能起到强化品牌形象的作用。

三、重复记忆

当我们因为场景才选择某个品牌的时候，这种场景通常就会在体验的时候再现。比如因为求婚这个场景才买的钻戒，买的时候有场景的引导，体验的时候，众多亲朋好友和新娘的关注点，都会集中在钻戒上，这个场景会让消费者很难忘记。再比如“怕上火喝王老吉”，你在喝的时候，其实在强化自己的认知协调性，在感受王老吉那种清凉的感觉，选择产品时指引消费者的场景会被重现。再比如，你因为五常大米在商场现场蒸饭，是被它的香气吸引才买的，当你回到家后，你会回忆你的购买时候的场景，与现在的场景对照。

在购买后的体验过程，无论是因为抽象的场景，还是具体的场景，都可能被重现一次，这个重现的过程就是消费者对品牌加深记忆的过程。当然，如果产品品质不过关，这个记忆的过程也可能变成验证的过程。因为有了场景，消费者对品牌会比没有场景的品牌多一次记忆的机会。

第三节　品牌场景标配的三个阶段

在为品牌进行场景标配时，我们可以从消费者购买产品的三个阶段来进行思维发散，这样就能开发出很多有价值的场景。这三个阶段分别是选择产品的阶段、购买产品的阶段和体验产品的阶段。

一、选择阶段的场景

如果能在选择阶段就与品牌形成标配的场景，通常是威力最大的场景。因为这种场景操作成本低、操作难度小，而效果却最大，所以我们在进行品牌建设的时候，要尽可能去设计在消费者选择阶段就能绑定的场景。

一般而言，品牌名、产品名和slogan表现出来的场景都能在选择阶段都影响消费者的决策。比如“经常用脑，多喝六个核桃”“小饿小困，喝点香飘飘”，不用看产品包装，也不用了解品牌历史，仅从品牌slogan，就能知道品牌的信息，这对消费者选择具有很强的指导性。

二、购买阶段的场景

在消费者购买阶段设置的场景，通常需要渠道和售点的支持。比如家具行业就是利用购买阶段来搞场景营销的高手，我们进入一个家具店的时候，通常都会被已经“组成”办公室、卧室、客厅、书房的各类家具吸引，不知不觉地就进入场景情绪，激发起的购买欲望。这时候，营业员一般会鼓励你坐上去或躺上去试试感觉，你的感官会全部进入使用场景，想象力放飞，自行“脑补”以后使用这些家具的场景，品牌就这样把你征服了。

把购买阶段的场景做到极致的应该是售楼处，如果你看了他们的仿真沙盘，又进入按最高标准装修的样板房体验了一下，再回到熙熙攘攘的售楼处大厅（这时候的很多人都是地产商花钱请过来的），你很难不“缴枪投降”。

现在，很多品牌都热衷做购买阶段的场景标配，不过说实话，总体而言，这是一个成本较高但效果并不确定的场景标配方式。如果你的产品本身就是家具店这样适合现场场景的品类，那自然理所应当。但如果你的产品是类似食品、饮料这样的品类，其实就没有必要在购买阶段去做场景标配。

三、体验阶段的场景

体验阶段的场景会涉及战略层面，多数都是由产品功能直接带来的，而不是通过品牌策划导致的。比如，前面介绍过的随身听，它就是一个高度场景化的产品，在每次体验的时候，场景都会重现，这样的产品自然就能获得非常大的成功。再比如“得到”App，也是在战略阶段就盯准了读者碎片化时间学习的需求，无论是开车、做家务还是逛街的时刻，这个场景都会强化消费者对得到的忠诚度。

让品牌在体验阶段也能绑定场景，这具有很高的难度，但回报也是惊人的。因为这样的产品还没有问世就已经具备左右用户的能力，一旦面世，通常都具有很好的市场表现。比如索尼随身听、分众传媒、“得到”App、江小白都是这样的品牌，所以虽然难度大，却是品牌突破红海的最佳路径，值得我们花精力去思考。

第四节　品牌场景标配的三个层次

在设计场景的时候，你会发现有些场景具有抽象的性质，比如“渴了累了喝红牛”；而有些场景具有具体的性质，比如江小白的“四小场景”，即小聚、小饮、小时刻、小心情。我所建议的应该作为品牌标配的场景，主要是针对抽象场景来说的。具体场景一般是营销、产品层面的事。具体场景对品牌本身的意义不大，因为它要么是既定的事实，比如随身听；要么是品牌左右不了的，比如江小白的“四小场景”，品牌在这里发挥的空间不大。良好的场景标配大致有以下三个层次。

一、最高层次的标配：在品牌名称上表现场景

最高层次的标配，就是在品牌或者品类名称中体现场景，这样，任何一次与消费者接触，都会自动完成一次消费者教育。比如，卡士推出了一个叫“餐后一小时”的酸奶，消费者就会在每次看到这个产品时，联想使用场景。其他如“江中健胃消食片”，也有类似的效果。当然，最经典的应该是“饿了么”了，不但能勾起场景，还是设问句，更能强化场景的力量。

不过在品牌或者产品在名称上体现场景的局限性比较大，最重要的是，这种决定一旦做出，品牌的位阶就会上升到战略层次，如果你的品类并不适合将品牌作为战略环节（核心竞争力），那么起一个和场景绑定的品牌或产品的名称就要谨慎行事，毕竟一旦有变故，品牌名称可不是说换就能换的。

二、中级层次的标配：在slogan上表现场景

把场景表现在slogan上，虽然在这里被我列为中间层级，但在实际操作中，它属于高级层级，因为用品牌名绑定场景的机会肯定不多，所以slogan是一个品牌策划人发挥场景威力的大舞台，这方面做得好的品牌比比皆是。除了经常“霸屏”的脑白金、王老吉、红牛，像“吃完喝完嚼益达”“经常用脑，多喝六个核桃”“小饿小困，喝点香飘飘”“没事就吃溜溜梅”也都非常好地在slogan上标配了场景。

看了我上面举的标配了场景的案例，你发现什么规律了吗？这些品牌的

slogan，都有明确的行动指令，要么让你吃完饭就嚼益达口香糖，要么让你困了就喝香飘飘，这就使slogan在传播的同时具有场景关联和行动祈使的作用，效果会更好。

三、普通层次的标配：在广告或其他地方表现场景

有些品牌涉及对形象的照顾，或者本来就是原型品牌，觉得在slogan表现场景不符合品牌的调性，通常会把场景放到广告内容或其他载体上体现，这样的确能兼顾品牌调性，不过场景的威力会打折扣。当然，比起完全不表现场景的品牌传播，效果还是要好一些。

比如，Jeep的牧马人汽车，就广告中说自己的丛林英雄，这种场景绑定，也能让那些越野迷们产生场景联想。再比如月饼、粽子品牌通常都会在广告中强调场景，毕竟这东西就那么几天才有消费需求，再不强调场景，可就过了这个村没这个店了。

第五节　场景标配的注意事项

将场景作为品牌的标配有很多好处，但也不是一设场景就有效果，因此我们不能一味盲干，这一节，我就来聊聊场景标配需要注意的一些问题。

一、与定位符合

设计品牌的场景需要符合品牌的定位，不能为了设计场景而设计场景。比如，“要想皮肤好，早晚用大宝”，场景是有了，但是违背了定位原则，针对化妆品来讲，不是按时间来分类的，大宝这个行动指令看起来好像是全盘通吃，其实一个目标也触不到。

二、与调性吻合

设计品牌的场景需要符合品牌的调性，不符合调性的场景设计，短期也许有用，长期就会伤害品牌的内在价值。比如“蜜芽”的slogan是“生娃养娃上蜜芽”，场景是关联了，但是针对女性来讲，稍嫌粗野，调性明显不合。

三、不宜强求场景标配

将场景作为品牌的标配，就是尽可能把场景融入品牌的表现元素，视融入程度的深浅，场景发挥的威力会不同。不过需要注意的是，站在品牌角度，标配是一种期待，并不是所有品牌类型都适合与场景挂钩，强行挂钩就会成为一种“泛标配”，那就失去营销意义了，而且不会有营销效果。

比如沐浴露本来就是用来洗澡的，你非要将它场景化，来个“洗澡就用某某沐浴露”，那效果肯定不会好。

四、不和品牌诉求点关联的场景都是伪场景

大约在2017年，农夫山泉推出了“单手开盖”的新产品，包装很精美、设计很科学。由于是针对消费者可能只有“一只手”的场景，比如骑车、健身、游戏、带娃、挤地铁等，这是一个标准的在设计之初就标配了场景的产品。业界对此是好评如潮，认为这是一个经典的场景营销案例，我却不以为然。这个场景标配虽然不错，但算不上经典。为什么呢？因为它的场景并没有和水饮料这个品类的卖点保持一致，没有和农夫山泉原本的品牌诉求保持一致。

我们看看水饮料的卖点应该是什么，或者直接看看农夫山泉的品牌诉求的是什么就明白了。在传播中，农夫山泉一直以来的品牌诉求都是“自然”这个水的本质，而不是饮用“方便”，这会弱化它原本已经建立好的认知和定位。因此，我把没有和品牌诉求保持一致的场景，都叫作“伪场景”。当然，这个好像对农夫山泉有点苛责了，毕竟这也算不错的场景标配。

说到伪场景，你可能会想到安全套品牌杜蕾斯，这是一个喜欢利用各种场景搞营销的高手。比如在夏天暴雨这个场景下，杜蕾斯发现安全套还可以套在鞋子上趟水，于是就到处发朋友圈蹭“雨”点。由于杜蕾斯是一个标准的搞笑鬼原型，所以它那些不断上演的搞笑剧是契合搞笑鬼原型内涵的。

杜蕾斯在这方面的努力效果一直不错，但并不值得其他品牌不加权衡地模仿和学习，因为你的品牌原型并不一定是搞笑鬼。你公司的老板下次让你抄杜蕾斯文案的时候，你就可以把这个原理说给他听。

实战擂台

1．找出几个你认为经典的标配场景的例子，并说说它们好在何处。

2．找出几个标配场景失当的例子，分析一下原因。

3．“百度一下”算场景标配吗？为什么？

（欢迎到微信公众号“两栖派品牌实战研究院”与我切磋）

第十三章 品牌五力模型之四：工具是杠杆

无论是USP、定位那些左脑派理论，还是品牌形象、品牌原力这些右脑派理论，说起来是理论，但在品牌的实战过程中，它们起到的都是工具作用。我之所以称这些理论为工具，是因为这个叫法有利于培养我们对工具的“打磨”意识，有助于我们不断去训练工具的“使用”技巧。而且，既然是工具，就还涉及匹配性问题：什么样的市场环境应该用什么样的工具，才能让工具在品牌建设中起到四两拨千斤的杠杆作用？

第一节 各类型品牌的最佳适用工具

这一节，我们谈谈品牌和工具的适配性问题，虽然什么样的品牌类型就应该有什么样的适用工具，但需要说明的是，我在此给出的只是一个方向性指引，并不代表应该完全按照这个指引来选择品牌工具。什么东西都不是绝对的，高手摘叶飞花皆可伤人，弱者手持利器往往不是更安全，而是更危险。所以下面我给出的建议主要针对大方向、针对大多数情况而言，在进行具体操作的时候，还需要根据实际情况进行权衡和取舍。

一、适合原力工具的品牌类型

总体来说，原力更适合那些注重调性、文化、感觉和精神的品牌类型。另外，由于原型很容易对号入座，在一个组织中容易达成共识，所以用来操作弹性品牌和自然品牌，不但对品牌建设有作用，对企业凝聚共识也有一定帮助。

（一）重感觉、重精神的品牌

◇ 品牌情况：重感觉、重精神、重调性、重文化

◇ 品牌类别：酒类、茶叶、咖啡、运动鞋、地产、家具

定位派的人一直批评奥格威的品牌形象论在进行广告诉求时总是“不把窗户纸捅破”，却忘记了人的爱好很多元，品牌调性也不一，在千变万化的市场上，并没有一个放之四海而皆准的打法，否则就没办法解释为什么iPhone从来不遵循定位原则却仍然大获成功了。这正如南宋俞文豹在评价柳永和苏轼的词时说的那样：“柳郎中词，只合十七八女孩儿执红牙拍板，唱杨柳岸晓风残月；学士词，须关西大汉，执铁板，唱大江东去。”显然，什么样的词（品牌），就应该用什么样的方法来弹唱（塑造）。

像红酒、白酒、茶叶、咖啡这类品牌，用感性的语言更容易激起消费者的购买欲望。试想，一个人正处在“自在花飞轻似梦”的温馨时刻，你却来一句“已经热销1亿瓶”，很难想象这会对购买有帮助。又或者，观众正在因运动员为国争光而热泪盈眶，这时候最适合来一句“一切皆有可能”，而不是用“气垫技术让你速度更快”去煞风景。

当然，定位派的担心也不是没道理。那个广为人知的批评是什么来着？就是“广告不能为了广告人拿金奖，而是要为了品牌商搞销量”“脑白金就土，但人家成功啊”。的确，这也是言之凿凿，让人无言以对。显然，在这种情况下，只有品牌原力理论出手，才有可能兼顾两个诉求方向的优点，同时消除这个令人左右为难的问题。

（二）产品相似度过高的品牌

◇ 品牌情况：产品档次相同+产品相似度过高

◇ 品牌类别：汽车、男装、运动鞋、家电

我在“为什么要用原型派理论打造品牌”那章中说过一个观点，当一个市场过度成熟，而市场上各个品牌的产品外观又高度相似时，就很难通过定位去创造差异化形象。这时候采用原力工具就是最佳选择，汽车、家电行业如此，男装、鞋、包行业也是如此。

尤其男士正装，受行业设计传统限制，款式基本没有变化，用定位“争第一，拔头筹”的方法，只能照顾到少数头部品牌，那多数的腰部品牌、长尾品牌怎么办呢？显然，这就是定位的盲区。而如果用原力来塑造品牌，差异化的空间就会很大，而且非常适合这些品类所需要的调性。

其实，不仅是男装，像汽车、家电、运动鞋等要么产品相似度很高，要么长时间没有革命性技术让消费者眼前一亮的行业，都可以通过原力工具来寻求突破。因为通过原力塑造的品牌，注重表现品牌的“人格”一面，这与定位派的广告创意固然是泾渭分明，甚至也与纯粹的形象派差别也很大，正如品牌12原型理论创始人马克说的那样，形象派走的是“生活方式营销”路线，它表现的是原型浅层的需求，而原力理论挖掘的是原型“内心深处未被满足的渴望”。这样一来，单单在外在的广告表现上，原型品牌就会和形象派形成区隔，就像万宝路与其竞品的广告区隔那样，能让消费者耳目一新。

（三）多数弹性品牌和所有自然品牌

◇ 品牌情况：企业已经成功，或者不依靠品牌获得竞争

◇ 品牌类别：女装、餐饮、地产，以及所有B2B企业

从战略的维度看，多数弹性品牌和所有自然品牌都不需要打造品牌，但是，也有两种可能的例外：

第一，本领域的竞争方式高度相似，任何一个新的竞争要素都有可能增加竞争优势，这种情况下打造品牌就是一个可能的选项。比如，同一个街区的咖啡馆，在硬件、地理位置、出品、服务都高度同质化的时候，如果有一家率先进行品牌营销，就有可能获得竞争优势。这里需要注意，弹性品牌在这种情况下打造品牌必须有一个前提：那就是其他竞争要素与同行已经保持一致，否则千万不要连本行业必需的战略环节（核心竞争力）都没有做好，就到战略环节以外的地方寻求优势，那最后一定是缘木求鱼。

第二，弹性品牌企业通过其他战略环节（核心竞争力）的努力已经发展得很好，但是由于没有导入品牌塑造系统，导致企业品牌形象不突出，致使品牌资产白白流失。这时候引入品牌塑造的方法，水到渠成地用原力工具将企业散乱的企业文化、品牌元素和文化密码整合并总结出来，则可以获得四两拨千斤的效果。

这两种情况都适合用原力工具来打造品牌，因为原力注重挖掘原型“人格”的一面，具有很强的辨识度、差异化和整合能力。关于原型品牌的差异化优势，我在上面刚刚说过，下面主要来说说原型对品牌元素的整合能力。

由于原型品牌是以人格为基础的，所以对外它就有了很清晰的辨识度。比如，某个咖啡馆如果以陶渊明为原型打造品牌，那么不但陶渊明的精神气质很容易被表现和识别出来，而且关于他的文化元素、文化密码也很容易被采集和提炼，让消费者形成统一认识。这时候你会发现，定位派原来担心形象派没有穿透力的问题，在原型品牌这里根本不会出现，因为原型品牌对外自始至终都在用同一个语言系统表达，并且有清晰明了的人格特征，比单纯的“物化”效果要好。在运用合适的原型后，我还提倡弹性品牌和自然品牌采用CIS来进行品牌形象的输出，这样就会形成外在有鲜明的品牌形象，内在有强烈原型动能的整合效果。

（四）原力适合那些期待“老树发新芽”的品牌

◇ 品牌情况：品牌形象苍老、陈旧、过时，消费者记忆模糊的品牌

◇ 品牌类别：汽车、白酒、家电、男装、运动鞋（装）

无论是因为企业走下坡路而疏于品牌建设，还是因为市场竞争激烈而难以实现差异化，或者因为行业整体太传统而使品牌形象陈旧，都会导致消费者记忆模糊，使品牌在市场上长期处于配角地位。这些情况都应该用原力工具来重塑品牌形象，重建差异化，从而获得品牌的新生。

比如汽车领域，即使是新能源汽车，也很难找到差异化的表述方式，除了表现高贵、尊荣、探险，或者香车美女、家庭欢乐几个主题，全领域几乎找不到新的诉求元素，这不但导致差异化消失，而且会使消费者产生审美疲劳。如果进行盲测，把各大汽车品牌的广告互换一下，我敢肯定，很多消费者根本分不清谁是谁，因为它们都太相似了。

男装市场与汽车市场的情况也很类似，甚至连请的代言人形象都高度相似，是马克所说的典型的“生活方式品牌”。比如，男装中的正装与汽车中的轿车诉求非常相似，几乎是清一色的高贵路线；而男装中的休闲装类别则与汽车中的SUV类别相似，也几乎是清一色的探险家路线。

再来看看白酒，一直以来，白酒几乎被两个诉求方向左右：一个自然也是高贵路线；另外一个则是千年不变的品质路线，连茅台那样文化资产富可敌国的品牌也是如此。从全行业来看，虽然青花郎、海之蓝似乎有点不同，但也仅仅是在形象层面，而没有深入原型层面。

对于那些因为品牌形象高度同质化而使消费者早已审美疲劳的品牌，如果利用原力工具，以清晰的人格内涵给品牌注入原力，以清晰清新、内涵统一、辨识度高而且差异化明显的新形象参与市场竞争，相信一定能“老树发新芽”，挣脱发展桎梏，打破市场僵局，迎来一轮新的发展。

二、适合定位工具的品牌类型

◇ 品牌情况：强调功能、性状的品牌类型；新技术、新市场催生的品牌类型

◇ 品牌类别：药品、饮料、保健品、化妆品、汽车、家电、手机、电脑

虽然本书主要是介绍原力，但这并不是因为定位失效，更不是因为定位不如原力有效，而是定位已经为很多人所熟悉，而原力仍处在“养在深闺人未识”的状态，需要多给一些“出镜”机会。大致来说，定位非常适合用来塑造两大类品牌：一类是强调功能、性状、特点的品牌，另一类是由新技术、新市场催生的品牌。

定位有四种打法、九种与众不同的差异化来源，非常适合表现产品的性能和特点，这使得定位天生就适合挖掘品牌卖点，突出品牌的差异化特征。另外，定位具有效果立竿见影、操作简单粗暴的特征，所以最适合在新市场上开疆拓土，它能让品牌迅速进入消费者心智，从而获得“抢先占位”的先发优势。

第二节　定位与原力：双剑合璧，创造奇迹

上面一节，我要么说原力威力无穷，要么说定位立竿见影，如果将这

两个工具合并，你说，它是会像我合并霍尔特的文化战略理论和马克的品牌12原型理论那样威力倍增，还是会相互克制，出现“1+1<2”的情况？这一节，我就来为你揭开这个谜底。

一、品牌界存在身怀十全武功的“令狐冲”吗

在“为什么要用原型派理论打造品牌”部分，我介绍了定位派和原型派都抢着解释一些成功案例、都想将这些案例的成功原因“占为己有”的情况。我们的确可以用鄙夷的眼光看这些门派的“摘桃”行为，但细想一下，有没有这么一种可能呢？那就是这些门派都没有错，而是他们抢的那些案例真的同时暗合了两种理论的法则，从而运气爆棚地成为品牌中的“令狐冲”，身上兼具几个门派的十全武功。下面，我就来挑几个被定位派和原型派作为典型案例的成功品牌，试着剖析一下。

二、双剑合璧的海外品牌案例

先看看百事可乐，一个稍微了解定位理论的人都知道，百事可乐的定位是“新一代的选择”，道行更深一点的就能津津乐道那个著名的“攻击对手优势中的弱点”的“进攻战”打法。在定位派列出的案例中，百事可乐可以说是作为经典中的经典来供奉的。而在原型派这边呢？霍尔特在表明自己曾经给很多知名品牌做过顾问时，列出的第一个服务对象就是百事可乐；而马克则将百事可乐作为12原型中搞笑鬼原型的代表案例。

百事可乐身上同时体现定位派功夫和原型派功夫的地方在哪里呢？在我看来，是这样的：首先，在被可口可乐不断欺负的过程中，百事可乐先是通过“5分钱能买两份货”的大瓶装策略让可口可乐手忙脚乱，暂时性地取得了成功，最后又拿到了定位派认为的终极武器，在将自己定位成“新一代的选择”的同时，顺便给可口可乐贴上了一个“老土”的标签——谁让它老说自己是正宗的可乐呢？这就是所谓的进攻战要攻击“对手优势中的弱点”。

好，轮到原型派上场了。为了表现自身的“年轻”定位，百事可乐选择

了搞笑鬼原型来处处和可口可乐作对，比如马克就在《很久很久以前》一书中就多次专门谈到百事可乐的案例。她认为，将搞笑鬼原型“发挥到极致的是百事可乐，不带恶意地嘲弄着有时看来故作天真者的可口可乐”。下面，我们就来看看马克列出的百事可乐以搞笑鬼原型形象，是如何诠释“新一代的选择”这个定位的：

长期以来，百事可乐都是以一连串新鲜有趣的故事，来滋养其搞笑鬼原型米高·福克斯这位现代的顽皮鬼：从他的公寓窗户爬出来，为了他那美丽的邻居，沿着防火梯溜下去买一罐百事可乐，但百事可乐意外地被送到这老家伙的门口，结果引发一场疯狂宴会；而收到可口可乐的大学兄弟会里，却是人人呼呼大睡。

在一个“考古”现场，“未来”的教授和学生发现了一个20世纪90年代的古物，他们一个个核对历史数据，发现这是可口可乐的瓶子，但这个名字已经消失得太久，没有人知道它是什么。当然，他们是一边喝着百事可乐，一边惊叹这个消失的古物的。

百事可乐以及它的广告公司BBDO，对搞笑鬼原型精神的直觉认识，已经成功转换到一个非常稳定的和善、顽皮的恶作剧形象，总是对“做作”的可口可乐开玩笑。从最早的“百事挑战”，到今天的广告“一位有着教父声音的小女孩，挑战那些想拿可口可乐骗她喝的人”，这些故事从来不会过时。

显然，在百事可乐这个案例上，定位派和原型派的智慧都得到了极大的展现，并且进行了默契而充分的“合作”，使我们有理由相信这两大利器合璧的可能。事实上，定位理论与原力理论在同一个案例上交互交融，并且取得超级成功的案例可不仅百事可乐一例。

比如星巴克，定位派认为它的成功是因为定位为“第三空间”，代表“高档咖啡”这个品类；而原型派则这样来解释与定位派的“配合”：探险家原型表达了小资和中产阶段对充满自然气息的第三空间的喜爱。再比如耐克，定位派认为它的成功是因为定位为第一运动品牌，代表了运动鞋这个品类；原型派则用历经磨难、艰苦训练、默默付出这个英雄原型来“诠释”第一运动品牌的定位。还有万宝路、Jeep等也都是如此。

三、双剑合璧的本土品牌案例

其实，在中国也有这样的案例，比如飞鹤奶粉。飞鹤近几年来的突飞猛进，据说得益于定位理论的超级拥趸、分众传媒创始人江南春为它进行的全新定位：55年专为中国人研制，更适合中国宝宝体质。但是从原型的角度来看，飞鹤代言人章子怡展现的也是一个慈母原型的特质。

在飞鹤的广告上，画面舒缓柔和，章子怡以一个慈母的形象深情述说飞鹤奶粉“天然含有OPO，更适合宝宝娇嫩肠胃吸收，一年超7000万罐被妈妈选择，飞鹤奶粉，更适合中国宝宝体质”。这是一个天然契合定位和原力理论原则的广告，只是由于在运用定位理论上，它是主动出击的，而在“暗合”原力理论上，它是无意识的，因此对慈母原型的特质挖掘还不够深入。

我将在“模拟品牌实战”部分试着在定位理论很难施展的白酒、汽车领域做做尝试，通过“定位+原力”双剑合璧地对这两个领域的著名品牌模拟实战落地，我将试着在两个方向尝试：一个是在缺乏定位的原型派广告案例中，加入定位的元素；另一个就是反过来，往那些缺乏原型内涵的定位派广告中注入原力。

实战擂台

1. 说说牛奶品牌适合用什么品牌工具塑造。

2. 分别给新能源汽车和燃油汽车选择品牌工具，说说你为什么这样选。

3. 你还知道哪些品牌是暗合了“双剑合璧”打法的？

（欢迎到微信公众号“两栖派品牌实战研究院”与我切磋）

第十四章 品牌五力模型之五：营销是动力

在经典的4P理论中，营销包含产品、价格、渠道和推广，如果从战略的角度来看这个理论，你会发现它更适合用于弹性品牌和自然品牌。在刚性品牌环境中，4P理论中最重要的产品和价格因素都已被特定的品牌定位限定，因此我这个品牌五力模型所说的“营销是动力”中的营销，仅侧重于挖掘渠道的推力和媒体的拉力。不过，随着私域流量、社交平台推动的媒体渠道一体化趋势的形成，推力和拉力这对“兄弟”就要变成“合力”了。

第一节　品牌动力系统一：拉力

做品牌的人都知道，品牌的传播需要两种力的作用，一个是拉力，这是通过媒体来建构的；另一个是推力，这需要通过渠道来获得。然而在淘宝、京东这样的电商平台，以及抖音、快手、Bilibili这些新兴媒体出现后，媒体和渠道的边界越来越模糊，出现融合化的趋势，因此一种新的、我们不太熟悉的品牌“力”也随之产生，我把它叫“合力”。对这三种力的运用，就是品牌营销配称的全部，因此我把营销比喻为品牌的“动力”，这三种力就是品牌的动力系统。

在以上三种力中，品牌策划人最熟悉的就是拉力了。所谓拉力，简单地说就是“指名购买”，是指通过媒体的教育和宣传，消费者对品牌产生“忠诚”，拉力大小是衡量品牌价值的重要依据之一。缺乏拉力的品牌，在营销上就只能一条腿走路，事倍而功半。由于拉力主要来源于媒体，所以下面我们就对当前的媒体情况简单梳理一下。

一、不要过早判传统媒体“死刑”

传统媒体也就是所谓的“五大媒体”，指电视、报纸、杂志、广播、户外。分众一类的媒体虽然很难被称为“户外”，但其发挥的作用类似户外媒体，因此我也把它归入其中。传统媒体特别是电视媒体，是HBG（how brands grow）打法中“大媒体”的主要来源，因为HBG打法究其本质就是“央视+超市”，追求的是“大媒体+大渠道=大品牌”，没有央视这样的大媒体是实现不了的。

微信、电商和抖音、Bilibili等新型媒体兴起后，传统媒体的影响力一直走在下降通道，导致有些人过早宣判了传统媒体的“死刑”，这种思想不利于品牌建设，特别不利于大品牌的建设。比如很多人眼中早就“不行了”的春晚，不但仍然是微信、支付宝、抖音这样的新兴平台争先抢占的制高点，而且具备让百度、阿里这样以技术著称的互联网公司宕机（因访问人数过多而导致服务器瘫痪）的实力。所以传统媒体仍然是我们需要高度关注的媒体，在当前的市况中，传统媒体对以下类型的品牌仍然有很好的推广效果：

产品总价高的品类。比如汽车、房子等——不利于网络销售。

生产技术门槛高的品类。比如手机、大家电、电脑等——网络跟风生产较难。

不方便网络交付价值的品类。如药品、酒类、景区、酒店、家具，当然也包括汽车和房子。酒类不方便网络交付的原因是它的购买渠道和体验场景通常是餐馆，因此也适合通过传统媒体推广；而药品则是因为国家的管制规则。

消费者是老年人的品类。老年人是电视的主力受众。

二、忽视社交媒体将使你沦落为边缘产品

社交媒体包括微信、抖音、快手、Bilibili、小红书等，它是一股强大的新兴力量，现在的年轻人几乎已经抛弃传统媒体，所以任何一个想把货卖给

年轻人的品牌都不能忽视社交平台的作用。可以这样讲，针对服装、食品、数码产品、化妆品等快消品，无论你曾经是国内大牌还是国际大牌，如果你的消费者接触点规划忽略社交平台，就相当于抛弃“主流媒体”，主动将自己窄化成边缘产品了。

总体来说，一个品牌操盘手的视野应该关注全部媒体，根据战略规划来给品牌做营销的媒体配称：新兴品牌不能忽略传统媒体，传统品牌不能忽视社交媒体。领悟这个配称规律的品牌，都容易获得短暂的“对手迟钝”红利。比如，网络新秀拼多多在传统媒体大搞电视冠名权，而传统品牌李宁在社交平台风生水起，成了国潮代表，都是领悟了这个规律而获得成功的案例。

第二节　品牌动力系统二：推力

推力就是由渠道推动而产生的力，通过渠道的力量，把品牌推到消费者面前而产生购买机会。在某些情况下，销售可以通过渠道这个推力系统独立实现。比如，一些实力较小的白酒品牌就从不搞媒体宣传，而只是进行区域性的渠道铺货，以小礼品、返点等形式讨好餐馆服务员，也能获得不错的销量。因此，很多时候渠道比媒体更重要，所以你可能听过“得终端者得天下”，但应该没有听过“得媒体者得天下”。

一、线下渠道：通过二维码可“接通天地”

线下渠道包括商场、超市、Mall（综合购物中心）、餐馆、酒店、杂货店、无人售货机、无人商店、无人货架等。一些专用渠道如汽车4S店、房地产的销售部等，也是力量强大的线下渠道。

有点类似我在分析媒体投放时说的，注重通过传统渠道来建立推力的新兴品牌，通常也存在一个短暂的因对手反应迟钝产生的红利期。比如美妆黑马完美日记就把私域的打法移植到线下，仅通过“加微信送红包”这么简单的方式，就从传统渠道获得了500万精准用户，这让所有志存高远的品牌建设者都不敢忽视传统渠道仍然潜藏的巨大能量。

进行线下渠道建设的时候，覆盖面是我们很容易想到的关注点，但我更强调铺货技巧，比如对二维码的运用。无论传统品牌还是新兴品牌，如果在布点线下渠道的时候，能把二维码的运用场景好好发掘一下，在消费者的所有接触点上都能因地制宜、恰到好处地布置二维码，就非常有可能实现以往那些倒掉的O2O（线上线下互通）平台梦寐以求的接通天地的效果。微信小程序的出现让企业建设网上品牌形象店的门槛大大降低，企业微信的出现则让品牌管理用户的门槛大大降低。如果能让一个小小的二维码就此把线下线下打通，那么一个空前广阔的大渠道就会被构建出来。

二、线上渠道：线下营销，线上成交

线上渠道主要是指淘宝、京东、天猫、小红书等电商平台。电商是一个特殊渠道，不仅在于它兼具媒体和渠道的融合特征，还在于它通过数据化实现的“千人千面”（不同的消费者看到不同的商品），使它对品牌的影响完全不同于线下渠道。因此在品牌建设时对电商渠道的运用，需要高度讲究策略。

理论上讲，各类产品都可以通过电商平台做销售，但通过它建设品牌需要进行权衡。因为电商平台是由算法驱动的，在用户狭小的视觉范围内，你的品牌通常被与一大堆竞品放到一起，品牌的价值传递被“窄化”为单维度的价格竞争，让消费者很容易忽视品牌的其他优点，这就是电商“强平台，弱品牌”特征的底层逻辑。

虽然电商平台具有媒体的特征，但很少见品牌在电商平台进行纯媒体投放，反过来的倒是有，也就是把电商平台当作纯粹的渠道来用。在互联网界，曾经有一段时间非常流行“全网营销，淘宝成交”的提法，那是因为在早期，新浪、网易、搜狐这样的门户网站没有交易功能，所以在门户网站投放广告的品牌就将广告链接到淘宝，便于消费者在看了广告“心动”之后，直接展开购买“行动”。

现在，“全网营销，淘宝成交”已经演变成“线下营销，网络成交”。打开电视，就会发现很多品牌在投放广告时提醒消费者到京东、天猫搜索自己品牌名称。这就为我们建设渠道提供了一个非常好的新思路，毕竟相对于电商渠道而言，线下渠道的建设不仅花钱而且花时间，关键还不好管理。所以，如果你想用HBG理论那种“大媒体+大渠道=大品牌”的打法，把电商平台作为渠道，会是一个比只有线下渠道更有效的渠道策略。

第三节　品牌动力系统三：合力

渠道和媒体的融合是从电商开始的，不过现在这一情形更加严重了。以前的淘宝是以渠道的形态出现的，毕竟是零售平台，本质和沃尔玛这样的终端渠道没什么区别。不过，慢慢地，“每天晚上有1700万人在淘宝上闲逛，不买东西”——这可是马云的原话。这么多人只逛不买，就使淘宝具有了媒体的属性。

与淘宝“殊途同归”的是抖音，一开始，抖音本来只是标准的社交媒体。但是现在，“抖音小店”可以直接卖货了，这明显是媒体向渠道的反向融合。

看完淘宝和抖音这种“半路出家”的融合，还有根正苗红、完完全全的融合吗？当然有，这就是社群和私域流量了。除了物流，社群和私域流量在形态上已经具备了“媒体+渠道”的全部功能，这将直接导致传统品牌、电商品牌与社群品牌三国鼎立局面的形成。

在传统的品牌营销时代，媒体负责品牌的拉力系统，渠道负责推力系统，两者各司其职、各安其位。但现在，无论是淘宝、抖音这样的半路融合，还是私域流量的标准融合，都使以往的拉力和推力合并成一种新的力——合力。

中国的品牌市场，未来必将是传统品牌、电商品牌和社群品牌三分天下的格局。作为中国品牌市场“第三极”的社群品牌，理应被品牌操盘手重点关注，因为它是“所有行业都值得重做一遍”的结果，而社群品牌的主要动力，就是合力。显然，对合力系统的打造能力，将是决定未来品牌市场胜负的关键。

由于本书字数的限制，我将“史上最全的社群品牌和私域流量打法”系列文章发布到我的微信公众号“两栖派品牌实战研究院”，如果你有兴趣可以查阅。那一系列文章以完美日记的“跨界打法”为案例，用你熟悉的HBG、引爆点等传统营销理论来拆解私域流量这个新兴的打法，具有较高的参考价值。

实战擂台

1．找出一个没有依靠拉力而获得成功的品牌；如果某个品牌没有推力系统，有可能获得成功吗？

2．在推力和拉力方面，抖音和小红书有何差异？

3．关于渠道和媒体的变化，你有什么新发现吗？

（欢迎到微信公众号“两栖派品牌实战研究院”与我切磋）

第四篇

原型品牌打造教程
第4步：模拟品牌实战

——双剑合璧打法实战落地

原型品牌打造教程	第 1 步	第 2 步	第 3 步	第 4 步
	透视品牌边界	唤醒品牌原力	构建品牌配称	模拟品牌实战

为了避免出现“懂得了很多道理，却还是过不好这一生”的困境，我特别在本书中加入了实战模拟环节，希望通过对真实品牌案例的落地，让你领悟各种理论在实战中的运用。这部分的实战主要针对三个方面进行：第一，各种品牌边界测试方法的实战；第二，定位理论和原力理论落地操作的实战；第三，原力理论和定位理论综合运用的实战，也就是所谓的“双剑合璧，威力升级”。

在这三个方面的实战中，我最希望你掌握的是定位和原力理论的合璧技能：原因一，这是我独创的打法，你在其他地方学不到；原因二，这是本书精髓中的精髓，实战价值很高。这个价值可不是我虚构出来的，现在我们就来看看它的实战价值体现在哪些地方。

首先，这个理论是双重合璧的结果，因为品牌原力理论本来就融合了霍尔特文化战略理论和马克的品牌12原型理论的精髓，这其中任何一个理论，都是大师们千锤百炼的结果；这个打法的第二重合璧，在于它融进了定位的思想，也就是说，它是文化战略理论、品牌12原型理论和定位理论的结晶。

对这种叠床架屋式的融合效果，你可能怀有疑虑，甚至担心是否会适得其反，怕多重融合反而降低了单个理论的威力。如果你不人云亦云，而是用心分析百事可乐的品牌实践，我相信得到的结论一定会消除你的疑虑。

实际上，百事可乐正是暗合了“双剑合璧，威力升级”的成功案例，其他还有星巴克等。因此，我们有必要将这个打法不断用于实战，只有在实战中被验证和完善的理论，才是真正有价值的理论。而让你具备这些理论的实战能力，则是我在这部分的唯一任务。

第十五章 原力向定位合璧的实战模拟：长发专用洗发露

由于定位已经是品牌营销界的显学，因此本书没有系统阐述定位实战的内容。但其他和定位有关的书籍，通常都是讲理论和案例的多，讲落地流程的少，所以我特别在品牌实战模拟的第一个案例中，把定位的实操落地流程模拟出来，以填补市场上其他书籍缺少的内容。当然，我这样做的目的还在于，在这部分将向你展示三种不同的“双剑合璧”方法，这是第一种：以定位为中心，用原力理论向定位方向合璧，因此也需要涉及定位的落地流程。

第一节　分析洗发产品的品牌边界

在进行真实品牌的定位实践时，首先要确定这个品牌所属行业的品牌边界，这是我在本书第一部分“品牌边界透视”中重点强调的内容。与实操直接相关的品牌边界有品牌作用、品牌价值和品牌位阶。现在，我们就来看看洗发水行业的品牌边界是怎么样的。

一、洗发水的品牌作用分析

从C端看，品牌是消费者在购买洗发产品时的重大决策依据，也就是说，品牌是洗发产品的重要购买诱因。因此，除了那些单纯依靠渠道这个推力销售的品牌（比如安利），很少有不注重品牌建设、不依靠品牌而获得成功的案例。当然，你可能会说电商品牌和社群品牌也是不搞品牌的，但这一方面是因为在电商“强平台，弱品牌”的作用下，很多牌子根本就不算是品牌；另一方面，同样在这些地方，注重品牌建设的企业一定比那些不注重品牌建设的企业更可能获得成功。比如，“滋源洗头水”从2014年开始导入品牌工程，2016年就获得当年“双十一”全网第一名，完全可以说明这个道理。

从B端战略的角度看，洗发水类企业的价值链中有产品、营销、品牌、人力、物流、财务等，品牌是绝对重要的战略环节，也就是核心竞争力，除了渠道、营销有可能和品牌的位阶比肩，在洗发水类企业的价值链中，应该没有比品牌更重要的价值节点了。因此，品牌是洗发水企业最重要的战略环节。

二、洗发水的品牌价值、品牌类型和品牌位阶分析

还记得那个客户价值公式吗？就是“客户价值=品牌价值+产品价值”，而“品牌价值=安全价值+精神价值”。从洗发产品的销售价格来看，由于行业的成熟度非常高，很难获得大大高于同行的定价，性价比不足以支撑这类品牌具有很高的精神价值，所以我们只看看它的安全价值即可。

通过前面的学习，你已经知道，影响安全价值的是产品的易测性，因为品牌的安全价值与产品的易测性成反比。其实，仅仅通过生活常识你也会知道，普通消费者是很难判断洗发水的品质和功能的，而这又是要对消费者的头部进行“作业”的产品，因此它的安全价值极高。可以这么说，洗护类品牌之所以有品牌价值，主要是因为这类产品的低易测性催生了它的安全价值。

从洗发类品牌的安全价值可以看出，这是一种标准的刚性品牌，品牌建设是企业的重要工作，真正属于叶茂中在《冲突》中说的“一把手工程”。因此，在洗发水企业，品牌部门在企业中的位阶可以上调至战略级，或者至少，也要有“常委级”的领导分管品牌建设工作。

三、选择品牌塑造理论

洗发水类产品注重功能，这是定位理论最擅长的领域，所以你会看到很

多洗发水品牌都通过定位获得了成功。因此，我想做的这个长发专用洗发露也主要用定位来塑造。不过，定位可以和原力“双剑合璧，威力升级”，所以我也提倡在适当的地方引入原力的方法，以寻求最好的品牌塑造效果。

第二节　分析同类产品的品牌诉求

正所谓，知己知彼，百战不殆。分析完洗发产品的品牌边界后，我们就需要把视线从内部转到外部，来看看这个市场的竞争情况。无论选择定位工具还是原力工具，都需要弄清楚你所在领域的消费者，弄清他们的认知阶梯上都挤占了哪些品牌，以及这些品牌的诉求方向是怎么样的。下面，我们就通过各种洗发水品牌的slogan，看看这个领域的消费者认知阶梯情况。

第一类：黑发方向

奥妮：黑头发，中国货。

索芙特：黑头发，用汉方。

黑骑士：黑骑士，黑头发。

第二类：柔顺亮泽方向

飘柔：洗护二合一，让头发飘逸柔顺。

天顺：天顺，天天顺。

施华蔻：看得见的亮泽，给你的头发最好的护理。

卡诗：即使在运动中，依然保持头发规整。

清逸：有清逸，更飘逸。

第三类：健康营养方向

春之叶：健康自然有活力。

迪彩：美丽回来，干枯拜拜。

丹芭碧：当头发爱上肥料，好得出乎意料。

潘婷：拥有健康，当然亮泽。

舒蕾：健康最美。

第四类：风采魅力方向

阿道夫：阿道夫，从内塑造美丽。

柏丽丝：生活有你更精彩。

沙宣：我的光彩来自你的风采。

伊然美：真魅力由内而发。

伊卡璐：你想要成为童话中的灰姑娘吗？我帮你来实现。

蒂花之秀：蒂花之秀，青春好朋友。

夏士莲：活力来自营养，活力来自年轻，活力来自激情。

第五类：去屑方向

采乐：去屑顺滑，去屑又养发。

康王：洗不掉的头屑用康王。

清扬：清扬，头屑不再来。

雨洁：去头屑，用雨洁。

追风：有追风，去屑止痒很轻松。

海飞丝：头屑去无踪，秀发更出众。

第六类：植物自然方向

飘影：植物精华，绿色护发。

霸王：中药养发，乌黑浓密，中药世家，霸王。

第七类：生活情感方向

润发：青丝秀发，缘系百年。

好迪：大家好，才是真的好。

拉芳：爱生活，爱拉芳！

力士：我只用力士。

丽彤：丽彤，丽彤，与众不同。

诗芬：诗芬，创造秀发表情。

第八类：其他方向

滋源：洗了一辈子头发，你洗过头皮吗？

清扬男士：激发无限力量。

在上面列出的八个定位方向中，去屑、营养、柔顺、黑发、洗头皮等方向都已经有强敌。按照定位理论的观点，我们不应该去这些已经有强敌的地方与对手硬碰硬，而应该分化出新的品类去寻求差异化竞争。

但是，在操作分化定位时，要注意避免过度细分，否则会导致你的“蛋糕”太小。比如，去屑是一个大“蛋糕”，里面有海飞丝这样的超级对手，清扬在其中分化出了一个男性的细分市场，把男女二分，虽然男性市场不如女性市场大，但总体也还过得去。不过如果继续往下细分，分出成年男性、少年男性，或者上班男性、成天对电脑的男性……那意义就不大了。

而像滋源分化出“洗头水”这样的定位，就是一个非常优秀的分化方法，与其他洗发水品牌的诉求方向都不同，但是覆盖了所有市场，几乎把整个洗发水市场分成“洗头发的”和“洗头皮的”两个阵营。这种分化其实是定位理论中“为竞争对手重新定位”和“分化定位”的综合打法，因为它把现存的所有对手都列为“洗头发”的阵营，和当年百事可乐用“年轻人的可乐”把整个可乐市场分为“老土的可乐”与“年轻的可乐”的原理是一样的。

第三节　确定洗发水的差异化定位

“不要更好，而要不同。”学过定位理论的人还记得吗？这是分化定位的重要原则。在对竞品分析完毕后，我们就需要确定自己品牌的定位，从定位角度看，如果竞品已经在消费者头脑里植入“送礼”这个概念，我们就要避免诉求“更好的礼品”，而要想办法到另外的赛道寻找商机。

对洗发水市场竞争对手的特性做了分析以后，我们就应该像特劳特所说那样，“寻找一个独一无二的差异化概念”。既然是概念，就说明差异化不一定非要通过产品实现，也可以通过“认知”来实现。在整个洗发水市场中，“专洗长发”这个定位还没有被开发过，从很多方面都可以看出，这是一个极具价值的富矿：

从需求角度看，在消费者心中建立“长发比短发更需要精心护理”这个认知并不难，只要稍加引导，消费者就会认同“长发需要专门护理”这个说法。

从市场规模来讲，这个定位能打破现有的市场格局，将整个洗发水市场分成“洗长发的”和“洗短发的”两部分，而长发市场的蛋糕更大。

“长发比短发更需要精心护理”是一个天然的逻辑信任状，仅从推理就可以让很多消费者信服。

第四节　找到信任状

定位理论所说的信任状，可以分为“事实信任状”和“逻辑信任状”两种。所谓“事实信任状”，就是你的的确确有某种事实作为依据。比如拿到了什么认证、获得什么了荣誉、取得了什么业绩等；所谓“逻辑信任状”，就是通过逻辑推导，让消费者认为你的说法是“合理”的。比如，奥妮说自己的皂荚洗发水容易让头发变黑，滋源说“头皮好，头发才会好”，这些都属于逻辑信任状的范畴。

显然，长发需要专门护理也是一个逻辑信任状，需要从化学、医学等角度去挖掘它科学合理的一面。由于我这里仅仅是推演品牌理论的落地逻辑，所以无法拿出真正的科学原理，这个就需要有兴趣的品牌企业主去努力寻找了。

找到科学依据后，最好有权威机构或者权威人士来为这个逻辑信任状代言。还记得宝洁和那个“自封”的牙防组风波吗？从商业伦理上讲，这是一个禁区；但从定位实践来看，这是一个成功运用信任状的案例。

第五节　输出品牌形象

确定了具有差异化的定位，并且给这个定位找到强有力的信任状后，就到输出品牌形象这步了。这部分的工作包括确定品牌名称、设计Logo、创作

slogan、设计包装、制作广告等。这些事很多企业和品牌咨询公司都会，所以我这里仅把品牌名称、slogan和广告创意等文字容易描述的项目用定位理论落地一下，而涉及Logo和包装等文字不容易表现的内容则略去不谈。

一、品牌名称：滋逸+长发专用洗发露

“滋逸”这个品牌名称是我随便取的，意思是“滋养飘逸的长发”。在品牌名称的组合中，更重要的是品类名称，还记得“于华消费心理模型”中“先分类→找特点→求证明→留印象→调记忆”的流程吗？消费心理的第一步就是分类，但如果没有确定好品类名称，消费者就无法进行正确的分类。

来看看同行们是怎么做的：海飞丝的品牌名称是“海飞丝+去屑洗发露”；滋源的品牌名称是“滋源+无硅油洗头水”；阿道夫有个男士专用的洗发水，品牌名称组合是“阿道夫+茶树精油男士洗发水”。通过借鉴这些同行，我将滋逸的品牌名称确定为“滋逸+长发专用洗发露”。

二、滋逸slogan：留长发吧，滋逸长发专用洗发露可以帮你

一个slogan对品牌的作用，和在B2B企业中品牌对企业的作用类似。在B2B企业，也就是自然品牌企业中，品牌是企业成功的结果，是对企业成功结果的“形象化总结”。slogan对品牌而言，也是一个总结，它是对你正确运用定位战略、找到具有差异化定位这一系列成果的总结。

同时，它还是品牌对消费者施加影响的界面，也就是说，品牌内部定位的结果，要通过slogan界面对外部消费者施加影响。因此，准确表现定位的结果，是slogan创作的重点。

在“留长发吧，滋逸长发专用洗发露可以帮你”这句slogan中，“留长发吧”是品牌直接对目标消费者发起的祈使诉求，如果用路易斯的AIDMA消费者行为模型来对应，这个呼叫就是“Attention”引起注意这个阶段。为什么这么说呢？因为留长发还是留短发，是经常令女性消费者左右为难的问题，这句slogan可以帮助她们决策，而后面的“滋逸长发专用洗发露可以帮

你”则为她们下决心留长发找了一个很好的理由。

还记得吗？我在“如何唤醒品牌原力”一章曾经说过提炼slogan要遵循三个原则，并且提醒“准确→记忆→艺术”这个顺序一定不能颠倒。也就是说，对定位的准确表达一定要放在首位，千万不能为了追求“表现的艺术性”而牺牲了“表达的准确性”，那是十足的本末倒置，非常容易导致“广告人拿了金奖，广告主倒了公司”的结果。我在网上看到一篇名为《中国台湾2017广告流行语金句奖十大获奖金句》的文章，里面就有很多这样的案例。

比如，某有线电视服务商品牌的slogan是“难以抗剧”，这其中的“剧”是电视剧的剧，而不是拒绝的“拒”。这样的slogan看起来文艺范十足，实际上是一把杀人不见血的刀，看起来很有创意，但只会浪费广告主的钱，而不会有什么效果。

另外，通过了“准确→记忆→艺术”中的“准确”关后，在“记忆”这关中寻找出来的记忆点最好和品牌高度相关，不相关的记忆点是无法强化品牌价值的。比如，还是那篇《中国台湾2017广告流行语金句奖十大获奖金句》文章，里面有一个奥美广告公司给台湾一家零售连锁商场做的广告，文案是“省钱就像白T牛仔裤，永不退流行”。用牛仔裤不褪色来表现省钱，这是哪跟哪啊？被邓德隆在《不同于奥美的观点》一书中怼了十多年，奥美广告好像还是没什么进步啊！

来看一个我给“5100西藏冰川矿泉水”写的slogan，能让你正确理解“记忆点要强化品牌价值”的原理。由于5100矿泉水的水源地来自“西藏念青唐古拉山脉海拔5100米原始冰川”，所以我为它创作的slogan是：

5100矿泉水

高一米

纯十分

如果把适合表现纯净的原型附带上，那么5100矿泉水完整的广告词应该是这样的：

纯真的人喝纯净的水

5100

高一米

纯十分

这则广告词包含四个方面的妙处：

定位：将5100矿泉水定位为最纯的矿泉水

原力合璧：纯真者原型

逻辑信任状：山越高，水越纯

记忆点提炼：高一米，纯十分，这是专属于5100矿泉水的广告词，卖点突出、记忆深刻、独家专属。

这样的表述，把5100矿泉水独有的水源特性，以及这种特性带给消费者的价值感都表达出来了，这就是一个体现了“记忆点要强化品牌价值”原则的slogan。

三、广告创意：用纯真者原型表现定位

“双剑合璧，威力升级”，滋逸长发专用洗发露的广告完全可以结合品牌原力理论来创作，就像百事可乐用搞笑鬼原型来表现“新一代的选择”定位一样，达到威力升级的效果。通常来讲，长发飘飘属于纯真者原型形象，因此在定位不变的情况下，我们可以用纯真者原型来表现专洗长发这个定位。

由于广告创意涉及更加具体的定位落地和原型解码的操作，所以我这里只能把方向性的东西大致表达出来，如果你对“长发专用洗发露”定位有兴趣，可以在微信搜索公众号，找我私聊。

实战擂台

1．请给滋逸长发专用洗发露创作一个slogan。

2．你觉得滋逸长发专用洗发露应该选择什么样的品牌原型？

3．说出你所知道的一个逻辑信任状的例子。

（欢迎到微信公众号“两栖派品牌实战研究院”与我切磋）

第十六章 定位向原力合璧的实战模拟：奋斗者的酒

在对原力理论的适用品牌类型进行分析时，我们已经知道酒类、茶叶类、咖啡类、汽车类都是适合原力理论的。在前面的章节中，我拿汽车类中的红旗汽车做过模拟，这次我再用白酒类来模拟一下。

在中国的高端白酒市场上，一直有“茅五剑”的说法，也就是茅台、五粮液、剑南春。其实后面还有水井坊，它另辟蹊径，利用在成都考古出“水井街上水井坊”这个超级信任状，在传统的“茅五剑”之外又打造了一个高端品牌，形成了“四分天下”的局面。

然而，随着时代的变迁，茅台那独有的历史和文化积淀逐渐显出了惊人的威力，一骑绝尘，把其他三家抛离了很远。这就为我们进行品牌原力理论落地提供了一个非常好的实战机会：要塑造什么样的品牌，才能撼动茅台的霸主地位？

第一节　挖掘品牌原型

通过对品牌原力理论的系统学习后，你已经了解打造原型品牌需要经过的三个阶段，即“挖掘品牌原型→破解原型密码→打造原型意象”。在挖掘品牌原型阶段，可以用霍尔特的冲突法，也可以用马克的反射法，但如果某品牌已经有鲜明的定位，在进行双剑合璧落地时，也可以直接采用定位对应的原型。

一、描述高端白酒的主流文化

现在，中国高端白酒的主流表述一般在高贵、品质、文化、历史、健康、情感几个方面下功夫。我们先来看看茅台、五粮液、剑南春和水井坊这四大高端名酒的主流表述是怎么样的。

主流文化表述一：五粮液

商务人士，高品质生活。

五粮液，您一生的选择！

中国的五粮液，世界的五粮液！

五粮液，穿越时空的金典。

千年古酿传承者，源起1368。

主流文化表述二：茅台

让世界爱上茅台，让茅台香飘世界。

中国茅台，香飘世界。

国酒茅台，玉液之冠。

够交情，喝够年头的酒。

国酒茅台，喝出健康来！

拥有国酒就会拥有美好的生活与未来。

主流文化表述三：剑南春

唐时宫廷酒，今日剑南春。

传承千年，古窖发酵。

唐时宫廷酒，盛世剑南春。

纯粹：虔诚匠心；优雅，与生俱来；尊贵，千年积淀；我的首选剑南春，中国白酒价值典范。

主流文化表述四：水井坊

开创一段历史，源远流长；开拓一方文明，闪耀世界；开启一种生活，成就高尚；水井坊，中国高尚生活元素。

历经风云，本色如一，穿越历史，见证文明。

水井坊，中国白酒第一坊。

至重之人，井礼相待；至情之人，井礼相待；至信之人，井礼相待；至交之人，井礼相待。

从上面四大高端白酒的主流文化表述，我们看出：

第一，他们缺乏一以贯之的核心表述方向，今天是这样，明天是那样。这种问题正适宜采用品牌原力理论来对治，因为原型具有极强的对内统一价值观、对外统一辨识度的功能。

第二，高端白酒的精神价值都很高，这既有“精神价值与性价比成反比”的原因，也有白酒、茶叶、咖啡这些品类具有“人文属性”的原因。因此，用定位理论很难在差异化和人文属性之间找到平衡。

第三，这四种白酒几乎都是马克所说的“生活方式品牌”，或者霍尔特所说的仅仅注重“主流文化表述”。所以你会发现将这四个品牌的广告词互换，基本没什么问题，因为它们表现出来的东西几乎没有差别，也就缺乏辨识度。

二、识别当前的社会变迁

与美国社会普遍崇尚白手起家的拓荒精神不同，中国社会向来有“朝中有人好做官”的传统，所以民间对各种社会关系非常看重，以至于英语在翻译“关系”这个中文意思的时候并不采用“relation”“relationship”等单词来意译，而是直接采用“guanxi”这个汉语拼音来音译。究其原因，可能要从传统文化和社会学的角度来分析才能得出结论。

从传统文化的角度看，几千年来，国人深受“君君臣臣，父父子子”儒家价值观影响。同时，我们的先人热衷科举，范进中举就是一个缩影。这两方面的因素叠加，使我们的文化具有崇拜权威，尤其是官方权威的传统。从社会学的角度看，在40年前，我国的城乡二元结构对人口的迁徙限制很大，而广大的农村作为人口最为稠密的地方，长期的家族宗法社会对人们的思想塑造影响很大，这是国人崇拜权威、看重关系的另一个原因。

但是，随着改革开放的深入，城乡二元社会结构正在解体。城镇化规模不断扩大，人与人之间的关系从以往的熟人关系逐步变成陌生人关系，格兰诺维特所说的“弱关系”社会正在取代以往的强关系社会。

三、找到新旧观念冲突的机遇

社会变迁必然催生新的社会观念，随着马云、马化腾、黄铮、刘强东、王兴、张一鸣等互联网新贵逐渐占据中国百强企业榜重要位置，对白手起家的创业英雄产生崇拜的亚文化正在兴起，以至于胡润的排行榜近年都新增了“白手起家富豪榜”。年轻人纷纷响应政府“大众创业，万众创新”号召而出现的创业热潮，则是人们将这种崇拜付诸行动的证明。

在崇拜威权和崇拜白手起家这新旧两种观念之间，一定存在冲突。一方面，现在人们对富二代的观感大不如前，就是这一思想变迁的例证，在以往，人们热衷于说“我认识××”“我爸是××”，现在人们更希望自己就是××；另一方面，李彦宏、马化腾、马云等一批互联网新贵本来更多是依靠自己的力量才成就的，但还是有人刻意深挖他们背后的家庭背景，希望找出他们就是靠“祖荫”才成功的证据。

总体来说，人们思想中旧有的威权崇拜正受到冲击，对那些自力更生、白手起家的创业英雄的崇拜正在形成。这两种崇拜观念的交锋，正是霍尔特在《文化战略》中所说的新旧社会观念冲突机遇，也就是亚文化机遇。明白了社会存在新旧观念冲突这个机遇后，我们再回到高端白酒的市场来，看看是否存在“对接”的可能。

关于茅台的“国酒风波”，相信很多人都了解，就是茅台一直宣称自己是国酒，但是其他白酒企业不认同，纷纷通过各种途径上告，说茅台违规。显然，“国酒”这个概念，是白酒行业对威权崇拜这个社会观念的顶级运用，谁不想分一杯羹呢？

然而，茅台的“嫡出”身份，绝非其他白酒企业可比。茅台有和红军在长征途中的“患难之交”，有与共和国元老们在特殊年代结下的“深厚友谊”，有大会堂“国宾酒”的特供待遇，有巴拿马金奖的“真假”信任状……这些都使茅台具有独特的国酒“嫡出”光环。相比之下，五粮液、剑南春这两个根正苗红的高端品牌也只能算“庶出”，更别说自己“封圣”的水井坊了。

显然，无论是否公开号称“国酒”，茅台都已凭着“朝中有人”的独特信任状牢牢占据这个定位。五粮液、剑南春、水井坊要想撼动茅台的地位，在主流文化层面去竞争根本不可能。而且，随着时光的流逝，茅台的历史积淀会越来越厚重。尤其现在国家繁荣昌盛，中国人对国家的认同意识盛于以往，更会爱屋及乌地倾注到国酒茅台身上。

如果五粮液、剑南春、水井坊不能抓住这次难得的新旧观念冲突而产生的亚文化机遇，那么，不要说想撼动茅台的国酒地位遥遥无期，能否保住各家现有的市场地位都还存在着很大的变数，因为前有茅台这样的劲敌，后有江小白这样的追兵。虽说江小白定位于中低端市场，但谁敢保证以后不出来一个定位于高端市场的“海小白”呢？

因此，五粮液、剑南春、水井坊应该利用好人们对白手起家的创业英雄崇拜这个社会观念冲突机遇，结合自己的品牌文化，挖掘其中的共同点。这不仅在和茅台竞争时有用，哪怕仅当作常规的广告创意，也会比在主流文化层面表现那些竞争激烈的尊贵、品质、情感，威力要强大得多。

第二节 破解原型密码

从对品牌原力理论的实操角度来看，在它包含的三个阶段中，破解原型密码这个阶段最难，因为这既涉及社会文化密码的破解，也涉及原型密码的破解，还涉及品牌自身文化的破解，需要三重密码形成合力才能唤醒原型的原力。不过，通过我的混血原型，这个过程会变得标准化、流程化，不再那么令人望而生畏。

一、确定五粮液、剑南春、水井坊的身份原型

在我上面列出的四大高端白酒品牌的广告词中，五粮液那句“商务人士，高品质生活”的广告词可以给我们提供身份原型的线索。事实上，虽然五粮液的价格比茅台低很多，但也并不是普通人家的寻常消费品，它最可能的消费场景应该是商务宴请。而涉及商务宴请的商务人士，正是中国社会的精英人群，也就是企业家、创业者阶层。在这些企业家群体中，绝大部分是白手起家的人，依仗关系发家的毕竟是少数。因此，我就把高端白酒的身份原型定为“创业者”。

在进行原型的内涵挖掘时，可以对我所说的创业者进行阶层扩展：所有为了自己的理想而努力奋斗的人都是创业者，公务员是，科学家是，企业家也是。

二、确定五粮液、剑南春、水井坊的渴望原型

一个创业者最大的渴望是什么？显然是功成名就，这个应该没有异议。因此，我们就把创业者的渴望原型确定为“成功者”。

看到了吗？我为五粮液确定的身份原型和渴望原型，在12原型中找不到现成的。这就是我说过的，我们一定要想办法到丰富的社会生活和中国悠久的文化传统中去挖掘原型。这样的原型不但来源广泛，而且内涵丰富、定义精确。

三、破解原型密码

到了这步，有必要回忆一下我在“如何唤醒品牌原力”中说过的独门心法——渴望原型负责原力的强度，用渴望原型确定原型的行为内容；身份原型负责原力的精度，用身份原型限定这些行为的方向。只有懂得这个心法，才能顺利破解原型密码。

（一）渴望原型：确定原型的行为内容

成功者这个原型的行为内容显然有努力奋斗、获得成功、享受成功和表现成功等。当然，在对创业英雄的崇拜渐渐滋生的社会，成功者也希望通过某种方式证明自己的成功是奋斗的结果，而不是依靠关系的结果。

（二）身份原型：限定原型的行为方向

高端白酒的身份原型是创业者，这个原型对成功者原型行为方向的限定在于，它不能只去表现结果，而是要表现过程。结果是什么呢？结果就是当前这四大品牌表现出的主流文化，也就是尊贵、尊崇，这也是汽车、家具等很多品类都在用的表述方向，因此这导致这些领域的差异化难以实现，品牌辨识度很低。

那什么是过程呢？结合创业者这个身份，过程自然就是奋斗。为什么要把创业英雄内涵的表现方向确定为奋斗呢？这是因为在“努力奋斗、获得成功、享受成功、表现成功”几个行动内容中，努力奋斗是最容易让人心服口服的，也是符合创业者身份的。比如，华为的企业文化就明确提出“以奋斗者为本”。因此，我就把五粮液的混血原型确定为“奋斗者”。其实，这和李奥·贝纳给耐克确定的“表现英雄艰苦和磨难的一面”在原理上差不多。

第三节　打造原型意象

有了奋斗者这个原型，进行原型意象的打造就很容易了。由于五粮液们是企业，也是创业者，因此完全可以通过表现酒厂工人辛苦酿酒的场景，来突出奋斗者的精神、展示奋斗者的风采。中国白酒文化博大精深，很容易挖掘出具有表现力的文化密码。五粮液和CCTV-3音乐频道就有多次合作，展现五粮液的酿造工艺，因此可以将白酒的酿造工艺作为重要的文化密码来表现。

在唤醒原力的过程中，我们已经对原型的表达内容进行四个层次的限定，现在来总结性回忆一下：

第一层限定，抓住现代社会存在威权崇拜和创业英雄崇拜两种观念冲突的机遇。

第二层限定，确定混血原型：奋斗者。

第三层限定，混血原型密码的限定：奋斗过程。

第四层限定，创意内容的限定：艰苦酿造白酒的过程。

现在到了根据这些限定进行的创作slogan的环节，粗看起来，这样的限定好像约束了创意的发挥。但实际上，它可以起到定方向的作用，以免你天马行空、离题万里。根据这些限定和混血原型的特征，我创作的高端白酒品牌slogan如下：

不靠天，不靠地，靠自己。

五粮液、剑南春、水井坊……与你同在。

成功者的证明，奋斗者的奖赏。

对于时代变迁导致的新旧观念冲突，这个slogan是如何表现的呢？那就是开头那三个短语："不靠天，不靠地，靠自己。"通过这三个急促有力的短语，一个没有靠山而只能依靠自己的创业者形象就被刻画了出来。这里的创业者是泛化的，并不仅仅指企业创业者，还包括那些具有创业精神的人，比如公务员、科学家、工人等。不过，由于高端白酒的销售价格的限定，可能还是以商务人士居多。

这个slogan第二句中的"与你同在"，具有一种见证的意思，见证什么呢？见证的是消费者当前的成功是他们奋斗来的。而第三句"成功者的证明，奋斗者的奖赏"则表明消费这个品牌，是他们不懈努力、艰苦奋斗的应有奖赏。

为什么要强调这些呢？首先，这是对茅台"靠关系"的影射，能激起亚文化人群的共鸣；其次，这是对消费者身份的认同，这个slogan没有直接去表现奋斗者成功的高光时刻，而是去阐述他们获得成功背后的原因——奋斗。

这是很多被"误解"的成功者需要的，原型象征出来的潜台词是："你以为我是靠关系，其实我是靠自己努力。”即使是那些真的靠关系的人，他们也需要认同，这种认同就是“形象洗白”。

最后，认同消费者的方式是什么呢？就是喝这个品牌的白酒，强调这是对他们奋斗的奖赏。这个slogan通过“与你同在”，把五粮液、剑南春、水井坊不像茅台那样获得特殊照顾的境况，以及创业英雄们相同的经历、相同的感受联系在了一起。

这虽然是一个以原力理论为基础重塑的品牌形象，但是它仍然符合“定位”的原理。因为无论奋斗者，还是创业者，甚至成功者，本来就是一个定位。只是我通过混血原型的力量，把这三个定位中共同的一面也是最有价值的一面挖掘了出来，因此这个原型本身也是一个强有力的定位。但是，如果单纯运用定位工具塑造白酒这样具有人文属性的品牌，则不但诉求生硬，表达也很难到位，它会像五粮液那个“商务人士，高品质生活”的广告一样，无力也无趣。

实战擂台

1．请给五粮液等高端白酒创作一个slogan，使它对应高端白酒的定位。

2．请给五粮液等高端白酒选择一个原型。

3．说说燃油汽车市场和高端白酒市场有何相似之处。

（欢迎到微信公众号“两栖派品牌实战研究院”与我切磋）

第十七章　“定位+原力”双剑合璧实战模拟：最轻的鞋

前面我分别以定位和原力理论为中心塑造了不同的品牌，虽然后面我都在强调对两个工具的合璧，但并没有按照一套相对标准化的流程来进行。这个案例，我就尝试通过一套流程来对定位和原力这双剑的合璧过程进行落地，看看能否让这个迄今为止品牌理论界最先进的打法实现标准化产出。不过，由于前面两个案例我已经把挖掘定位和原型的流程详细介绍过了，因此这个案例我主要侧重对双剑合璧的过程进行流程化，而不再事无巨细地分别表现定位和原力的落地过程了。

一、双剑合璧塑造女鞋品牌的基本思路

模拟品类：女鞋

模拟名称：姿出+女子轻便鞋

品牌定位：最轻的鞋

原型内涵：展现探险家原型爱自由的一面

双剑合璧：用探险家原型表现最轻的鞋这个定位

二、最轻的鞋定位理论实操思路

从技术上看，鞋类制造商一直都在追求鞋子的轻便，耐克就是这方面的不懈努力者。但是，也许是因为如果真的从技术上做到最轻，消费者的体验可能并不好；也许是耐克靠英雄原型已经获得很大成功了，并不想违反心智规律去改变消费者的认知。总之，虽然从企业和技术的角度讲，造出所谓最轻的鞋一点都不难，但女性消费者并不知道这回事，因为没有企

业告诉过她们。

然而，从女性消费者的心理层面来看，她们既需要鞋对足底的保护，也需要鞋带来的装饰和美感，但并不想要鞋这个物理外壳，要不然为什么人们回家就想穿拖鞋，到海边就想打赤脚呢？可见，从重量和外形这个物理层面看，鞋是一种人们在享受它带来的保护和装饰的同时，必须承受的累赘。显然，如果能从心理上让消费者感觉没有累赘，而只剩保护和美，那就是一个良好的市场定位。

这个定位好在什么地方呢？一方面，这是消费者需要的，尤其是生理负重能力比较差的女性消费者需要的；另一方面，市面上并没有这样的定位，所以这既是一个“抢先占位”的定位打法，也是一个“为竞争对手重新定位”的打法，因为这样的“轻鞋”定位，把其他竞品全都归类为“重鞋”了嘛。

三、品牌原力理论对“最轻的鞋”的实操思路

从原力的角度讲，现代的女性已经深度介入了社会分工，她们的工作压力比以往任何一个时代的女性都大。加之中国与世界的联系日益紧密，全球化在给我们带来经济增长的同时，也使城市的生活节奏越来越快，所以很多女性都存在着解脱的心理需求，这就是简单的一句“世界那么大，我想去看看”竟能引起那么大社会反响的真正原因。

而鞋正是压力的一种隐喻，它的物理重量是女性很想挣脱的东西，这个过程折射的心理象征正是探险家原型的内涵。可见，定位所要求的“最轻”，与探险家原型的“爱自由，要解脱”是天生的一对。有了这两者天然具有的契合性作为基础，定位工具和原力工具的双剑合璧就可以浑然天成，自然就能实现威力升级。

四、品牌塑造

由于“最轻”这个定位已经具备市场竞争力，我就不再按照单纯的原力

理论操作那样既要寻求渴望原因还要进行“原型混血”了，而是仅用探险家这个原型的内涵，去表现“最轻”这个定位的方向就可以了。因此，双剑合璧就可以实现相对标准的流程化产出了：

第一步，先找到合适的定位。

第二步，通过定位的事实或者认知，找出相应的原型。

第三步，用原型的内涵去表现定位的内容。

由此，我们很容易就得到姿由轻便女鞋的slogan：

从来没有穿过这么轻的鞋……

姿由女子轻便鞋，自由自在的鞋。

总体来说，这个slogan已经准确表达了轻的定位和探险家原型的内涵，但还需要通过广告创意进一步强化。不过，到这个层面已经有各种限定让创作者不至于天马行空、离题万里，因此要破解其中的原型密码相对比较容易。

最后说说产品层面的问题，“轻”只是一种心理感受，它和同样是心理感受的“自由”有对应关系。但是，在进行产品设计的时候，没有必要追求真的“最轻”，我相信，如果真有一双轻到没感觉的鞋，那消费者的体验未必好，当然，重也肯定不是选项。因此，保持适当的轻即可，因为真正的轻，是通过原型的象征力让消费者感受到的。

实战擂台

1. 请给姿由轻便女鞋创作一个slogan。

2. 请给姿由轻便女鞋选择一个品牌原型。

3. 你认为“最轻”是真定位还是伪定位？

（欢迎到微信公众号“两栖派品牌实战研究院”与我切磋）

参考文献

[1] 荣格. 荣格文集[M]. 王永生, 译. 北京: 国际文化出版公司, 2011.

[2] 弗洛伊德. 梦的解析[M]. 丹宁, 译. 北京: 国际文化出版公司, 1998.

[3] 弗洛姆. 在幻想锁链的彼岸: 我所理解的马克思和弗洛伊德[M]. 张燕, 译. 长沙: 湖南人民出版社, 1986.

[4] 坎贝尔. 千面英雄[M]. 朱侃如, 译. 北京: 金城出版社, 2012.

[5] 申荷永. 荣格与分析心理学[M]. 广州: 广东高等教育出版社, 2004.

[6] 霍尔特, 卡梅隆. 文化战略: 以创新的意识形态构建独特的文化品牌[M]. 汪凯, 译. 北京: 商务印书馆, 2013.

[7] 马克, 皮尔森. 很久很久以前: 以神话原型打造深植人心的品牌[M]. 许晋福, 戴至中, 袁世珮, 译. 汕头: 汕头大学出版社, 2003.

[8] 皮尔森. 影响你生命的12原型[M]. 张兰馨, 译. 北京: 中国广播电视出版社, 2010.

[9] 奥格威. 一个广告人的自白[M]. 林桦, 译. 北京: 中国物价出版社, 2003.

[10] 波特. 竞争战略[M]. 陈小悦, 译. 北京: 华夏出版社, 2005.

[11] 里斯, 特劳特. 定位[M]. 王恩冕, 译. 北京: 中国财政经济出版社, 2002.

[12] 卡尼曼. 思考, 快与慢[M]. 胡晓姣, 李爱民, 何梦莹, 译. 北京: 中信出版社, 2012.

[13] 邓德隆. 2小时品牌素养[M]. 北京: 机械工业出版社, 2011.

[14] 薛兆丰. 薛兆丰经济学讲义[M]. 北京: 中信出版社, 2018.

[15] 叶茂中. 冲突[M]. 北京: 机械工业出版社, 2017.

[16] 雕爷. MBA教不了的创富课[M]. 北京: 当代中国出版社, 2011.

[17] 凯勒. 战略品牌管理[M]. 卢泰宏, 吴水龙, 译. 北京: 中国人民大学出版社, 2009.

[18] 科特勒. 营销管理[M]. 梅汝和, 梅清豪, 周安柱, 译. 北京: 中国人民大学出版社, 2001.

[19] 耿一诚, 张婷. 不同于奥美的观点[M]. 广州: 广州出版社, 2002.

[20] 南怀瑾. 南怀瑾选集[M]. 上海: 复旦大学出版社, 2006.

[21] 赫拉利. 未来简史[M]. 林俊宏, 译. 北京: 中信出版集团, 2017.

[22] 拉帕耶. 文化密码[M]. 陈亦楠, 李晨, 译. 海口: 南海出版社, 2008.

后 记

本书得以面世，有赖于诸多重要力量的帮助，在此必须致以诚挚的谢意！首先要感谢的是张自春先生，他是我的良师和净友，这位来自北京大学的高才生曾任南方都市报经济部主任，现在担任广东著名企业香江集团董事长助理。张兄知识广博、学富五车，他在经济、传播和战略等方面的丰富经验和超前视野使我能够经常奉行“拿来主义”，这对提高全书的前瞻性和战略性具有极大助益。

其次要感谢品牌实战家、深圳妍希美集团CEO李龙泉先生。在写作期间，我曾多次与李龙泉先生碰撞想法、激荡思维，不少创意都有他的贡献。李龙泉先生不但精通传统品牌打法，更擅长社群运营和私域流量的落地实践，是中国知名的私域运营导师，指导过阳江十八子、5100矿泉水、罗曼智能、咿呀集团的社交电商实战，现担任多家著名品牌的新零售战略顾问。我曾笑谈要邀请李龙泉先生任两栖派品牌实战研究院的执行院长，酒酣耳热之际，他也曾爽快应允。如果得以成行，实为两栖派品牌实战研究院幸事！

龙昌伟龙哥是我多年的搭档，每每当我在战略上化繁为简时，他总能在执行上化简为繁、一一落地。在写作本书的过程中，他一如既往地发挥了这个作用，在品牌营销、品牌策划和广告创意等环节都给了我很多有益的启示和建议。龙哥是互联网资深人士，他对新国货品牌与互联网的关系有独到见解，为本书新国货的内容增色不少。

最后，就不按照套路感谢我家夫人了。不仅在我写作期间，即使平时，她的后勤工作也堪称完美，但我怕她看了骄傲，哈哈。